GRINDELWALD
Schreckhorn
Lauteraarhorn
Mönch
Groß-Fiescherhorn
Hinter-Fiescherhorn
Jungfrau
Groß-Grünhorn
Finsteraarhorn
Rhone
O B E R L A N D
Aletschhorn
T E S S I N E R
A L P E N
BRIG
VISP
St. Niklaus
Lagginhorn
Bishorn
Saas-Fee
Weißmies
Nadelhorn
Weißhorn
Lenzspitze
Dom
Täschhorn
Täsch
Alphubel
Obergabelhorn
Allalinhorn
ZERMATT
Rimpfischhorn
Strahlhorn
A L P E N
Matterhorn
Pollux
MONTE ROSA
Breithorn
Dufourspitze
Castor
Lyskamm

Die Viertausender der Alpen

Die Viertausender

Karl Blodig
Helmut Dumler

der Alpen

Bergverlag Rudolf Rother
München

Einband-Farbbild:
Dufourspitze und Nordend von der Signalkuppe (Monte Rosa)
Foto W. P. Burkhardt

Unter dem Innentitel:
Lenzspitze, Nadelhorn, Stecknadelhorn und Hohberghorn (Nadelgrat) vom Ulrichshorn (Mischabel)
Foto Klopfenstein

Einband-Rückseite:
Die Nordwand der Aiguille Blanche (Montblancmassiv)
Foto J. Winkler

Die Anstiegsskizzen zeichnete
Karl Bedal

3., völlig neu bearbeitete Auflage 1978

ISBN 3 7633 7429 9
Hergestellt in den Werkstätten
Rudolf Rother GmbH, München
(1893 / 70588)

Mir erschien jeder Berg
— ob groß oder klein —
stets als ein ehrwürdiges,
wunderbares Etwas,
voll Leben, Schönheit und
geheimnisvollem Zauber,
dessen Ergründung und
Verständnis mir als das
höchste des ganzen
Bergsteigens vorschwebte.
Die Bergwelt muß als Ganzes
erfaßt und geliebt werden;
mit offenen Augen und
fühlendem Herzen müssen
wir Tier und Pflanze,
Stein und Himmelsbläue,
Licht und Farbe,
kurz die ganze uns
umgebende Natur
in uns aufnehmen.

Karl Blodig

LITERATURNACHWEIS

Karl Blodig, Grande Rocheuse und Aiguille du Jardin. Z. d. D. u. ÖAV 1933 (Seite 174)

Hermann Buhl, Achttausend drüber und drunter. Nymphenburger Verlagshandlung, München (Seite 197)

Julius Kugy, Aus dem Leben eines Bergsteigers. Bergverlag Rudolf Rother, München (Seite 87)

Oskar Erich Meyer, Bilder aus dem Hochgebirge. ÖAZ 1914 (Seite 212)

Lyskamm. ÖAZ 1924 (Seite 142)

Franz Nieberl, Im Großen Paradies. Z. d. D. u. ÖAV 1925 (Seite 49)

Ludwig Purtscheller, Aus dem Berner Oberland. ÖAZ 1899 (Seite 37)

BILDNACHWEIS

der 48 (teils doppelseitigen) Farb- und 27 Schwarzweißtafeln (in Klammern die Seitenzahlen):

G. Braun-Elwert (198, 214), Brühwiler/Mauritius (43), W. P. Burkhardt (50/51, 62/63, 79, 82/83, 126/127, 131, 134/135, 154/155, 162, 170/171, 206/207), J. Cleare (80), Dinner (10), L. Gensetter (31, 58/59, 106/107, 115, 143, 146), W. Heiß (26), M. Heldwein (179), H. Höfler (195), Foto Klopfenstein (98/99, 151), Foto Löbl-Schreyer (103, 187), Bildagentur Mauritius (19), W. Ries (46), R. Rother (35, 190), J. Schmid (203), C. L. Schmitt (163), A. Schweitzer (167), H. Steinbichler (14/15, 22/23, 39, 55, 66, 71, 73, 77, 110/111, 118/119), H. Wagner (74, 86, 92, 129, 144, 159, 182, 184, 210/211), J. Winkler (13, 20, 28, 33, 52, 65, 89, 117, 125, 137, 140, 149, 164, 175, 177, 188, 201, 204), W. Zeis (90, 95, 122).

Vorwort

Vor einem halben Jahrhundert, im Herbst 1928, schrieb Karl Blodig das Vorwort zur zweiten Auflage seines Buches „Die Viertausender der Alpen“. Es folgten noch zwei weitere Auflagen, an denen der in Wien am 16. Oktober 1859 geborene und in Bregenz am 7. September 1956 gestorbene Augenarzt nichts mehr geändert hat.

Dieses Buch galt als absolutes Standardwerk des damaligen westalpinen Schrifttums. Dazu kam noch, daß Karl Blodig zu den herausragenden Bergsteigerpersönlichkeiten seiner Epoche zählte, unter anderen ein Seilgefährte von Ludwig Purtscheller war und auch im Alltag seinen Mann stand: Individualist und Intellektueller, oft bedingungslos stur, wie Bergsteiger sein müssen, denen es um große Probleme geht; dann wieder versonnen, nachdenklich — das war Karl Blodig. Am Berg suchte er die intensivste Lebensform. Er hat sie auch gefunden, wie man den Erlebnisberichten in seinem Buch entnehmen kann, und bis ins hohe Alter ausgekostet.

In der Zeit zwischen Erstauflage und unseren Tagen hat sich vieles geändert — nicht nur im alpinen Schrifttum, auch im Alpinismus selbst. Aus diesen Gründen sah sich der Verlag verpflichtet, das Buch in einer der heutigen Zeit entsprechenden Ausstattung neu herauszubringen, mit einem Textteil, der wohl das persönliche Erlebnis etwas in den Hintergrund drängt, dafür aber mehr informativer Art ist. Ein sehr heikler Punkt war dabei die Festlegung der Zeit- und Schwierigkeitsangaben, denn eine solche ist im wahren Sinne des Wortes überhaupt nicht möglich. Man kann bei diesen Angaben nur normale Verhältnisse voraussetzen und muß dann auf dieser Grundlage die jeweiligen besonderen Umstände selbst beurteilen können.

Daneben bin ich, soweit es platzmäßig möglich war, auch auf die Erschließung der einzelnen Gipfel und der damit verbundenen Personen eingegangen; dadurch soll ein abgerundetes Bild dieser Berge entstehen.

Die Viertausender der Alpen haben in all den Jahren, seit sich Menschen für sie interessieren, nichts von ihrer unsagbaren Faszination verloren — und sie werden auch in Zukunft nichts davon verlieren.

Karl Blodig war der erste Bergsteiger, dem sämtliche über viertausend Meter hohen Berge der Alpen zu Füßen lagen. Das war vor und kurz nach der Jahrhundertwende. Ernst Pühn, ebenfalls ein Österreicher, bestieg im Sommer 1917 seinen 76. Viertausender. Bruno Wintersteller aus Salzburg, der erfolgreiche einbeinige Alpinist, kennt neben dem VI. Schwierigkeitsgrad auch sämtliche Viertausender. Heute gibt es zahlreiche Bergsteiger, die das von sich behaupten können.

Über die genaue Zahl der Gipfel gehen die Meinungen häufig auseinander. Ich habe 61 Hauptgipfel berücksichtigt, die einen solchen Charakter aufweisen und auf die selbständige Routen führen. Natürlich hätten einige weggelassen oder andere hinzugefügt werden können. Am Gesamtbild würde das jedoch nichts ändern. Es wird immer Leute geben, die sagen, sie hätten alle einhundert Viertausender — soviel kann man unter Hinzuziehung der Rückfallkuppen und Graterhebungen ohne weiteres erreichen — bestiegen. Doch sollte man über die Anzahl und Höhe der Gipfel immer das persönliche Erlebnis stellen. Denn auch ein Berg, der die für alpine Begriffe magische Höhenlinie von viertausend Metern nicht erreicht, kann seinem Besteiger die gleiche Freude und das gleiche Glücksgefühl vermitteln wie ein Viertausender.

Helmut Dumler

Zur Neuauflage

Nachdem sich die „Viertausender der Alpen" auch in ihrer neuen Form zu einem Standardwerk entwickelt haben, sehen sich Verlag und Autor geradezu verpflichtet, dieses Buch den Wünschen vieler Leser entsprechend mit mehr Farbbildern auszustatten sowie das Format zu vergrößern. So ist ein repräsentativer Bild- und Textband entstanden — ein Werk mit über fünfzigjähriger Geschichte im neuen, attraktiven Kleid.
Dem Skibergsteiger wird ein breiterer Raum als bisher zugestanden, zumal immer mehr Alpinisten die höchsten Alpengipfel mit Ski angehen. In diesem Zusammenhang danke ich meinem Freund und Seilgefährten Helmut Steinherr aus Augsburg für seine Mitarbeit.

Augsburg, im Herbst 1978

Helmut Dumler

Inhaltsverzeichnis

(ausführliches Namen-, Sach- und Bildregister am Schluß des Buches)

Die Berner Alpen

Zwischen Thuner See und Rhônetal

TOURISTISCHE ANGABEN

Für die aus dem Norden kommenden Besucher der zentralen Berner Alpen ist Interlaken das Tor zu dieser großartigen Bergwelt. In prachtvoller Lage auf der grünen Ebene des Bödeli — von Anschwemmungen der Lütschine gebildet — wird der nicht ganz 5000 Einwohner zählende Bezirkshauptort zwischen Thuner und Brienzer See seinem Namen (inter lacus = zwischen den Seen) vollauf gerecht. Von Interlaken steigt dann die Straße an nach Zweilütschinen (Abzweigung ins Lauterbrunnental) und weiter nach Grindelwald, 22 km von Interlaken. Zwischen Interlaken und Lauterbrunnen (1/2 Stunde Fahrzeit) bzw. Grindelwald (3/4 Stunden Fahrzeit) verkehren auch Linienbusse.
Im Süden beginnt zwischen Visp und Sierre im Rhônetal, von den reißenden Wassern der Lonza gebildet, das Lötschental, dessen touristischer Mittelpunkt die kleine Ortschaft Kippel ist. Den verkehrstechnischen Abschluß des Tales bildet die Gemeinde Blatten, zu der das ganze Gebiet des oberen Lötschentales gehört.
Aber auch das Rhônetal selbst, genauer gesagt die Ortschaften Brig, Fiesch und die Grimselpaßhöhe kommen für Ausgangspunkte in Frage.

Hochsommerliche Verhältnisse in den Berner Alpen. Der Bergsteiger, offensichtlich mit Brennholz für das Hüttenfeuer beladen, befindet sich im Anstieg von der Station Eismeer zur Mittellegihütte. Im Hintergrund die Schreckhorn-/Lauteraarhorngruppe.

Neun selbständige Gipfel über der Viertausendergrenze erheben sich in den Berner Alpen. Einer Eigentümlichkeit dieses Gebietes zufolge — es gehört zum überwiegenden Teil zum Kanton Wallis — befinden sich jedoch nur zwei, Schreckhorn und Lauteraarhorn, vollständig auf bernischem Boden. Das bringt der Grenzverlauf zwischen den Kantonen Bern und Wallis mit sich, der von den Diablerets und vom Oldenhorn genau über den Hauptkamm bis zum Mönch zieht, dort zum Finsteraarhorn und weiter zur Grimsel führt.
Topographische Grenze der eigentlichen Berner Alpen ist die Linie von Aigle im Rhônetal über den Col du Pillon (Sprachgrenze) nach Gsteig, dann über den Krinnenpaß nach Lauenen, über den Trüttlisbergpaß nach Lenk und weiter nach Adelboden. Von hier verläuft die Grenze durch das Engstligental nach Spiez, dann entlang der Seenplatte Thuner See — Brienzer See, um durch das Haslital zum Grimselpaß anzusteigen. Die Rhône zwischen Gletsch und Aigle bildet die Südgrenze; die Linie Frutigen — Kandersteg — Gemmipaß — Leukerbad — Leuk trennt die westlichen Berner Alpen mit dem Wildhorn, 3247 m, als höchste Erhebung von den östlichen Berner Alpen, die im Finsteraarhorn, 4273 m, gipfeln.
Wenn es auch unter den Viertausendern der Berner Alpen keine so herausragenden Berggestalten wie das Matterhorn und den Monte Rosa oder den Montblanc gibt, so suchen die Kette der Nordwände zwischen Eiger und Lauterbrunnen-Breithorn oder der Konkordiaplatz doch ihresgleichen im weiten Rund der Alpen.
Erfreulich ist es, daß sich der Lift- und Seilbahnbetrieb an den Randgebieten der Berner Alpen abspielt. Die Bahn von Grindelwald durch den Eiger zum Jungfraujoch, dem „Nordpol der Schweiz", stört das Landschaftsbild nicht. Und die Lötschbergbahn von Spiez über Kandersteg nach Goppenstein und Brig berührt das eigentliche Berggebiet überhaupt nicht. Verkehrstechnisch ist das Berner Oberland heute so weit erschlossen, daß keine Anfahrtsschwierigkeiten sowohl mit dem Fahrzeug als auch mit der Bahn zu befürchten sind. Aber wiederum auch nicht soweit, daß dadurch Veränderungen im ursprünglichen Landschaftsbild entstanden wären.
Bekannteste Orte und wichtigste Ausgangspunkte für Unternehmungen in den zentralen Berner Alpen sind Lauterbrunnen, Grindelwald, der Grimselpaß, Fiesch, Brig und Blatten im Lötschental.
In einer schöpferischen Laune hat dort, in den Randgebieten, die Natur für stille, tiefblaue Seen, einsame Wälder, für Triften, Wasserfälle und für Schluchten gesorgt — lieblich verspielte und doch imposante, von mächtigen Bergen überragte Landschaften. Von dort steigt man hinauf in die Gefilde des ewigen Eises und sucht das erregende Abenteuer in den Wänden und auf den Graten.

Mönch 4099 m

Sommer- und Winterziel über dem Jungfraujoch

Es kann innerhalb des gesamten Alpenraumes Einmaligkeit für sich in Anspruch nehmen, das Dreigestirn Eiger — Mönch — Jungfrau. Nirgendwo anders bäumen sich drei so imposante Bergkolosse unmittelbar über einem bewohnten Gebiet auf. Mittelpunkt dieses grandiosen Dreigestirns ist der Mönch.

Früher, in den Jahren bis 1912, waren allein schon die Zugänge von Süden ausgefüllte Tagestouren. Seit es jedoch die Jungfraubahn gibt, deren Endpunkt auf dem Jungfraujoch Europas höchstgelegenen Bahnhof darstellt, ist eine Besteigung des Mönch zu einer Halbtagestour geworden. Damit soll jedoch nicht zum Ausdruck gebracht werden, daß es ein „harmloser" Berg ist. Im Gegenteil, denn schon der Normalanstieg und speziell der meist überwächtete Gipfelgrat sind mit großer Vorsicht zu genießen, vor allem bei aufgeweichtem Firn. Klettertechnische Schwierigkeiten im üblichen Sinne trifft man jedoch nicht an.

Im Sommer 1857 standen die ersten Menschen auf der breiten Firnkuppe: Dr. S. Parges aus Wien und die Grindelwalder Führer Christian Almer, Ulrich und Christian Kaufmann. Sie wählten als Aufstieg die Route Südostgrat—Ostgrat, den heute üblichen Normalanstieg, auch für Winterbergsteiger, die ihre Skier allerdings am Oberen Mönchjoch zurücklassen müssen. Beliebt und häufig begangen ist außerdem noch der Anstieg über den sogenannten „Eisnollen" des Nordwestbollwerkes. Freilich wird heute keine Leiter mehr mitgeschleppt für die Überwindung des annähernd senkrechten „Nollens", so wie es die Erstbegeher Edmund v. Fellenberg und Peter Egger praktizierten; trotzdem war es für die damalige Zeit (12. Juli 1866) eine große Leistung. Eisschrauben, Eisstichel, zwölfzackige Steigeisen und handliche Eisbeile, Selbstverständlichkeiten unserer Epoche, waren den Pionieren nämlich noch nicht bekannt.

Wenig Beachtung finden dagegen die Routen durch die Nordwand, weil sie objektiv sehr gefährlich sind und man mit einer Durchsteigung der Eiger-Nordwand mehr „Ruhm" erlangt. Am Eiger gibt es eine zweifelhafte „Direttissima", am Mönch wartet noch die Nordwand auf eine dem Linienverlauf nach ideale Direktroute, und die Nordostwand ist überhaupt noch nicht durchstiegen.

Ganz gleich, von welcher Seite aus man den Mönch besteigt; die Aussicht ist immer die gleiche. Großartig, ja man kann schon sagen überwältigend, sind die Kontraste: Im Norden das märchenhafte Lauterbrunnental mit den darüberliegenden grünen Alpmatten, und gleich Spielzeugdörfern die Orte Mürren und Grindelwald; im Süden dagegen fasziniert den Beschauer die scheinbare Endlosigkeit weiter Gletscherfelder und die majestätische Welt der Fels- und Eisberge, an denen sich Menschen bewähren und über sich hinauswachsen.

TOURISTISCHE ANGABEN

Hütten

Jungfraujoch, 3454 m, Restaurant (u. a. Selbstbedienungslokal), ganzjährig geöffnet. Vorläufig (1977/78) keine Übernachtungsmöglichkeit. Bahn von Grindelwald bzw. Interlaken.

Berglihütte, 3299 m, SAC, 30 Schlafplätze; auf einem schmalen Felssporn südlich des Eigers; zeitweise bewartet. Von Grindelwald, 1038 m, 9 Stunden beschwerlicher Aufstieg, günstiger von der Station „Eismeer". 3159 m, der Jungfraubahn in 3½ Stunden.

Guggihütte, 2791 m, SAC, 15 Schlafplätze; zwischen Eiger- und Guggigletscher auf dem Mönch-Nordwestsporn; zeitweise bewartet. Von der Station Eigergletscher, 2320 m, der Jungfraubahn 3½ Stunden.

Tourenmöglichkeiten

Südostgrat-Ostgrat (Normalanstieg)
550 m, I+, 3 Stunden.
Vom Sphinxstollen in 1 Stunde zur Felsrippe 400 m vor dem Oberen Mönchjoch. Nun den Spuren folgend auf den Gipfel.

Skiaufstieg
Vom Sphinxstollen in 1 Stunde zum Oberen Mönchjoch (Skidepot). Von dort wie beim Normalanstieg auf den Gipfel; insgesamt 3 Stunden.

Nordostgrat-Ostgrat
400 m, I—II, kombiniert, 4 Stunden.
Von der Berglihütte über das Untere Mönchjoch und über einen Firngrat zum Einstieg bei P 3684; 1½ Stunden. Zuerst in gutem Fels, dann rechts in der Nordflanke kombiniert zum Firngrat.

Die Nordabstürze des Mönch; rechts der „Eisnollen".

Der Mönch, an einem klaren Januartag von Mürren aus fotografiert. Von der schrägstehenden Nachmittagssonne plastisch beleuchtet, ist der gesamte Weg über die Nollenroute genau zu sehen. Deutlich erkennbar ist auch die Guggihütte. Rechts der Westgrat.

Im Eis des „Nollen“

Helmut Dumler

Der Tag, an dem wir auf die kleine Hütte kamen, war ein Sonntag. Ein schöner Tag, so wie man ihn sich auch am Werktag in den Westalpen wünscht.

Keine einzige Wolke hinderte die Sonne, ihr gleißendes Licht über das Berner Oberland auszubreiten. Die Berge und Gletscher hatten, durch unsere Augen gesehen, einen leichten Blaustich, wie auf einem schlechten Farbfoto. Lärmendes Leben auf der Kleinen Scheidegg. Das Fernrohr schluckte gierig die Münzen und vermittelte dafür Blicke in die Eigerwand. Eine Seilschaft hackte sich über das blanke schwarze Eis in Richtung „Bügeleisen“.

Wir waren langsam gegangen auf dem Gletscher und hatten uns auch nicht beeilt, als wir über den Nordwestsporn aufwärtsstiegen. Wir waren Fremde in diesem Gebiet und hatten viel Zeit.

Vor der Guggihütte standen schon zwei. Deutsche, wie sich bei einem kurzen Gespräch herausstellte. Sehr wortkarge Burschen, die am nächsten Tag die Guggiroute auf die Jungfrau versuchen wollten. Als die Nacht schon vor der Hütte stand und in den Tälern ein Licht nach dem anderen verlöschte, kamen noch zwei. Auch Deutsche. Einer machte sich auf der Treppe vor der Hütte am Kocher zu schaffen, der andere sagte uns, daß sie morgen den „Eisnollen“ des Mönch angehen wollten.

Einige Stunden nach Mitternacht verließen wir zusammen die Hütte. Der Himmel war noch schwarz. Es war kalt. Nur das Licht des Vollmondes klirrte über den Bergen, und die Sterne schienen sehr nah zu sein.

Am Nollen standen wir schon im Licht, das aber noch kalt war zu dieser frühen Stunde. Das Eis: hart, fast zu hart, um gute Kerben schlagen zu können. Die Schraube verursachte eine leichte Sprengwirkung, diente also nur der moralischen Sicherung — sie hätte meinen stürzenden Körper nicht halten können.

Gleich nach dieser Steilstufe machte ich Stand. Walter kam nach, dann die beiden anderen, denen wir unser Seil angeboten hatten. Die Flanke legt sich nun zurück. Es geht dem Südwestgrat entgegen. Unser Vorwärtskommen ist etwas langsamer geworden, vielleicht wegen der in dieser Höhe schon dünneren Luft, vielleicht auch, weil wir schon gute tausend Höhenmeter unter uns hatten. Auf dem Gipfel waren wir die einzigen Menschen.

Nordostwand

250 m, bis 60 Grad, 2—3 Stunden. Von der Berglihütte bzw. vom Jungfraujoch in 1½ Stunden zum Einstieg. Vom Bergschrund gerade empor zum Gipfel.

Nordostgrat

350 m, II, kombiniert, 3 Stunden. Von der Berglihütte in 2½ Stunden zum Eigerjoch, 3759 m. Nach Bewältigung des Bergschrundes (rechts) auf den Grat und über ihn zum Gipfel.

„Eisnollen“

1300 m, Schlüsselstelle 60 Grad, 6—10 Stunden.

Südwestgrat

500 m, II—III, kombiniert, 4 Stunden vom Jungfraujoch.

Westwand

1250 m, V+, kombiniert, 14 bis 16 Stunden; objektiv gefährlich.

Nordwand

1100 m, IV, kombiniert, 10 bis 12 Stunden; objektiv gefährlich.

Abstieg

Über den Ostgrat in 1 Stunde zum Oberen Mönchjoch.

KARTEN/FÜHRER

Landeskarte der Schweiz 1:50 000 Blatt Jungfrau (264).
Königer/Munter, Berner Alpen.
SAC, Berner Alpen, Band IV.

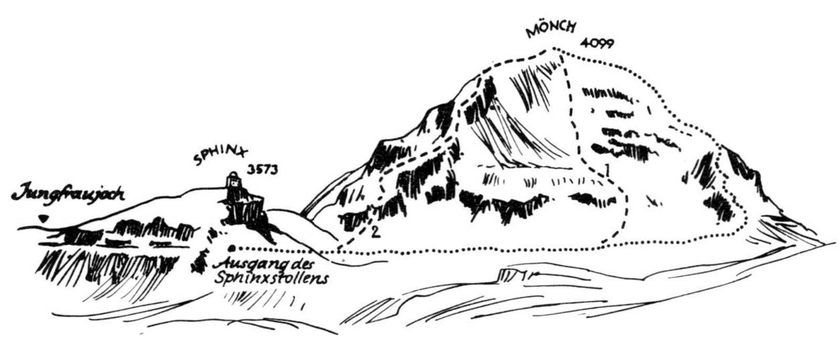

ANSTIEGSSKIZZE:

Aus dem Sphinxstollen führt der Normalanstieg (punktiert) zum Südostarm des Ostgrates, über den es weiter zum Gipfel geht; 1 = Südwand, 2 = Südwestgrat.

Jungfrau 4158 m

Zwei Viertausendmetergipfel

TOURISTISCHE ANGABEN

HÜTTEN

Rottalhütte, 2755 m, SAC, 30 Schlafplätze; am Südwestfuß der Jungfrau; im Sommer zeitweise bewartet. Von Stechelberg, 910 m, 6,5 km südlich von Lauterbrunnen, 6 Stunden.

Silberhornhütte, 2663 m, SAC, 12 Schlafplätze; im Gratverlauf Silberhorn—Schwarzmönch; im Sommer zeitweise bewartet. Von Stechelberg 7 Stunden, von der Station Wengernalp der Wengernalpbahn 5 Stunden.

Jungfraujoch und Guggihütte
siehe Mönch (Seite 12).

TOURENMÖGLICHKEITEN

Südostgrat (Normalanstieg)
300 m, I, 1 Stunde.
Vom Jungfraujoch in 2½—3 Stunden auf den Rottalsattel, 3886 m; von der Rottalhütte (wesentlich schwieriger) 7—8 Stunden. Vom Sattel entweder auf dem Firngrat, oder links in unschwierigen Felsen zum Gipfel.

Skiaufstieg
Wie beim Normalanstieg in 2½ bis 3 Stunden zum Rottalsattel (Skidepot) und anschließend in einer guten Stunde zum Gipfel.

Nordostgrat
600 m, II—III, einige Stellen IV, kombiniert, 7—9 Stunden.
Vom Hotel in ¾ Stunden über die Mathildenspitze, 3565 m, zum Gratbeginn. Die größten Schwierigkeiten befinden sich auf dem Abschnitt bis P 3809. Von dort über den Grat auf die Wengen-Jungfrau (Nordgipfel) und weiter zum höchsten Punkt.

Neben dem Mönch ist die Jungfrau der zweite Viertausender im Dreigestirn der Berner Alpen und zugleich die höchste Erhebung der langen Kette von Nordwänden zwischen Eiger und Tschingelhorn. Der Name des Berges ist vermutlich darauf zurückzuführen, daß er von Norden und von einiger Entfernung gesehen wie der Schleier einer Jungfrau erscheint, denn erst bei eingehender Betrachtung aus nächster Nähe stellt man fest, daß die Nordabstürze auch stark von Fels durchsetzt sind.
Günstigster Stützpunkt für eine Besteigung ist das Hotel im Jungfraujoch. Von diesem Punkt aus erfolgt die Besteigung über den Normalweg, also über den Rottalsattel und den Südostgrat. Dieser Wegverlauf entspricht der Route der Zweitbesteiger Gottlieb Meyer und einem Walliser Gemsjäger am 3. September 1812. Ein weiterer lohnender Anstieg in einer großartigen Landschaftsszenerie verläuft über den Rottalgrat, während die klassische Guggi-Route bereits eisklettertechnische Fähigkeiten erfordert. Zu den üblichen Aufstiegsrouten zählt auch noch der Nordostgrat über die 4090 Meter hohe Wengen-Jungfrau, so daß bei dieser Tour gleich zwei über 4000 Meter hohe Gipfel betreten werden. Allerdings ist der Grat seit dem 6. Oktober 1939, als infolge Blitzeinschlages ein Bergsturz erfolgte, wesentlich schwieriger, da dieser Abbruch jetzt nordseitig umgangen werden muß. Aus diesem Grund gehen Jungfrau-Besteiger, die dem IV. Grad nicht gewachsen sind, den Nordostgrat von Süden an, um die kleine Scharte westlich von P 3809, nach der schwierigen Passage, zu erreichen.
Auch im Winter und Frühsommer erfreut sich die Jungfrau regen Besuches. Skibergsteiger lassen ihre Skier kurz unterhalb des Rottalsattels im Bergschrund zurück. Von dort ist es dann noch eine gute Stunde zum Gipfel. Zur Sicherung dienen insgesamt 14 in Abständen von 20 bis 40 Meter in den Felsen der westlichen Gratkante verankerte Eisenstangen. Sie ragen teilweise über 1 Meter aus dem Fels und haben einen Ring zum Einhängen von Karabiner und Seil.
Die erste Winterbesteigung erfolgte 1872 durch eine Amerikanerin in einer für unsere Zeit ungewöhnlichen Art. Als Meta Brevoort — in einem Pariser Kloster aufgewachsen und die meiste Zeit ihres Lebens in Europa — mit ihrem Neffen Coolidge am 22. Januar den Gipfel betrat, lag eine hochalpine Schlittenfahrt hinter ihr. Der Schlitten wurde aber nicht von Pferden gezogen, sondern von sechs Führern geschoben. Auf dem Jungfraufirn wurde er dann zurückgelassen, und die unternehmungslustige Meta mußte das Reststück zu Fuß gehen.
In Begleitung der Amerikanerin war noch ihr Hund Tschingel — er hatte vorher schon den Grand Combin, das Breithorn und den Monte Rosa bestiegen —, so daß die Jungfrau außer der Winter-, Damen- und Alleinbesteigung auch schon eine Hundebesteigung aufweisen kann.

Die Erstbesteigung

Die Jungfrau gehört zu jenen Gipfeln, die schon zu einer Zeit bestiegen wurden, in der das Bergsteigen im eigentlichen Sinne noch unbekannt war. Trotzdem lockten auch schon damals die geheimnisvollen Kolosse die Menschen in den Tälern.

Am 3. August 1811 lüfteten Hieronymus Meyer aus Aarau, ein Nachkomme von Rudolf Meyer, der in den Jahren 1786 bis 1797 aus Papiermaché das erste große Relief der Eidgenossenschaft herstellen ließ, mit den Walliser Gemsjägern Alois Volker und Josef Bortis das Geheimnis der Jungfrau.

Sie waren durch das Lötschental aufgestiegen, mußten dann infolge eines Föhneinbruches auf dem Großen Aletschfirn einen Tag warten und erreichten gegen 14 Uhr des nächsten Tages den Gipfel. Vermutlich erfolgte ihr Aufstieg durch das Firntal (Kranzbergfirn) zwischen Kranzberg und Gletscherhorn und im Anschluß über das Lauihorn und das Rottalhorn zum Rottalsattel. Von hier ging es dann weiter zum Gipfel:

„Der letzte Theil ihres Anstieges führte über einen scharf zugespitzen Eiskamm, auf den man sich reitend setzte und vorsichtig, halb sitzend, halb kletternd, aufwärts glitt, links das dunkle Thal von Lauterbrunnen, rechts nach den Eisgefilden des Mönch herabblickend. Der Gipfelpunkt hatte damals etwa 12 Fuß (3½ m) im Durchmesser, was keineswegs der Form des Jungfraugipfels, wie sie von späteren Jungfraubesteigern wahrgenommen wurde, entspricht und sich dadurch erklärt, daß eine mächtige Schneekruste dem sonst scharf zulaufenden Gipfelgrate anhangen mußte. Der Himmel wölbte sich wolkenlos, in schöner dunkler Bläue, doch nicht blauer, als man ihn bei dunstreiner Atmosphäre in den Tälern zu sehen gewohnt ist, über den ersten Besteigern der Jungfrau. Vom Gipfel hinabgesehen, schienen alle Gletscher Ebenen zu sein, ohne bedeutende Erhöhung oder Vertiefung. Nur der Montblanc, Monte Rosa, Finsteraarhorn, Schreckhorn, Mönch, Eiger und 8 bis 10 unbekannte Hörner im Wallis ragten wie schroffe Berge oder Inseln aus dem unübersehbaren Eismeere hervor.

Der schwierige Teil kann vermieden werden, wenn man vom Hotel zum ersten der beiden Couloirs geht, das zur Scharte westlich von P 3809 hinaufzieht und in ihm hochsteigt (II—III).

Nordwand (Guggi-Route)

1000 m, 40—50 Grad, Schlüsselstelle 63 Grad, 8—10 Stunden von der Guggihütte.

Südwestgrat (Rottalgrat)

1250 m, II—III, kombiniert, 5 bis 6 Stunden.
Von der Rottalhütte in ½ Stunde hinauf zu P 2927 am Beginn des Inneren Rottalgrates. Dieser wird bis zu P 3830 verfolgt, wo er mit dem Äußeren Rottalgrat zusammentrifft. Nun über den Hochfirn zum Hauptgipfel.

Nordwand

700 m, kombiniert, 8—10 Stunden. Schwierigster Anstieg der Jungfrau.

Abstieg

Über den Südostgrat zum Rottalsattel und weiter zum Jungfraujoch; 2½ Stunden.

KARTEN/FÜHRER

Landeskarte der Schweiz 1:50 000 Blatt Jungfrau (264).
Königer/Munter, Berner Alpen.
SAC, Berner Alpen, Band IV.

ANSTIEGSSKIZZE:

Vom Jungfraujoch führt der leichteste Aufstieg (punktiert) über den Rottalsattel zum Hauptgipfel; 1 = Ostwand (Levers-Rubi-Führe), 2 = Nordostgrat.

Hochsommerliche Verhältnisse in den Nordabstürzen der Jungfrau; rechts der Hauptgipfel, links die Wengen-Jungfrau. Im Gletscherbruch des Mittelgrundes verläuft die Guggi-Route.

Das bewohnte Land mit seinen Almen und Thälern sah einem unermeßlichen Brachfelde gleich. Obschon der Himmel wolkenlos, die Luft heiter war, lag unter ihnen alles schwarz, dunkel, lichtlos, da war keine Stadt, kein See, kein Fluß. Man suchte vergebens die Kette des vaterländischen Jura — alles war ein trübes, verschwimmendes Einerlei." — So beschreibt Gottlieb Studer in seinem Buch „Über Eis und Schnee" (1896) die Erstbesteigung der Jungfrau, wobei er sich auf persönliche Mitteilungen der Erstbesteiger bzw. auf ihren „Reisebericht" stützte.

Hoch über dem Berner Oberland thront die Jungfrau.

Aletschhorn 4195 m

Massigster Eisdom der Berner Alpen

TOURISTISCHE ANGABEN

HÜTTEN

Hollandiahütte, 3238 m, SAC, 45 Schlafplätze; etwa 50 m über der Lötschenlücke; im Frühjahr und Sommer bewartet. Vom Jungfraujoch (absteigend) 4—5 Stunden, von Ried, 1469 m (Fahrstraße) im Lötschental 7½ Stunden.

Oberaletschhütte, 2460 m, SAC, 40 Schlafplätze; an der Südwestgratbasis des Großen Fußhorn; in den Sommermonaten bewartet. Vom Hotel Belalp, 2137 m (Seilbahn von Blatten, 9 km nördlich von Brig im Rhônetal) 3 bis 4 Stunden.

Konkordiahütten siehe Hinter-Fiescherhorn (Seite 36).

TOURENMÖGLICHKEITEN

Nordflanke-Nordostgrat (Normalanstieg von der Hollandia- bzw. Konkordiahütte)

1200 m, II+, kombiniert, 5 Stunden. Von der Hollandiahütte in 1 Stunde, von den Konkordiahütten in 1½ Stunden zu P 3009, dem Fußpunkt der „Haslerrippe". Entweder direkt über die Rippe, oder zuerst 200 m links im Firn ansteigen und dann wieder nach rechts zur Rippe. Wo sie sich verliert, im Firn weiter zum Vorgipfel, 4086 m — er kann links (südlich) umgangen werden — und zum höchsten Punkt.

Südwestgrat (Normalanstieg von der Oberaletschhütte)

1300 m, am Gipfel 40—45 Grad, 7—9 Stunden von der Hütte. Zuerst über dem Ostufer, dann auf dem Oberaletschgletscher zum Beginn des Felsrückens bei P 2687. Nun auf und zum Teil auch neben dem Grat zum Gipfel.

Als man sich in den ersten Jahrzehnten nach der Jahrhundertwende an die Eroberung der wichtigsten Gipfel in den Berner Alpen machte, wurde das Aletschhorn dem Anschein nach vergessen, denn erst 48 Jahre nach der Besteigung der Jungfrau sah man die ersten Menschen auf seiner Spitze: Francis Fox Tuckett, J. J. Bennen, Victor Tairraz und Peter Bohren, am 18. Juni 1859. Und sie konnten stolz sein auf ihren Erfolg, denn immerhin ist das Aletschhorn der zweithöchste Gipfel (nach dem Finsteraarhorn) der Berner Alpen. Ein mächtiger Dom aus Eis und Fels inmitten einer Polarlandschaft.

Neben den Normalanstiegen über die „Haslerrippe" — sie wurde anläßlich der ersten Winterbesteigung (Gustav Hasler, Fritz und Adolf Amatter; 26. Januar 1904) erstmals bewältigt — und den Südwestgrat (drei Einheimische am 15. Juli 1862), wird häufig auch die West-Ost-Überschreitung von der Lötschenlücke zu den Konkordiahütten unternommen. Eine großartige Tour, für deren Bewältigung man in der Regel mit 14 bis 16 Stunden Kletterzeit rechnet. Anspruchsvollen, in mächtige Eismauern vernarrten Bergsteigern bietet sich die mit Hängegletschern gepanzerte Nordwand an. Im besonderen die Steinauer-Ellner-Route durch den zentralen Wandteil und die etwas weiter links (östlich) verlaufende klassische, am 31. August 1883 von E. Nugée und M. Cabalé mit den Führern Peter Kaufmann und Peter Schlegel eröffnete Route. Wenig bestiegen wird der Berg von Südosten, vom Mittelaletschgletscher aus, da die Anmarschwege sehr lang sind (vom Hotel Jungfrau am Eggishorn). Dadurch findet auch die Blanchet-Route durch die Südostwand kaum Beachtung. Allerdings erfolgte über den Gletscher die erste Skibesteigung, und zwar im Frühjahr 1918 durch Hans Lauper, F. Egger und Henry Rey. Und auch heute noch ist der 8- bis 10-stündige Aufstieg von den Konkordiahütten über den Mittelaletschgletscher zum Aletschjoch die übliche Skiroute, die jedoch ein außergewöhnliches Unternehmen dieser Art darstellt. Auf dem meist überwächteten Felsgrat nach dem Joch müssen die Skier allerdings getragen werden, dann wird wieder angeschnallt. Voraussetzung für diese Tour ist ein hundertprozentig sicheres Wetter und eine Bombenkondition, wenn man sie an einem Tag macht.

Das präparierte Aletschhorn

Nach einer Besteigung des Bietschhorns am 6. August 1892 zog Karl Blodig mit dem Konstanzer Wilhelm Strauß sowie den Führern Gottlieb Lorenz aus Galtür und Rubi aus dem Lötschental schon einen Tag später dem Aletschhorn entgegen. Strauß und Lorenz blieben auf der Oberaletschhütte zurück, während Blodig mit Rubi weiterging. Ihr Ziel war der Südostgrat

Das Aletschhorn von der Wengen-Jungfrau. Im Vordergrund die Aufschwünge der Jungfrau, darunter das schräge Gipfelplateau des Rottalhorns, rechts das Gletscherhorn. Deutlich ist die Haslerrippe zwischen Kranzhorn und Rottalhorn zu erkennen.

des Berges, dessen Besteigung noch immer als sehr schwierig galt. Groß war ihre Überraschung, als sie im Firn eine bestens angelegte Spur vorfanden. Karl Blodig: „Zog sich die Trasse gerade hinauf, so waren die allertrefflichsten Stufen hergestellt, führte sie aber waagrecht an einer Firnhalde dahin, so hatten sich die unbekannten Wohltäter gemüßigt gesehen, einen wirklichen Weg aus dem Eis herauszuhacken."
Rubi war ganz besonders über dieses unverhoffte Himmelsgeschenk entzückt, denn er hatte bei dem vorwiegend blanken Eis mit langwieriger und anstrengender Hackenarbeit gerechnet."
Kurz nach 13 Uhr reichten sich Blodig und Rubi auf dem Gipfel die Hände. Erst einige Jahre später erfuhr Blodig durch Zufall, daß vier Führer aus Belalp für zwei englische Damen das Aletschhorn hatten „herrichten" müssen, was drei Tage in Anspruch genommen haben soll.

Im Winter allein in der Nordwand

Am 4. Januar 1964 bewegt sich ein kleiner dunkler Punkt auf der Steinauer-Ellner-Führe höher. Sehr schnell sogar, und nur der einige Meter hohe Steilaufschwung unterhalb der großen Firnterrasse hemmt sein zügiges Klettern etwas. Dort arbeitet er sich nämlich in Trittschlingen stehend mit drei Eisschrauben empor. Kaum hat er die Terrasse erreicht, geht es wieder schneller. Der Gipfelhang folgt, dann der Nordwestgrat in seinem obersten Teil. Nach drei Stunden betritt der Alleingänger die Spitze.
Es ist Erich Friedli aus Thun, 22 Jahre alt, ein Sohn des Schweizer Rettungsexperten Erich Friedli. Nachdem er einen Tag zuvor die Hasler-Josi-Route durch die 900 Meter hohe Nordwand der Ebnefluh im Auf- (1¼ Stunden) und Abstieg (2½ Stunden) geschafft hatte, entschloß er sich, auch noch die technisch wesentlich schwierigere Aletschhorn-Nordwand im Alleingang und mitten im Winter zu bewältigen. Und es ist ihm auch gelungen. In einer bravourösen Art sogar, wenn man hinzuzieht, daß er auch wieder durch die Wand absteigt.
In kurzer Zeit hat sich Erich Friedli zu einem der fähigsten Bergsteiger entwickelt. Da kommt die furchtbare Nachricht aus dem Berner Oberland: der stets unbekümmerte Erich ist am 21. Dezember 1964, wenige Tage vor seinem dreiundzwanzigsten Geburtstag, mit seinem Freund Hansueli aus der Gletscherhorn-Nordwand in den Tod gestürzt.

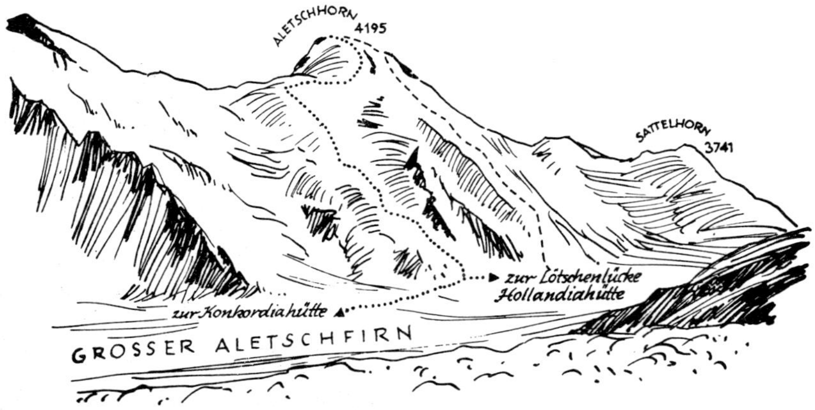

Westnordwestgrat
1000 m, III—, kombiniert, 8 Stunden von der Hollandiahütte. Von der Lötschenlücke zuerst auf das Sattelhorn, 3741 m, dann weiter über das Klein-Aletschhorn, 3755 m, zum Gipfel.

Nordostgrat
550 m, II, kombiniert, 3 Stunden. Von den Konkordiahütten über das Dreieckhorn, 3810 m, zum Aletschjoch, 3661 m; 6½ Stunden. Der Zugang vom Hotel Jungfrau am Eggishorn (7 Stunden) ist nicht zu empfehlen.
Vom Joch über den Nordostgrat zum Gipfel.

Südsüdostgrat
250 m, II, kombiniert, 2 bis 3 Stunden.

Nordwand
1100 m. Durch diese Eismauer führen drei Anstiege, die von ihrem Begeher überdurchschnittliches Können erfordern und stellenweise senkrechte Passagen aufweisen. Ab der großen Firnterrasse im oberen Wanddrittel verlaufen die Routen gemeinsam und enden kurz unterhalb des Gipfels auf dem Nordwestgrat.

Abstieg
Über die „Haslerrippe" in 2 bis 3 Stunden auf den Großen Aletschfirn, über den Südwestgrat in 4 Stunden zur Oberaletschhütte.

KARTEN/FÜHRER

Landeskarte der Schweiz 1:50 000 Blatt Jungfrau (264).
Königer/Munter, Berner Alpen.
SAC, Berner Alpen, Band 3.

ANSTIEGSSKIZZE:

Der Normalanstieg (punktiert) vom Großen Aletschfirn über die „Haslerrippe" der Nordflanke; rechts die Nordwandroute (Steinauer-Ellner).

Groß-Schreckhorn 4078 m

Interessante Grate und schwierige Wände

TOURISTISCHE ANGABEN

HÜTTEN

Strahlegghütte, 2688 m, SAC, 30 Schlafplätze; am Ostrand des Oberen Eismeeres; bewartet von Juli bis August. Von Grindelwald, 1038 m, 6 Stunden, von Pfingstegg (Seilbahn) 5 Stunden, von der Station „Eismeer" der Jungfraubahn 5—6 Stunden (bester Zugang mit Ski).

Glecksteinhütte, 2317 m, SAC, 60 Schlafplätze; südlich der Krinnenhörner; während der Sommermonate einfach bewirtschaftet. Von Grindelwald über die „Enge" (teilweise versichert) 5 Stunden.

Lauteraarhütte siehe Lauteraarhorn (Seite 29).

TOURENMÖGLICHKEITEN

Südwand-Südwestgrat

600 m, II—III, kombiniert, 4 bis 5 Stunden.
Von der Strahlegghütte in 3 Stunden in das Becken des Schreckfirnes. Von hier links über die Rampe zum Südwestgrat und über ihn zum Südwestgipfel. Nun in $^3/_4$ Stunden zum Hauptgipfel.

Südostgrat

150 m, II, kombiniert, 7 Stunden von der Strahlegghütte (über Schrecksattel); nicht zu empfehlen, da das Schreckcouloir objektiv sehr gefährlich ist.

Der mächtige, 12 Kilometer lange, von Südosten nach Nordwesten verlaufende Schreckhornkamm bildet den Mittelpunkt der Schreckhorngruppe in den Berner Alpen und kulminiert im Groß-Schreckhorn. Walther Flaig, ein Spezialist dieses Gebietes, sagte einmal, es sei „der rassigste, wildeste und gefürchtetste Gipfel der Gruppe". Und da kann man ihm nur beipflichten.

Das Schreckhorn fasziniert jeden Bergsteiger, der es einmal gesehen hat. Die herausfordernde und zugleich abweisende Form dieses Berges wird von drei großen Graten gebildet, über die sehr interessante, allerdings hochalpine Anstiege verlaufen. Die Wände dazwischen, von steinschlaggefährdeten Couloirs durchzogen, sind dagegen für alpine Normalverbraucher weniger empfehlenswert und bergen überwiegend nur sehr schwierige, zum Teil sogar äußerst schwierige Routen.

Seit der Engländer Sir Leslie Stephen am 16. August 1861 den Gipfel mit den Grindelwaldern Christian und Peter Michel sowie Ulrich Kaufmann eroberte, ist er bei passionierten Westalpengehern zu einem bevorzugten Tourenziel geworden. Allerdings wird der von den Erstbesteigern eingeschlagene Weg (Schreckcouloir—Schrecksattel—Südostgrat) infolge seiner objektiven Gefährlichkeit nicht mehr begangen. Der heute übliche Normalanstieg hat seinen Ursprung wohl auch auf dem Schreckfirn, zieht sich dann aber links durch die Südwand hoch zum Südwestgrat und führt über diesen zum Gipfel. Das ist auch der beste und sicherste Abstieg.

Sehr abwechslungsreich sind außerdem noch der Nordwestgrat („Andersongrat") und die Nordostkante. Besonders letztere kann als hochalpines Unternehmen nicht genug empfohlen werden. Obwohl ihre Erstbegehung durch die Gebrüder Pendlebury in Begleitung der Führer Peter Baumann und Peter Kaufmann schon 1873 (11. Juli) erfolgte, darf die Tour nicht unterschätzt werden und ist mit dem III. Schwierigkeitsgrad zu bewerten. Wesentlich schwieriger ist die 500 Meter hohe, durchschnittlich 50 Grad geneigte Nordwand. Die letzten größeren Probleme am Groß-Schreckhorn wurden von der jungen Generation gelöst: Westwand (1941), Südwandcouloir (1949), Südpfeiler (1950) und Direkter Südpfeiler (1964).

Während die beiden Hauptgipfel der Schreckhorn-Gruppe, Lauteraarhorn und Groß-Schreckhorn, für den Skitouristen ihrer Steilheit wegen nicht interessant sind, sieht man auf den die Gruppe umrahmenden Gletschern vornehmlich im Frühjahr häufig Bergsteiger auf Skiern ziehen. Hauptsächlich über den Fieschergletscher und den Zäsenberg, die ohne große Anstrengung von der Station „Eismeer" der Jungfraubahn zu erreichen sind. Natürlich kann man auch über den Lauteraarfirn oder über den Unteren Schwarzeggfirn in Richtung Gipfel vorstoßen, doch die eigentliche Besteigung muß immer ohne Skier unternommen werden.

Nordwestgrat
250 m, II—III, kombiniert, 3 bis 4 Stunden.
Von der Strahlegghütte 4 bis 5 Stunden, von der Glecksteinhütte 7 Stunden, von der Lauteraarhütte 8 Stunden zum Nässijoch, 3720 m.

Nordostkante
500 m, II—III, kombiniert, 3 bis 5 Stunden.
Von der Glecksteinhütte in 4 bis 5 Stunden in den Lauteraarsattel, 3144 m, und in einer weiteren Stunde in das oberste Becken des Lauteraarfirnes; von der Lauteraarhütte 4—5 Stunden.

Nordwand
500 m, 50 Grad Durchschnittsneigung, 5—7 Stunden.

Westwand
700 m. Vier, zum Teil äußerst schwierige Anstiege, die überwiegend im Fels verlaufen.

Südwandcouloir
600 m, kombiniert; nicht zu empfehlen, da objektiv sehr gefährlich.

Südpfeiler
600 m, IV—V, kombiniert, 5 bis 7 Stunden.
Hat nach Eröffnung des Direkten Südpfeilers kaum noch Bedeutung.

Direkter Südpfeiler
600 m, IV—V, etwa 6 Stunden.
Eine der schönsten Felstouren in den Berner Alpen. Das Couloir (Steinschlag) in $^1/_3$ Pfeilerhöhe muß vor 7 Uhr gequert werden.

Abstieg
Am besten über Normalanstieg (Südwestgrat-Südwand); vom Gipfel bis zur Hütte etwa 5 Stunden.

KARTEN/FÜHRER

Landeskarte der Schweiz 1:50 000 Blatt Interlaken (254).
Königer/Munter, Berner Alpen.
SAC, Berner Alpen, Band V.

Schreckhorn von Süden. Der übliche Aufstieg verläuft etwa ab der Mitte über den Südwestgrat rechts zum Gipfel empor (siehe auch Anstiegsskizze). Rechts der Schrecksattel, unten der Schreckfirn.

Die erste Überschreitung

Schon seit einigen Stunden sitzen sie zusammengekauert im Nässijoch und warten auf eine Wetterbesserung: Franz Obexer, Maxwell Finch, G. Preiß und J. C. Case. Es ist der 25. Juli 1911, und die vier waren gekommen, um erstmals die Überschreitung Schreckhorn—Lauteraarhorn durchzuführen. Die Stunden vergehen. Es wird Mittag, und noch immer jagen schwarze Sturmwolken über den Himmel. Endlich, kurz nach 16 Uhr schon, ist der Himmel freigefegt und veranlaßt die Gruppe zum Einsteigen.
Gegen 19 Uhr wird der Gipfel des Schreckhorns erreicht, und nicht ganz $2^1/_2$ Stunden später — es ist inzwischen schon dunkel geworden — stehen sie im Schrecksattel und machen sich für die Freinacht fertig.
An darauffolgenden Tag packen sie kurz vor 8 Uhr den Nordwestgrat des Lauteraarhorns an. Nur zweimal weichen sie vom Grat in die Flanke aus, sonst klettern sie direkt über die Schneide. Er ist lang, dieser Grat, und sie benötigen sieben Stunden vom Schreckhorn bis zum Steinmann auf dem Lauteraargipfel. Allerdings waren die Verhältnisse nicht besonders gut.

Tod am Schreckhorn

Wer denkt heute bei einer Besteigung des Schreckhorns, wenn er vom Schrecksattel über den Südostgrat aufsteigt und bald nach dem Sattel die heikle Querung in der Nordseite bewältigt, noch daran, daß hier vor hundert Jahren der große englische Bergsteiger Julius M. Elliot in den Tod stürzte. Jener Elliot, dem in Begleitung der Führer Peter Knubel und M. Lochmatter im Sommer 1868 die zweite Begehung des „Hörnligrates" auf das Matterhorn gelang. Ein Jahr später, am 26. Juli 1869, steht der Engländer mit Franz Biner aus Zermatt und Josef Lauber aus Grindelwald auf dem kuppelförmig gewölbten, mit einer Firnhaube gezierten Schreckhorngipfel. Sie waren im Aufstieg unangeseilt gegangen. Nun aber wollten

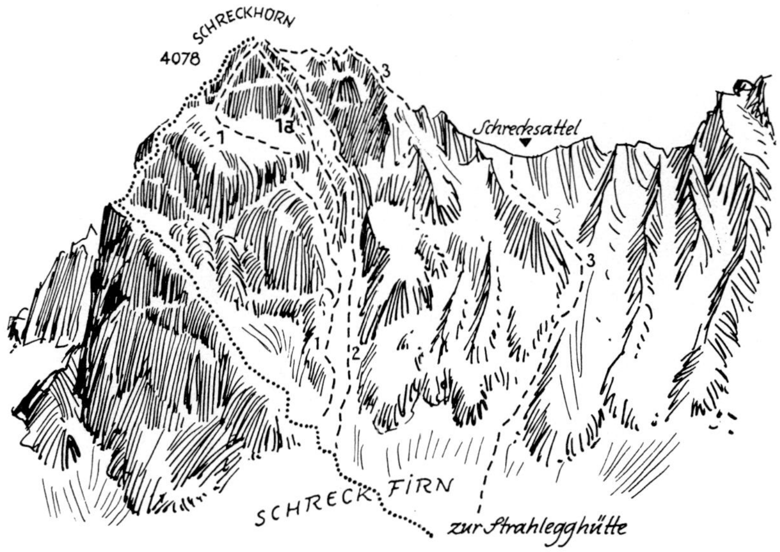

Das Schreckhorn von Süden mit dem gewöhnlichen Aufstieg (punktiert) durch die Südwand und über den Südwestgrat; 1 = Südpfeiler, 1 a = Direkter Südpfeiler, 2 = Südwandcouloir, 3 = Anstieg zum Schrecksattel.

die Führer ihren „Herrn“ sichern, denn durch das herrliche Wetter an diesem Tag versprach der Abstieg komplizierter zu werden als der Aufstieg es war. Davon wollte Elliot aber nichts wissen. Auf seine Klettergewandtheit pochend, verzichtete er auf das Seil und machte sich, zwischen den Führern, ohne Sicherung an den Abstieg.
Vorsichtig ging der Engländer das heutige „Elliotswengli“ an. Plötzlich verlor er den Halt, Biner griff blitzschnell nach ihm, erwischte auch seinen Arm, konnte ihn aber infolge seines unsicheren Standes nicht richtig halten, und Elliot stürzte in die Tiefe — fast 1000 Meter auf den Lauteraargletscher.

Schreckhorn von Süden. Rechts vom Gipfel der Südostgrat in den Schrecksattel.

Lauteraarhorn 4042 m

Einsamer Berner Gipfel

TOURISTISCHE ANGABEN

HÜTTEN

Lauteraarhütte, 2392 m, SAC, 40 Schlafplätze; über dem Nordufer des Unteraar-Gletschers südwestlich des Hühnerstockes; im Sommer bewartet. Vom Grimselhospiz, 1980 m, 4 Stunden.

Strahlegghütte siehe Groß-Schreckhorn (Seite 25).

TOURENMÖGLICHKEITEN

Südwandcouloir-Südostgrat (Normalanstieg)

1000 m, I—II, kombiniert, 5 Stunden.
Von der Strahlegghütte in 3 Stunden bzw. von der Lauteraarhütte in 3—4 Stunden in das Becken des Strahlegg-Gletschers und zum Beginn des Couloirs rechts von P 3070. Von hier leicht linkshaltend hinauf zum Südostgrat und über ihn zum Gipfel.

Südliche Ostwandrippe-Südostgrat

1300 m, I—II, kombiniert, 5 bis 7 Stunden.
Von der Lauteraarhütte in 3½ Stunden zu P 2730 an der Basis der südlichen Ostwandrippe. Über sie und den Südostgrat zum Gipfel.

Ostflanke-Südostgrat

1300 m, I—II, kombiniert, 8 bis 10 Stunden von der Lauteraarhütte.

Das Lauteraarhorn ist mit seinen 4042 Metern der zweithöchste Gipfel innerhalb der Schreckhorn-Gruppe der Berner Alpen und wird verhältnismäßig wenig besucht. Das liegt vor allem daran, daß sein Aufbau, abgesehen von der Lauteraarhütte aus, keinen überwältigenden Anblick bietet. Seine Form ist mittelmäßig, hat nicht jene faszinierenden Linien, derentwegen man einen Berg auch oft besteigt, selbst wenn der Aufstieg weniger schön ist. — Das Lauteraarhorn steht im Schatten des rassigen Schreckhorns. Dazu kommt noch — das gilt allerdings auch für das Schreckhorn —, daß der Skiläufer dort wenig Möglichkeiten findet und der Berg dadurch ein ausgesprochener Sommergipfel ist. Trotzdem wird er aber auch im Winter bestiegen; erstmals am 4. Januar 1888 durch die Engländerin Jackson in Begleitung der Führer Ulrich Almer, Josef Kaufmann und E. Boß. Die Eroberung des Gipfels erfolgte jedoch schon viele Jahre vorher, und zwar am 8. August 1842 durch den Gelehrten Eduard Desor mit dem Zürcher Professor Arnold Escher von der Linth, Christian Girard und fünf Führern. Aber im Vergleich zu anderen Viertausendern wurde das Lauteraarhorn in den folgenden Jahren nur ganz selten erklettert.
Nur die Tatsache, daß es die Viertausendmeter überschreitet, ist für manche der Grund, ihm einen Besuch abzustatten. Eines kann man dem Lauteraarhorn jedoch nicht absprechen: fast sämtliche Anstiege verlaufen in einer landschaftlich großartigen Szenerie.
Außer dem Normalanstieg durch das Südwandcouloir und über den Südostgrat sind die meisten anderen Routen — soweit sie im Fels verlaufen — allerdings sehr brüchig und gefährlich.
Wann sieht man schon eine Partie in der aus dem Schreckfirn aufragenden, steinschlagbedrohten Westwand, oder in der plattigen Südwand, die im Strahleggfirn basiert? Und auch in den bis zu 1300 Meter hohen Nord- und Nordostabstürzen gewahrt man nur selten eine Seilschaft.
Lediglich auf dem Grat zwischen Lauteraarhorn und Schreckhorn, dessen Verlauf fast durchwegs über 4000 Meter liegt und der ein alpinistisch hochinteressantes Unternehmen darstellt, sieht man ab und zu Bergsteiger, die auf diese Weise in einem Zug zwei Viertausender betreten.
Doch es hat auch seinen Reiz, einen Berg zu besteigen, der nicht durch die Schönheit seiner Form und die Eleganz seiner Anstiege bekannt ist, sondern der als abweisend gilt und keinen „großen Namen" trägt.

Der Preisringer auf der Schwarzegghütte

Vor der Erbauung der Strahlegghütte war das kleine Schwarzegghüttchen am Südwestsockel des Schreckhorns der wichtigste Stützpunkt im Bereich der Schreck- und Lauteraarhörner. Man war auf diese Hütte der SAC-

Sektion Basel angewiesen, wenn sie auch in westalpinen Bergsteigerkreisen als „Sardinenbüchse“ verschrien war. Heute ist die Unterkunft kaum noch benützbar, und man nimmt gerne noch die Wegstunde bis zur Strahlegghütte in Kauf.

Als Karl Blodig und sein Führer Feldner am 16. August 1903 von Grindelwald aufbrachen, um das Lauteraarhorn zu besteigen, wählten sie selbstverständlich die Schwarzegghütte als Stützpunkt: „Die Hütte war stark besetzt. Ein Paar allerliebste Knaben war mit ihrem Vater von Grindelwald heraufgekommen, um am anderen Tage über die Strahlegg nach Grimsel zu gehen. Wir freundeten uns sofort mit ihnen an und ergötzten uns an den kindlichen und doch eine gesunde Urteilsfähigkeit verratenden Reden der prächtigen Schweizer Buben. Als ebenso unliebenswürdige Gesellen erwiesen sich die anwesenden Berner Führer. Ich bin auf den Bergen gerne besonders höflich und dienstbereit, erwarte aber auch von anderen ein geziemendes Benehmen. Diese Leute forderten aber geradezu zur Grobheit heraus. Nach einigen kleineren und größeren Plänkeleien, die von den Führern ganz mutwillig vom Zaune gebrochen worden waren, erklärte ich ihnen, daß wir sämtliche Mitglieder des Schweizer Alpenklubs, also Wohltäter der Führerschaft seien; ferner hätten wir in der Hütte Hausherrenrecht, das wir mit allen Mitteln wahren würden, ferner, daß ich gekommen sei, um meinen 61. Viertausender zu besteigen und daß ich als preisgekrönter Turner und Ringer gesonnen sei, die nächste pöbelhafte Bemerkung mit einem Faustschlag zu beantworten.“

Zum Glück für die Führer kam es nicht so weit. Freilich konnten die nicht wissen, daß Blodig schon einmal, in Zermatt, drei ihrer Kollegen im Rahmen einer Auseinandersetzung mit einigen Griffen auf den Rücken gelegt hatte. Damals hatten die noblen Zermatter seinen Führer Christian Ranggetiner ob seiner schäbigen Kluft gehänselt. Ranggetiner, schon 54 Jahre, ließ sich jedoch in keine Rauferei ein: „Wartet nur, morgen kommt mein Herr vom Weißhorn zurück, der haut euch um die Erd’n, daß ihr g’nug habt!“

Und als dann Blodig, Augenarzt und Ex-Preisringer, wieder nach Zermatt kam, legte er die Jacke ab — und drei der Führer auf den Rücken, so daß die restlichen stillschweigend abzogen.

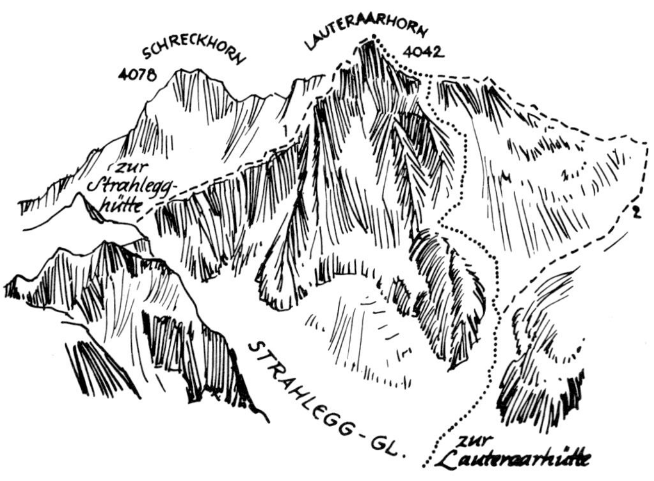

Nördliche Ostwandrippe-Nordwestgrat

1200 m, III—IV, 10—12 Stunden von der Lauteraarhütte.

Nordwestgrat

150 m, III—IV, kombiniert, 4 bis 5 Stunden.
Von der Strahlegghütte in 5½ Stunden auf den Schrecksattel, 3919 m. Den Grat überklettert man am besten direkt, da die Flanken sehr brüchig sind.

Südwestgrat

700 m, IV+ und V, kombiniert, 5—6 Stunden.
Von der Strahlegghütte in 2 Stunden auf den Strahleggpaß, 3340 m. Links auf den Grat und über ihn direkt zum Gipfel.

Westwand

600 m, III, kombiniert, 4½ Stunden; objektiv gefährlich.

Ostwand

500 m. Durch den linken und rechten Wandteil führten Anstiege, die jedoch in keiner Weise lohnend sind.

Abstieg

Am besten über den Südostgrat und durch das Südwandcouloir in 3 Stunden auf den Strahlegg-Gletscher.

KARTEN/FÜHRER

Landeskarte der Schweiz 1:50 000 Blatt Interlaken (254).
Königer/Munter, Berner Alpen.
SAC, Berner Alpen, Band V.

ANSTIEGSSKIZZE:

Normalaufstieg (punktiert) Südwandcouloir—Südostgrat; 1 = Südwestgrat, 2 = Südostgrat.

Das Lauteraarhorn mit seinem wildzerhackten Grat über die Kleinen Lauteraarhörner zum spitzigen Hugihorn (links); vorne der Grimsel-Stausee.

Groß-Fiescherhorn 4048 m

Das höchste der Fiescherhörner

Als höchste Erhebung der drei Fiescherhörner nimmt das Groß-Fiescherhorn auch den ihm angemessenen dominierenden Platz in diesem Bergstock ein. Gleich mächtigen Eismeeren sind ringsum weite, zum Teil wild zerrissene Gletscher eingelagert, aus denen sich das Massiv aufschwingt. Im Westen ist es das „zahme" Ewigschneefeld, nördlich wölben sich die weiten Flächen des Grindelwalder Fieschergletschers, südöstlich zwängt sich der Walliser Fieschergletscher in Richtung Rhônetal und nördlich, als Grenze zwischen Grünhornstock und Fiescher Gabelhorn, fließt der Grüneggfirn auf den Konkordiaplatz.

Das Groß-Fiescherhorn hat zwei grundverschiedene Gesichter. Da wäre einmal die Fiescherwand, die Nordseite, einer der abschreckendsten Winkel im Alpenraum; und dann, im krassen Gegensatz, die unscheinbare Südwest- und Westseite, also die Aufschwünge über dem Ewigschneefeld. Von dort aus erfolgte auch die Erstbesteigung am 23. Juli 1862 durch die Engländer A. W. Moore und H. B. George in Begleitung der Führer Christian Almer und Ulrich Kaufmann, und zwar über den Südwestgrat.

Aufmerksam war man auf den Berg aber von Norden her geworden, doch hielt man damals eine Durchsteigung der über einen Kilometer breiten Eis- und Felsmauer für unmöglich. Heute gibt es vier Routen durch diesen Wall, denn zu den klassischen Anstiegen gesellten sich noch zwei Führen von Schweizer Seilschaften. So berüchtigt die Fiescherwand in extremen Bergsteigerkreisen ist, so beliebt ist die Westflanke unter den Skihochtouristen. In ihr können sie nämlich mit den Brettln bis unter den Gipfelaufbau ansteigen und sind dann bald auf dem höchsten Punkt. Es vergeht auch kaum ein schöner Frühlingstag, an dem nicht in irgend einem Bergschrund Skier stecken, während ihre Besitzer der leuchtend weißen Gipfelhaube entgegensteigen. Freilich, die Anstiege sind lang — schon zur Basis des Berges. Vor allem wenn man aus dem Rhônetal oder aus dem Lötschental aufsteigt. Wer aber vom Jungfraujoch kommt, der hat sogar noch eine herrliche Abfahrt vor sich, ehe die Lungen vom Aufsteigen strapaziert werden. Dafür erwartet ihn aber beim Rückweg ein meistens mühsamer Hatscher durch den aufgeweichten Firn. Wer das vermeiden will, fährt kurz entschlossen zu den Konkordiahütten ab und verbringt noch einige Tage in diesem idealen Skitourengebiet.

Es ist schwierig, den lohnendsten Anstieg auf das Groß-Fiescherhorn zu nennen. Ausschlaggebend sind immer die jeweils vorherrschenden Verhältnisse und natürlich das Können. Eines kann man aber mit Sicherheit sagen: der Gipfel hat noch keinen Besteiger enttäuscht. Abgesehen von den Nordabstürzen, denn die dortigen Routen sind mit Ausnahme des Nordpfeilers objektiv sehr gefährlich und, bedingt durch ihre Höhe von fast 1300 Metern, auch dementsprechend anstrengend.

TOURISTISCHE ANGABEN

Hütten

Konkordiahütten siehe Hinter-Fiescherhorn (Seite 36).

Finsteraarhornhütte siehe Finsteraarhorn (Seite 41).

Berglihütte und Jungfraujoch siehe Mönch (Seite 12).

Strahlegghütte siehe Groß-Schreckhorn (Seite 25).

Tourenmöglichkeiten

Südostgrat

120 m, I, kombiniert, 3/4 Stunden. Von der Konkordia- oder Berglihütte bzw. vom Jungfraujoch in 4—5 Stunden über das Ewigschneefeld auf den Fieschersattel, 3923 m, zwischen Groß- und Hinter-Fiescherhorn. Weiter über den Grat zum Gipfel.

Skiaufstieg

Wie beim Südostgrat beschrieben in den Fieschersattel (Skidepot). Über den Grat vollends zum Gipfel. Vom Fieschersattel kann auch das Hinter-Fiescherhorn „mitgenommen" werden (s. Seite 36).

Westflanke-Nordwestgrat

600 m, II, kombiniert, 4 1/2 Stunden von der Berglihütte, 5 Stunden vom Jungfraujoch, 6 Stunden von den Konkordiahütten.
Vom Ewigschneefeld zur Basis des Walcherhorn-Südgrates. Von hier schräg rechts ansteigend zum Sattel, dann über den Firngrat und schließlich im Fels zum Gipfel.

Der Nordabfall des großen Fiescherhorns, die sogenannte „Fiescherwand", durch die äußerst schwierige, kombinierte Routen leiten.

Die Fiescherwand

Die ersten Versuche an der Wand wurden im Spätsommer 1926 registriert. Der Berliner Kehl drang mit dem Grindelwalder Führer Ammatter im linken Teil gute 250 Meter in der Wand vor, scheiterte dann aber an den plattigen, vereisten Felsen.
Vorher, im Sommer 1924, hatte schon der Japaner Yuko Maki mit den Engländern Frank Smythe und John Percy Farrar sowie den Führern Peter Almer Vater und Sohn die Wand kritisch gemustert und dabei in dem von P 3802 herabziehenden Felssporn des Nordgrates eine Durchstiegsmöglichkeit ausgemacht. Diese Erkenntnisse — Farrar berichtete darüber im „Alpine Journal“ Nr. 233, November 1926 — machten sich dann zwei Schweizer zu eigen und bewältigten den Nordpfeiler am 3. August 1926 in 15 Stunden: Walter Amstutz und Peter von Schumacher rissen damit die Fiescherwand aus ihrem Dornröschenschlaf.
Die Tatsache, daß die Wand nun durchstiegen war, erregte einen der erfolgreichsten Alpinisten über alle Maßen: Willo Welzenbach. Und obwohl er „vor diesen Abstürzen ein grenzenloses Grauen“ empfand, beschäftigte er sich intensiv mit einer Durchsteigungsmöglichkeit in der Gipfelfallinie.
Im Herbst 1926 allerdings riß ihn eine Gelenkerkrankung aus dem Höhenflug der Bergsteigerträume, genauer gesagt in eine Schweizer Spezialklinik, wo er bis zum Sommer 1927 lag. Danach schien der Münchner im Alpinismus abgeschrieben zu sein.
Als er dann jedoch im September 1929 mit seinem Freund Heinz Tillmann in 8½ Stunden die zweite Begehung des Nordpfeilers durchführte — in diesem Jahr hatte er auch die Aiguille-de-Bionnassay-Nordwestwand bewältigt —, stand es fest, daß der eisenharte Mann wieder im Kommen ist.
Am 5. September 1930 steigt Welzenbach mit Tillmann um 7.15 Uhr in die Fiescherwand ein — in der Fallinie des Gipfels. Im unteren Teil geht Welzenbach als Zweiter, dann übernimmt er die Führung. Langsam, aber stetig spulen sie eine Seillänge nach der anderen ab. Zwei Männer, die große Erfahrung in diesem tückischen kombinierten Gelände haben und die nichts aus der Ruhe bringen kann. Nichts wird überhastet, kein Sicherheitsfaktor außer acht gelassen.
Im Laufe des Nachmittags fängt es an zu schneien. Weiter! Ohne einmal zu rasten, betreten Welzenbach und Tillmann mit der einbrechenden Dämmerung nach 12stündiger Kletterzeit den Gipfel. Der Sturm zerrt wild an der Bekleidung. Es ist ungemütlich. Bald machen sie sich an den Abstieg.

Südwestgrat

700 m, II—III, kombiniert, 8 Stunden von der Bergli- oder Konkordiahütte bzw. vom Jungfraujoch.
Wie bei der Westwand links der Felsrippe ansteigen, dann weiter zum eigentlichen Grat und über ihn zum Gipfel.

Nordpfeiler

1000 m, III—IV, mit Stellen V, bis 60 Grad, 8—12 Stunden.
Von der Strahlegghütte über den Zäsenberg in 5 Stunden, von der Station „Eismeer“ der Jungfraubahn 2—3 Stunden.
Der Anstieg verläuft über den ausgeprägten Pfeiler und endet etwa 800 m nordwestlich des Gipfels.

Nordwand (Fiescherwand)

Durch die 1250 m hohe Wand verlaufen drei Routen von größter Schwierigkeit.
In der Wandmitte die Welzenbach-Tillmann-Führe, links (östlich) von ihr die Steuri-Führe und rechts die Reiss-Sollberger-Reist-Führe.

Abstieg

Am leichtesten über den Südwestgrat in guten 3 Stunden auf das Ewigschneefeld.

KARTEN/FÜHRER

Landeskarte der Schweiz 1:50 000 Blatt Jungfrau (264), Blatt Interlaken (254).
Königer/Munter, Berner Alpen.
SAC, Berner Alpen, Band IV.

ANSTIEGSSKIZZE:

Der leichteste Aufstieg (punktiert) verläuft zum Fieschersattel und von dort weiter über den Südostgrat; 1 = Westwand, 2 = Westwand—Nordwestgrat, 3 = Nordwestgrat.

Vom Skidepot beginnt der letzte Teil des Aufstieges zum Hinter-Fiescherhorn.

SALTO
hart

Hinter-Fiescherhorn 4025 m

„Kleiner Bruder" mit vielen Möglichkeiten

Wenn sich das Hinter-Fiescherhorn auch nur unbedeutend aus dem 2½ Kilometer langen Grat erhebt, der vom Groß-Fiescherhorn schwach südöstlich zum Groß-Grünhorn verläuft, und der Gipfel unzweifelhaft zum Stock der Fiescherhörner gehört, so verdient er in diesem Rahmen doch eine selbständige Behandlung, da auf ihn auch einige Routen führen, die in keinem Zusammenhang mit dem großen Bruder stehen.

Die Fiescherhörner — nicht zu verwechseln mit dem 3875 Meter hohem Fiescher-Gabelhorn südlich der Grünhornlücke — bilden die Verbindung zwischen Jungfrau- und Finsteraarhorn-Gruppe.

Unser Gipfel wurde 1864 von den Schweizern Edmund von Fellenberg, Peter Inäbnit, Ulrich Kaufmann und Peter Baumann erstmals bestiegen. Heute ist es einer der beliebtesten Skigipfel der Berner Alpen.

Vom Groß-Fiescherhorn wird er durch den Fieschersattel getrennt, über den oft Skibesteigungen vom Fieschergletscher bzw. von der Finsteraarhornhütte aus erfolgen, wobei lediglich die letzten 20 Meter zum höchsten Punkt zu Fuß zurückgelegt werden müssen.

Der Südostgrat, leicht in Richtung Groß-Grünhorn abfallend, wird etwa in seiner Mitte von einer Scharte, der Klein-Grünhornlücke, unterbrochen, die das Hinter-Fiescherhorn vom Grünhornstock trennt. Auch diese Scharte ist, allerdings nur vom Ewigschneefeld, mit Skiern ohne weiteres zu erreichen; der Weiteraufstieg über den Südostgrat verlangt dann aber schon Felskletterei. Die meisten Skibergsteiger mit Stützpunkt Finsteraarhornhütte kommen über die Firnhochfläche zwischen den drei Fiescherhörnern und im Anschluß über den Nordostgrat. Kopfzerbrechen kann dabei lediglich der Aufstieg vom Fieschergletscher zur Hochfläche bereiten. Doch meistens führt im Frühsommer eine Spur durch die Séraczone, so daß (bei guter Sicht) auch ohne Seil abgefahren werden kann.

Meist wird mit einer Besteigung des Hinter-Fiescherhorns der Weiterweg zum Groß-Fiescherhorn verbunden, denn so leicht und so schnell können nicht alle Tage zwei Viertausender mit einem Schlag erobert werden.

Zur Beliebtheit dieser Berge tragen die idealen Stützpunkte im Umkreis wesentlich bei. Schon allein der Konkordiahütten wegen lohnt sich ein Besuch. Sie vermitteln einen überwältigenden Blick auf den (zwischen Jungfraujoch und Gletschertor) 22,3 Kilometer langen Aletschgletscher, den größten Gletscherstrom Europas. Er fließt am Tag — gemessen bei der Konkordiahütte — 55 Zentimeter und im Jahr über 200 Meter.

Direkt unterhalb der Hütte breitet sich der Konkordiaplatz aus. Drei große Gletscher (Ewigschneefeld, Jungfraufirn, Großer Aletschfirn) treffen und vereinigen sich hier. Auf diese Konzentration des Eises ist es auch zurückzuführen, daß der Gletscher dort bis zu 800 Meter dick ist; selbst am Rand wurden noch 500 Meter gemessen.

TOURISTISCHE ANGABEN

Hütten

Konkordiahütten, 2840 m, SAC, 75 Schlafplätze; am westlichen Ausläufer des Faulberges; im Frühjahr und Sommer bewartet. Vom Jungfraujoch, 3454 m (Bahn von Grindelwald), 2½ Stunden; vom Hotel Jungfrau, 2181 m (2 Stunden von Fiesch), 4—5 Stunden; von Goppenstein, 1216 m, durch das Lötschental über die Lötschenlücke, 3184 m, 10—12 Stunden.

Finsteraarhornhütte siehe Finsteraarhorn (Seite 41).

Berglihütte und *Jungfraujoch* siehe Mönch (Seite 12).

Tourenmöglichkeiten

Nordwestgrat (Normalanstieg)
100 m, I, kombiniert ½—¾ Std. Von der Konkordia- bzw. Berglihütte oder vom Jungfraujoch in 4—5 Stunden über das Ewigschneefeld auf den Fieschersattel, 3923 m. Der Zugang vom Fieschergletscher ist weniger günstig.
Vom Sattel — Türme werden links (östlich) umgangen — über den kurzen Grat zum Gipfel.

Skiaufstieg
Wie beim Normalanstieg in den Fieschersattel, von wo es nur noch ½ Stunde zum Gipfel ist (mit Ski bis 20 Meter unter den höchsten Punkt).

Südostgrat
300 m, II, kombiniert, 2 Stunden. Vom Ewigschneefeld zum Beginn der Südwestrippe und hinauf zur Klein-Grünhornlücke, 3742 m; 3½ bis 4 Stunden von den Konkordiahütten. Von der Finsteraarhornhütte 3½ Stunden (schwieriger und objektiv gefährlich).
Nun über den Grat — ein Turm kann überklettert oder links (westlich) umgangen werden — zum Gipfel.

Südwestrippe

700 m, II, kombiniert, 6 Stunden von den Konkordiahütten.
Zuerst über den Gletscher, dann über die langgezogene Rippe auf den Südostgrat und über diesen in 1 Stunde zum Gipfel.

Nordostgrat

100 m, I, 1/2 Stunde.
Vom Fieschersattel über den obersten Boden des Fieschergletschers zum Beginn des kurzen Grates.

Südostwand

600 m, III—IV, bis 45 Grad, 5 bis 7 Stunden von der Finsteraarhornhütte; Einstieg in Gipfelfallinie.

Westflanke

650 m, II, kombiniert, 6 Stunden von den Konkordiahütten.

Abstieg

Am besten über den Nordwestgrat in 3 Stunden zu den Konkordiahütten.

KARTEN/FÜHRER

Landeskarte der Schweiz 1:50 000 Blatt Jungfrau (264).
Königer/Munter, Berner Alpen.
SAC, Berner Alpen, Band IV.

Eine Überschreitung

Ludwig Purtscheller

Die Rundschau vom Groß-Fiescherhorn steht an Großartigkeit der Szenerie, an Reiz und Lieblichkeit der Talprospekte, sowie an erschütternder Gegensätzlichkeit der Bilder kaum hinter einem anderen Hochgipfel der Berner Alpen zurück. Mit der Jungfrau teilt unsere Spitze dieselbe wunderbare Sicht auf die grünen Vorberge und die Ebene, mit dem Aletschhorn den Einblick in das Herz der Berner Alpen, mit dem Finsteraarhorn die streng arktische Umgebung. Höchst eindrucksvoll auch der Blick auf das dreitausend Meter unter uns liegende Grindelwald, dessen goldig besonnte Matten und weiße Häuschen wie ein Gruß aus einem verlockenden Paradies hinaufwinken.

Die Fülle und Großartigkeit der Bilder, die ich hier kaum andeuten konnte, hätten wohl einen längeren Aufenthalt erheischt; dennoch verweilten wir auf der Spitze nur kurze Zeit, da es unsere Absicht war, auch das Hinter-Fiescherhorn zu besuchen und erst dort länger zu rasten. Wir brachen daher nach einem Halt von 5 Minuten wieder auf, um längs des Grates auf unser zweites Ziel loszusteuern. Anfangs ging es leidlich gut; als aber die Wächtenbildung zunahm und die Abbrüche des Grates durch überhängende Schneemassen ungangbar wurden, entschlossen wir uns, gegen den allerdings sehr steilen und von einem klaffenden Bergschrund durchzogenen Firnhang zur Linken abzusteigen und ungefähr 100 Meter unterhalb des überwächteten Grates am Westrande der geräumigen, zum Kleinen Fiescherhorn hinziehenden Schneemulde wieder gegen das Hinter-Fiescherhorn emporzustreben. Dies gelang trotz des tiefen, völlig durchweichten Schnees ohne größeren Zeitverlust, und um 11.30 Uhr standen wir auf dem zweiten Gipfel. Man rechnet für den Übergang vom Groß- zum Hinter-Fiescherhorn 1 Stunde, welche Zeit auch wir, ungeachtet des erschwerenden Neuschnees, einhielten. Interessant war der Rückblick auf die hier sich äußerst kühn aufbäumende Hauptspitze und auf die Trasse, die wir mit unseren Fußstapfen über den Grat und die Nordostflanke desselben eingezeichnet hatten.

ANSTIEGSSKIZZE:

Bis in den Fieschersattel verlaufen die Normalanstiege auf das Groß- bzw. Hinter-Fiescherhorn gemeinsam. Zu letzterem geht es nach dem Sattel über den Nordwestgrat (punktiert);
1 = Westflanke, 2 = Südwestrippe—Südostgrat.

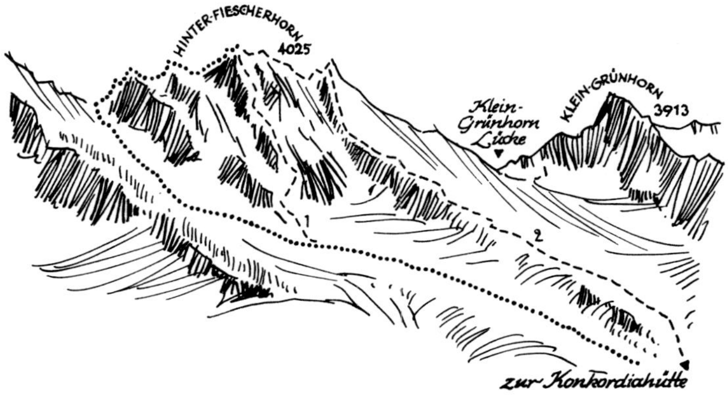

Groß-Grünhorn 4043 m

Hausviertausender der Konkordiahütten

Zwischen Klein-Grünhornlücke (Norden) und Grünhornlücke (Süden) bzw. zwischen Ewigschneefeld (Westen) und Fieschergletscher (Osten) erhebt sich die Gruppe der Grünhörner und kulminiert im Groß-Grünhorn, ihrem Mittelpunkt. Daneben hat lediglich noch das 3860 Meter hohe Grünegghorn gipfelähnlichen Charakter, während das Klein-Grünhorn, 3913 m, nur eine Graterhebung darstellt.

Das Groß-Grünhorn ist sozusagen der „Hausviertausender" der Konkordiahütten, denn er ist von dort aus der nahegelegenste Gipfel dieser Höhenordnung. Dabei darf aber nicht außer acht gelassen werden, daß die übliche Route über das Grünegghorn in ihrem Schlußstück, am Südwestgrat, Schwierigkeiten im II. Grad bietet. Bereits etwas schwieriger ist der Aufstieg durch die Westflanke und die anschließende Überkletterung (III) des Nordgrates. Bedingt dadurch, daß sämtliche Anstiege als Kletterfahrten gelten, kann das Groß-Grünhorn nicht als ausgesprochener Skiberg bezeichnet werden. Trotzdem wird es gerade im Frühjahr gerne besucht, denn man kann vom Ewigschneefeld sehr hoch mit Skiern ansteigen — bis zur Randkluft unter dem Sattel zwischen Grünegghorn und Groß-Grünhorn. Wer sich für den Aufstieg über das Grünegghorn entschieden hat, kann, je nach den Verhältnissen, bis zum Sattel des im Grünegg endenden Grates, bei ganz günstigen Verhältnissen sogar bis zum Grünegghorn-Vorgipfel die Skier benützen.

Voraussetzung für diese Art von Bergfahrten ist allerdings die perfekte Beherrschung der Skier im hochalpinen Gelände; dazu gehört auch das Abfahren am Seil. Außerdem sollte schon vorher berücksichtigt werden, daß die jeweiligen Anstiege zu dieser Jahreszeit meistens schwieriger sind als im Hochsommer.

Nur höchst selten wird der Berg von Südosten oder Nordosten angegangen, denn mit Ausnahme der Südostwand und des Ostpfeilers sind die Aufstiege vom Fieschergletscher bzw. von der Finsteraarhornhütte aus nicht lohnend und auch durchwegs schwieriger als jene vom Ewigschneefeld und vom Grüneggfirn aus.

Wenn auch dieser Berg keinen so berühmten Namen trägt wie andere Viertausender in den Berner Alpen und manchem Alpinisten überhaupt nicht bekannt ist, so schließt das nicht aus, daß sich eine Besteigung des Groß-Grünhorns auf alle Fälle lohnt. Allein der großartigen Rundsicht wegen, die Tschudi schon vor hundert Jahren in seinem „Tourist" lobte. Man fühlt sich hineinversetzt in eine arktische Welt — nirgendwo ist vom Gipfel aus auch nur der kleinste Flecken lebendigen Grüns zu sehen. Wo man hinschaut erstarrte Gletscherströme, hoch in den Himmel ragende Fels- und Eisgipfel mit imposanten Wandabstürzen — die faszinierende Welt des Hochgebirges.

TOURISTISCHE ANGABEN

Hütten

Konkordiahütten siehe Hinter-Fiescherhorn (Seite 36).

Finsteraarhornhütte siehe Finsteraarhorn (Seite 41).

Berglihütte und *Jungfraujoch* siehe Mönch (Seite 12).

Tourenmöglichkeiten

Über das Grünegghorn (Normalanstieg)
1000 m, I—II, kombiniert, 5½ Stunden von den Konkordiahütten. Über den Grüneggfirn und linkshaltend hinauf zu einem Sattel. Weiter über den Vorgipfel auf das Grünegghorn, kurzer Abstieg in die Lücke und über den türmereichen Südwestgrat zum Gipfel.

Südwestgrat
250 m, I—II, kombiniert, 1½ Stunden.
Von den Konkordiahütten in 5 Stunden, von der Finsteraarhornhütte in 5½ Stunden zur Lücke am Beginn des Grates und auf ihm weiter zum Gipfel.

Skiaufstieg
Wie beim Südwestgrat in die Lücke am Beginn des Grates (Skidepot) und über den Grat zum Gipfel. Zugang sehr spaltenreich.

Nordgrat
300 m, III, kombiniert, 3½ Stunden.
Von den Konkordiahütten in 4 Stunden, vom Jungfraujoch (absteigend) in 4½ Stunden über die Westflanke zur tiefsten Lücke des Grates vom

Blick vom Fieschergletscher auf das Groß-Grünhorn. Links vom Gipfel der Südwestgrat in die Grünhornlücke, den die meisten von der Finsteraarhorn-Hütte kommenden Bergsteiger als Aufstieg nehmen.

Berg ohne Geschichte

Diese Überschrift entspricht natürlich nicht den Tatsachen, denn jeder bestiegene Gipfel hat Geschichte, ebenso wie jedes entdeckte und später besiedelte Land. Die Geschichte des Groß-Grünhorns begann am 7. August 1885. An diesem Tag nämlich bestieg Edmund von Fellenberg mit drei Führern aus Grindelwald erstmals den Gipfel, vom Ewigschneefeld aus bei sehr schlechten Wetterverhältnissen, nachdem sie sich schon im Vorjahr versucht hatten und nur bis zum Grünegghorn gekommen waren. Die zweite Besteigung glückte dem Engländer Coolidge mit den Führern Christian und Rudolf Almer, die dritte dem Deutschen Gustav Euringer in Begleitung von Josef Rubin und Theodor Kalbermatten am 3. August 1893, also erst neun Jahre nach der Erstbesteigung, so daß von dem 2½ Meter hohen, von den Erstbesteigern errichteten Steinmann nicht mehr viel zu sehen war. Im Laufe der folgenden Jahre wurden dann weitere Anstiege eröffnet, dabei benützte man vorläufig noch die Grate, also die von der Natur gegebenen Möglichkeiten. Erst viel später durchstieg man den rechten Teil der Nordostwand. Im Sommer 1958 gelang dem Holländer Ger van der Leck die Westwand, und am 27. August 1967 schafften die Schweizer Ueli Frei und Christoph Blum den Ostpfeiler.
Damit kann das Buch der Groß-Grünhorn-Geschichte aber noch nicht geschlossen werden, denn es ist nur zu einem Teil geschrieben, die bedeutendsten Kapitel stehen noch aus — zwei bis zu 700 Meter hohe Wände.
Es gibt keinen anderen Viertausender, der noch derartiges Neuland bietet. Kein krankhaft gesuchtes, sondern sich geradezu anbietendes Neuland: Nordostwand und zentrale Südostwand.
Das größte Problem ist die etwa 700 Meter hohe Nordostwand, deren untere zwei Wanddrittel bis etwa 60 Grad steiles, kombiniertes Gelände bieten, das von einem außerordentlich steilen Felsaufschwung abgelöst wird. Weniger steil, dem Anschein nach auch nicht so schwierig, dürfte die zwischen Südost- und Südwestgrat eingelagerte Direkte Südostwand sein, ebenfalls noch nicht begangen und über 500 Meter hoch.
Die Westwand, ein nicht ganz 300 Meter hoher Felsaufschwung, ist nicht so lohnend wie die erwähnten Möglichkeiten.

Klein-Grünhorn zum Groß-Grünhorn.
Über den anfangs noch mäßig geneigten, dann immer steiler werdenden Grat, bzw. links oder rechts der Schneide, am Schluß direkt auf ihr zum Gipfel.

Südostwand

500 m, III—IV, kombiniert, 3 Stunden.
Von der Finsteraarhornhütte in den Gletscherkessel links des Südostgrates und rechts ansteigen durch eine Schneerinne zum Beginn des Grates. Zuerst über den Firngrat, dann im festen Fels der Südostwand zum Gipfel.

Ostpfeiler

650 m, IV—V, überwiegend Fels, 10 Stunden.

Abstieg

Am besten über das Grünegghorn in 3 Stunden zu den Konkordiahütten.

KARTEN/FÜHRER

Landeskarte der Schweiz 1:50 000 Blatt Jungfrau (264).
Königer/Munter, Berner Alpen.
SAC, Berner Alpen, Band IV.

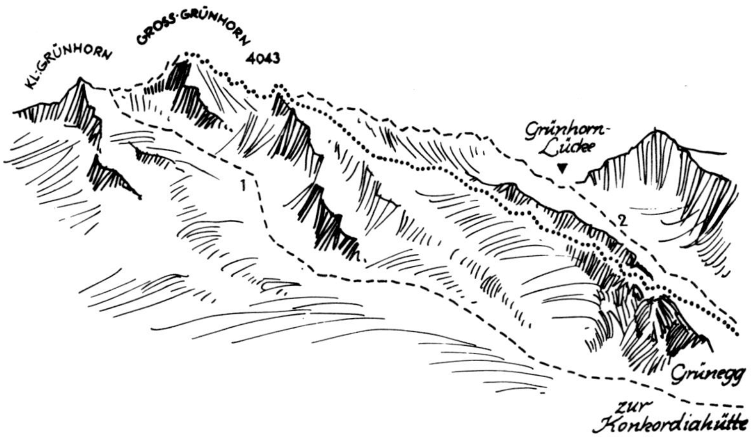

ANSTIEGSSKIZZE:

Groß-Grünhorn mit Normalanstieg (punktiert) über das Grünegghorn; 1 = Nordgrat, 2 = Südostgrat.

Finsteraarhorn 4273 m

Das Dach der Berner Alpen

TOURISTISCHE ANGABEN

HÜTTEN

Finsteraarhornhütte, 3050 m, SAC, 100 Schlafplätze; östlich über dem Fieschergletscher; im Sommer bewartet, sowie bei gutem Wetter an Ostern und Pfingsten. Vom Jungfraujoch 5—6 Stunden, von den Konkordiahütten 3½ Stunden, vom Grimselhospiz, 1980 m, 9 bis 10 Std. über Oberaarjoch-Hütte.

Lauteraarhütte, 2392 m, SAC, 40 Schlafplätze; etwa 100 m über dem Unteraargletscher am Südfuß des Hühnerstockes; im Sommer bewartet. Vom Grimselhospiz, 1980 m, entlang des Grimselsees (Nordufer) und über den Unteraargletscher, 4½ Stunden.

Oberaarjoch-Hütte, 3258 m, SAC, 35 Schlafplätze; am Oberaarhorn-Südgrat, etwa 50 m über dem Oberaarjoch; im Sommer bewartet. Vom Grimselhospiz mit dem Motorboot zur Oberaar, nördlich am gleichnamigen Stausee vorbei und über den Oberaargletscher 7 Stunden. Von Münster (Rhônetal) über die Galmihornhütte 6 Stunden.

Konkordiahütten siehe Hinter-Fiescherhorn (Seite 36).

Strahlegghütte siehe Groß-Schreckhorn (Seite 25).

TOURENMÖGLICHKEITEN

Südwestflanke-Nordwestgrat
(Normalanstieg)
1000 m, I+, kombiniert, 5 Std.
Von der Finsteraarhornhütte nordöstlich ansteigen, über den „Frühstücksplatz" und weiter rechtshaltend zum „Hugi-Sattel"; 3¼ Stunden. Von hier über den Nordwestgrat zum Gipfel.

Skiaufstieg
Herrlicher Skiberg. Route im Text bereits beschrieben. Bei guten Verhältnissen mit Ski bis zum „Hugi-Sattel", von dort weiter auf dem Nordwestgrat.

Als höchster Gipfel der Berner Alpen ist das Finsteraarhorn auch die höchste Erhebung der gleichnamigen Gruppe, die einen sehr markanten, von Nordwesten nach Südosten verlaufenden Kamm bildet und als weitere nennenswerte Gipfel noch das Studerhorn, 3638 m, und das Finsteraar-Rothorn, 3530 m, birgt.

Trotz der wesentlich geringeren absoluten Gipfelhöhen im Vergleich zu den Walliser Alpen (Dufourspitze, 4634 Meter) ist das Berner Oberland an tatsächlicher Höhe über dem Tal dem Wallis überlegen, denn Zermatt liegt 1616 Meter hoch, während die Höhe von Grindelwald mit 1038 Meter angegeben wird.

Das Finsteraarhorn selbst ist nicht nur Kulminationspunkt, sondern auch geographischer Mittelpunkt dieser Gruppe zwischen Agassizjoch (Norden), Unterem Studerjoch bzw. Galmi-Gletscher und Studerfirn (Süden) sowie zwischen dem Fieschergletscher und dem Finsteraar-Gletscher.

Ein formschöner Gipfel von Nordwesten gesehen, wo im ersten Moment seine schmale und kantige Form das Herz jedes Felsgehers höherschlagen läßt. Bei näherer Bekanntschaft stellt man dann allerdings fest, daß der Fels (Hornblendegneis) nicht besonders fest ist.

Von Westen aus betrachtet bildet das Massiv einen langgezogenen Rücken, gebildet vom Nordwest- und Südostgrat. Weit reicht dort der Firn hinauf, so daß die meisten Besteigungen vom Fieschergletscher und damit von der Finsteraarhornhütte erfolgen, auch die Skibesteigungen, obwohl man selbst bei günstigsten Verhältnissen mit Skiern nur bis zum „Hugi-Sattel" kommt, doch von dort sind es dann nur noch 250 Höhenmeter, die in 1 bis 1½ Stunden bewältigt werden können. Demgegenüber stehen dann fast 1000 Abfahrtsmeter — in hochalpinem Gelände.

Großartige Unternehmungen für ausdauernde und erfahrene Bergsteiger sind der Nordwestgrat vom Agassizjoch — es hat seinen Namen von dem Schweizer Naturforscher Louis Agassiz aus Neuenburg, der in den Berner Alpen von 1840 bis 1845 systematische Gletscherstudien betrieb — und der 2½ Kilometer lange Südostgrat von der Gemslücke aus. Letzterer wird aber meistens nur in seinem obersten Drittel begangen, da von Südwesten gute Zustiegsmöglichkeiten bestehen und sich die Schlüsselstelle, die sogenannte „Platte" (III), kurz unterhalb des Gipfels befindet. Mit der Erstbegehung des Nordostpfeilers am 16. Juli 1904 durch den Berner Gustav Hasler und den Führer Fritz Amatter, einem gelernten Metzger, wurde die Epoche der großen Nordwandanstiege in den Berner Alpen eingeleitet. Die „Hasler-Rippe" ist der schwierigste Anstieg auf das Finsteraarhorn und wurde ab dem „Grauen Turm" von den Polen Kazimierz Glazek und Krysztof Zdzitowiecki am 19. August 1967 direkt zum höchsten Punkt begradigt.

Finsteraarhorn-Geschichten

Hugis Versuche

Der Name des Solothurner Geologen Franz Josef Hugi wird mit dem Finsteraarhorn für immer verbunden sein, denn der „Hugi-Sattel" ist eine amtlich geographische Bezeichnung geworden, seit er von dem Schweizer am 19. August 1828 in Begleitung der Führer Christian Lauener, Arnold Dändler, Arnold Abbühl, Jakob Leuthold und Johann Währen erstmals betreten wurde. Zum Gipfel reichte es aber damals nicht mehr, und so konnte Hugi in seiner 1830 erschienenen „Naturhistorischen Alpenreise" nur eine abenteuerliche Geschichte erzählen, die sich bei diesem Versuch zugetragen haben soll: „Arnold Dändler war gerade vor mir mit einer langen Stange, die er gegen Osten über die Kante hinausstrecke. Indem er so den Abhang schief emporzog, glitschte er aus. Da packte ich mit einem Sprung das andere Ende der Stange; allein der Firn unter mir brach durch. Kaum zwei Fuß dick hatte er nämlich 5 bis 6 Fuß breit vom Winde über die unsichtbare Felskante hinaus sich angebaut. Ich hing so ganz frei mehr als 4000 Fuß hoch an der Stange fast senkrecht ob dem Finsteraarhorngletscher, während Dändler anderseits über die Firnwand hinabhing. Wenn dieser schwache Wagebalken gebrochen, wäre Dändler unaufhaltsam auf das westliche Vieschermeer über den Firn hinabgeflogen und ich östlich auf das Aarmeer gestürzt. Wir hingen beide an der Stange still. Die Öffnung, in der ich hing, erweiterte sich, so daß ich die in freie Luft hinaus gewölbte Decke des Schnees untersuchen und durch das Loch den Finsteraargletscher sehen konnte."
Glücklicherweise wurden Hugi und Dändler von ihren Gefährten in kürzester Zeit wieder aus der unangenehmen Situation befreit. Aber erst anläßlich des dritten Versuches drangen Leuthold und Währen über den Nordwestgrat bis zum Gipfel vor.

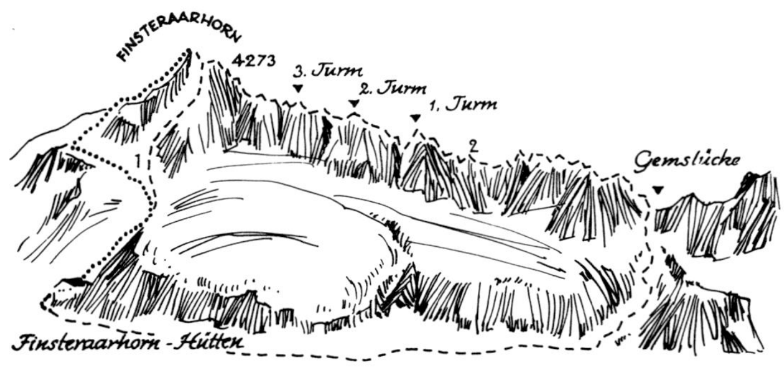

Südwestgrat

650 m, I—II, kombiniert, 3 bis 4 Stunden.
Von der Finsteraarhornhütte in $1^1/_2$ Stunden zum „Frühstücksplatz", über den Grat und im Schlußstück durch die Gipfelwand.

Nordwestgrat (Agassizgrat)

500 m, I—II, kombiniert, 3 bis 4 Stunden.
Von der Finsteraarhornhütte in $2^1/_2$ Stunden zum Agassizjoch, 3751 m. Weiter über den Grat.

Südostgrat

800 m, II—III, kombiniert, 12 Stunden.
Von der Finsteraarhornhütte in $1^1/_2$ Stunden, von der Oberaarjoch-Hütte in 1 Stunde zur Gemslücke (früher Rothornsattel).

Ostpfeiler

800 m, III+, kombiniert, 8 bis 9 Stunden.

Nordostpfeiler

1050 m, IV—V, kombiniert, 10 Stunden.

Nordostwand

750 m, III, kombiniert, 6 bis 8 Stunden.

Abstieg

Über den Nordwestgrat zum „Hugi-Sattel" und weiter durch die Südwestflanke zur Hütte; 2 bis 3 Stunden.

KARTEN/FÜHRER

Landeskarte der Schweiz 1:50 000 Blatt Jungfrau (264), Blatt Nufenenpaß (265).
Königer/Munter, Berner Alpen.
SAC, Berner Alpen, Band IV.

ANSTIEGSSKIZZE:

Von den Finsteraarhornhütten erreicht man den Gipfel am besten (punktiert) über den „Hugi-Sattel" und über den Nordwestgrat; 1 = Südcouloir, 2 = Südostgrat.

Blick vom Bachalpsee zum Schreckhorn (links, dahinter das Lauteraarhorn) und zum Finsteraarhorn (rechts).

Drei Einzelgänger

Piz Bernina - Gran Paradiso - Barre des Ecrins

Drei Viertausender der Alpen stehen etwas abseits der großen zentralen westalpinen Hauptkämme: Piz Bernina, Gran Paradiso und Barre des Ecrins. Dabei muß der Piz Bernina, streng geographisch gesehen, noch zu den Ostalpen gezählt werden. Er bildet neben dem Piz Roseg und dem Piz Palü die wichtigste Erhebung der Bernina-Gruppe, der allerdings westalpiner Charakter zugesprochen werden kann. Durch einen Teil dieses Gebietes verläuft die schweizerisch/italienische Grenze; unter anderen über den Piz Roseg, den Piz Zupò und den Piz Palü.

Das eigentliche hochalpine Berggebiet im „Silberschloß des Engadin" (Walther Flaig) wird erfreulicherweise noch von keiner Bergbahn berührt, hat also bis auf den heutigen Tag noch sehr viel von seiner Ursprünglichkeit erhalten. Wäre allerdings der Plan einer Mailänder Finanzgruppe von Erfolg gekrönt worden — die Gemeinde Pontresina hat ihn 1966 einstimmig abgelehnt —, so ginge heute vom Berghaus Diavolezza eine Seilbahn auf den Piz Palü und von dort weiter zur Marinelli-Hütte.

Der Gran Paradiso steht dagegen vollkommen auf italienischem Boden und bildet ebenso wie der Piz Bernina den höchsten Gipfel der gleichnamigen Gruppe. Er rechtfertigt seine Außenseiterrolle fast überdeutlich durch seine Lage südlich der Walliser Alpen und südöstlich der Montblanc-Gruppe. Und trotzdem gehört er mit in den weitgeschwungenen Halbkreis der Alpenkette, die sich vom westlichen Ende des Ligurischen Meeres bis zum Golf von Triest erstreckt. Doch schon etwas weiter im Osten senken sich die Berge hinunter in die fruchtbare Tiefebene der Lombardei. Hier, in der Gran-Paradiso-Gruppe, zeigen sie aber noch einmal ihre ganze Größe und Wuchtigkeit.

Noch weiter im Süden, vom Gran Paradiso aus betrachtet im Südwesten, thront die Barre des Ecrins inmitten des wildschönen Dauphiné, einer im Vergleich zu anderen westalpinen Gebieten noch recht wenig erschlossenen Gruppe. Man sollte beim Besuch eines dieser Viertausender nicht nur auf den Gipfel selbst schauen, sondern auf die ganze Gruppe. Jede von ihnen bietet so zahlreiche Möglichkeiten, daß ein Bergurlaub damit ausgefüllt werden kann. Ganz gleich ob man sich mit extremen oder weniger extremen Plänen trägt. Diese Berge werden ihrer Außenseiterrolle vollauf gerecht, denn sie überraschen den Alpinisten mit einer derartigen Fülle landschaftlicher Schönheiten, die ihn schnell vergessen lassen, daß die verschiedenen Gipfel weniger populär sind als beispielsweise die Berge der Hauptgruppen. Jedes dieser Gebiete hat eine ganz eigene Charakteristik. Vor allem unterscheiden sich die Gran-Paradiso-Gruppe und das Dauphiné zum Teil sehr von den Walliser Alpen bzw. vom Montblanc. Diese Berge verdienen es, auch bergsteigerisch in den Rahmen von westalpinen Unternehmungen mit aufgenommen zu werden — man wird es bestimmt nicht bereuen!

TOURISTISCHE ANGABEN

Wenn sich auch die Einzelgänger unter den Viertausendern etwas abseits der westalpinen Hauptgruppen erheben, so sind ihre wichtigsten Talorte verkehrstechnisch doch sehr gut zu erreichen. An der Bernina-Gruppe führt die Straße von St. Moritz nach Tirana vorbei. An ihr liegen Pontresina (8 km von St. Moritz), Bernina Suot (Berninahäuser, 16 km von St. Moritz; Talstation der Diavolezzabahn) und etwas abseits (4 km von Pontresina) Morteratsch.

Für Touren am Gran Paradiso werden die Talorte aus dem Aostatal erreicht. Bei Sarre (6 km von Aosta) führt das Val di Cogne südlich in das 600 qkm große Naturschutzgebiet des „Parco Nazionale del Gran Paradiso". Cogne (28 km von Aosta) ist dort der Hauptort (Weiterweg nach Valnontey). — Gleich hinter Villeneuve, an der Straße nach Courmaveur, zweigt die Fahrstraße nach Pont (zum Rif. Vittorio Emanuele II.) im Val Savaranche ab.

Auch das Haut Dauphiné kann mit dem Fahrzeug aus allen Himmelsrichtungen gut und schnell erreicht werden. — La Grave liegt unmittelbar an der Straße Grenoble — Briançon — Turin (Route Nationale No. 91); La Bérarde (31 km von Bourg d'Oisans) bildet den Endpunkt des Vénéon-Tales, das in der Nähe von Bourg d'Oisans (43 km südlich von Grenoble) in das Romanche-Tal mündet. — Von Südosten dringt das Vallouise tief in den östlichen Teil der Gruppe ein. Den Endpunkt bildet Ailefroide, 18 km von L'Argentiere (an der Straße Briançon — Ouillestre).

Piz Bernina 4049 m

Der Berg mit der „Himmelsleiter"

TOURISTISCHE ANGABEN

HÜTTEN

Tschiervahütte, 2580 m, SAC, 50 Schlafplätze; über dem nördlichen Ufer des Tschiervagletschers; an Ostern und im Sommer bewartet. Von Pontresina, 1805 m, durch das Rosegtal 3½ Stunden.

Bovalhütte, 2495 m, SAC, 50 Schlafplätze; auf dem westlichen Ufer des Morteratschgletschers; bewartet von Februar bis Oktober. Vom Hotel Morteratsch, 1896 m, nahe der Berninapaßstraße, 2½ Stunden. Von der Diavolezzahütte (absteigend) 1½ Stunden.

Diavolezzahütte (zwei Berghäuser), 2973 m, privat, insgesamt 170 Schlafplätze; an der Bergstation der Diavolezzabahn; bewirtschaftet von Mitte Februar bis Ostern und von Juni bis September. Von den Berninahäusern, 2046 m, etwa 3 Stunden.

Marco-e-Rosa-Hütten, 3597 m, etwa 300 m westlich der Forc. Crast' Agüzza; Neubau (45 Schlafplätze) von Juli bis August bewartet, Altbau (20 Schlafplätze) immer offen. Von der Bovalhütte durch das Buuch 5 Stunden, von der Diavolezzahütte 5 Stunden, von der Marinelli-Hütte, 2813 m (4½ Stunden von Lanzada im Val Laterna) etwa 3 Stunden (II+).

TOURENMÖGLICHKEITEN

Südgrat (Normalanstieg)
450 m, I—II, kombiniert, 2 bis 3 Stunden von den Marco-e-Rosa-Hütten.

Vor der Firnschneide des eigentlichen Biancogrates, der „Himmelsleiter" auf den Piz Bianco. Links oben der Gipfel des Piz Bernina.

Wenn man Walther Flaig, dem großen Kenner und Verehrer der Bernina-Gruppe, Glauben schenken darf, so wanderte der Name dieses Gebietes vom Tal auf die Berge, denn Aegidius Tschudi erwähnt bereits 1555 die „Chiantum Bernina", die heutigen Berninahäuser.

Eigentlich gehört die Bernina-Gruppe noch zu den Ostalpen. Aber nur geographisch, denn in bezug auf die landschaftliche Schönheit und den gewaltigen Aufbau ihrer Berge muß ihr westalpiner Charakter zugesprochen werden, wenn auch die durchschnittlichen Gipfelhöhen unter denen der Walliser oder Berner Alpen liegen. Für Geologen hochinteressant ist die Isoliertheit dieser Berge, da sie ihre Umgebung erheblich überragen und dadurch einer Insel mit hochalpinen Ausmaßen gleichen.

Der Piz Bernina selbst, der eigentliche Berg bzw. das Massiv besteht aus drei Gipfeln: Piz Bernina, Piz Bianco und Piz Spalla. Allerdings weisen diese Erhebungen keinen ausgeprägten Gipfelcharakter auf, sie bilden die großartige Einheit Piz Bernina.

Ob man ihn von Morteratsch aus sieht, von der Diavolezza, von der Bellavista-Terrasse oder von der Tschiervahütte aus, wenn sein großer Grat im letzten Licht der untergehenden Sonne zu brennen scheint — immer ist der Anblick überwältigend und hat seine eigenen Reize.

Aber auch der Normalanstieg über den Spalla-(Süd-)grat vermittelt großartige Eindrücke, die dem Biancograt nicht viel nachstehen.

Der Ostgrat, über den Johann Coaz mit Jon und Lorenz Ragut Tscharner am 13. September 1850 den Gipfel erstmals bestieg, ist kombiniert und wird zu Unrecht vernachlässigt, obwohl es sich um einen anregenden Aufstieg handelt.

Für den Skitouristen ist am Beginn des Südgrates mit dem Fellaufstieg Schluß, denn auf dem Grat ist mit den Brettln nichts anzufangen. Dafür erwarten ihn dann 1900 Höhenmeter Abfahrt. Vorsicht bei Spalten! Am häufigsten durchgeführt wird die Überschreitung Biancograt — Spallagrat, wobei zwei über 4000 Meter hohe Punkte berührt werden. Allerdings kann die Spalla (Schulter), etwa 350 Meter südlich des Piz Bernina, mit ihren 4020 Metern nicht ein selbständiger Gipfel genannt werden, obwohl sie viele in ihrer Gipfelsammlung als solchen mit aufführen.

Ein Problem sind die Hütten, und sie werden es vermutlich auch bleiben. Obwohl es seit 1966 zwei Marco-e-Rosa-Hütten gibt, sind diese dem Ansturm nicht gewachsen. Leider können die Bovalhütte und die 1968 umgebaute Diavolezzahütte nicht als unmittelbare Stützpunkte betrachtet werden.

Von den Hütten nördlich zum Gratbeginn und weiter zur Spalla. Von hier über den Firngrat und am Schluß im Fels auf den Gipfel.

Skiaufstieg

Von den Marco-e-Rosa-Hütten den Firnrücken nordwärts ansteigen bis unterhalb des Südgrates (Spallagrat). Weiter wie beim Normalanstieg. Das größte Problem für den Skibergsteiger ist das Erreichen der Hütten.

Ostgrat

350 m, II, kombiniert, 3 Stunden von den Marco-e-Rosa-Hütten.
Von den Hütten am Auslauf des Südgrates vorbei zu einer kleinen Scharte im Grat, der dann bis zum Gipfel verfolgt wird.

Nordgrat (Biancograt)

600 m, III+, bis 45 Grad, 5 bis 7 Stunden.
Von der Tschiervahütte in 4 Stunden zur Fuorcla Prievlusa, 3430 m. Nun im Fels (II+) zum Beginn des Firngrates und über ihn auf den Piz Bianco, 3995 m. Kurzer Abstieg im Fels (III+) und kombiniert zum Gipfel.

Nordostflanke

1300 m, bis 55 Grad, 10 bis 12 Stunden.
Von den vier Routen („Durch die Gurgl“, „Durch den Winkel“, „Durch die Falsche Gurgl“, Piz-Bianco-Nordostwand) kann nur erstere in Erwägung gezogen werden. Die anderen sind außerordentlich gefährlich, obwohl auch in der „Gurgl“ mit Stein- und Eisschlag gerechnet werden muß.

Abstieg

Am leichtesten über den Südgrat in $1^{1}/_{2}$—2 Stunden zu den Marco-e-Rosa-Hütten.

KARTEN/FÜHRER

Landeskarte der Schweiz 1:50 000 Blatt Julierpaß (268).
Walther Flaig, Bernina-Führer.
SAC, Bündner Alpen, Band V.

ANSTIEGSSKIZZE:

Der Spallagrat (punktiert) ist neben dem Biancograt (2) und dem Ostgrat (1) der beliebteste Anstieg zum Piz Bernina.

Helmut Dumler

Die schönste Firnschneide

Als wir auf dem Piz Morteratsch standen, konnten wir sie nur ahnen, die großartige Firnschneide, für die, wenn es auch schon reichlich abgedroschen ist, nur das Wort „Himmelsleiter“ gelten darf. Dort drüben, in dieser Richtung muß sie sein, erklärte mir Kurt und zeigte in das schmutzige Grau.
Dann waren wir auf ihr. Die Sonne stand schon ziemlich hoch und verlieh dem Grat jene Faszination, von der ich schon lange geträumt habe. Auf Bildern habe ich ihn schon oft gesehen. Und es waren immer die gleichen Bilder: Eine dem Himmel entgegenziehende Firnschneide zwischen Licht und Schatten. Ein leicht geschwungener Grat, sehr schmal im untersten Teil, dann breiter werdend. Links gigantische Wächten — rechts eine steile Flanke. Aber sie ist noch viel schöner, die „Himmelsleiter“, wenn man an ihrer Basis steht. Dann liegt nämlich schon der mühsame nächtliche Zugang zur Scharte und die Kletterei über den Felsgrat hinter dem Bergsteiger. Man konzentriert sich nur noch auf den Grat, balanciert über die ersten, sehr schmalen Meter und stößt dann hinein in die Glückseligkeit des Weges zur Höhe. Man sollte auf dem Grat langsam gehen. Man sollte zwischendurch stehen bleiben und nach oben sehen, wo der Blick vom leuchtenden Firn und vom tiefblauen Himmel begrenzt wird. Und man sollte am Grat schönes Wetter haben, denn sonst wird es eine Bergfahrt wie viele andere.
Wir hatten die idealsten Voraussetzungen — eine gute Spur, sicheres Wetter und keine Wolke am Himmel. Ich habe schon schwierigste Eisanstiege erlebt, extrem steile, aber noch nie solch einen Grat.
Was nach dem Firngrat kommt, nahm ich nur noch im Unterbewußtsein auf: der Abstieg in eine Scharte, der Aufstieg zum Piz Bernina, der ungemütliche Weg über den weichgewordenen Firn des Spallagrates, der Abstieg zur Marco-e-Rosa-Hütte. Was ist das schon im Vergleich zum Herzstück der Überschreitung des Massivs? Ich könnte jetzt weiterschreiben, mein Herz bis zur Neige ausleeren. Aber selbst dann würde noch etwas zurückbleiben, von dem man nicht schreiben oder erzählen kann. Die Essenz sozusagen, dieses tiefe unsagbare Glücksgefühl, von dem nur der weiß, der selbst schon einmal dem Himmel entgegengestiegen ist.

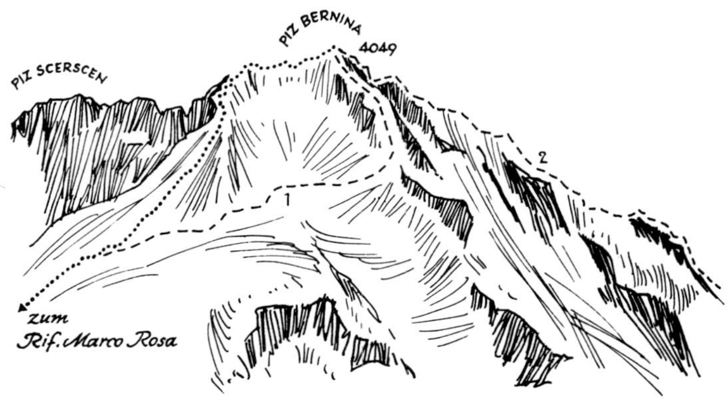

Gran Paradiso 4061 m

Gipfel im Nationalpark

Der Gran Paradiso gehört zu jenen Bergen, deren Name, selbst wenn man, wie in diesem Falle, des Italienischen nicht mächtig ist, sehr viel aussagt und verspricht — und es auch hält. Zwischen dem Aostatal im Norden und der Poebene im Süden breiten sich die Grajischen Alpen aus und gipfeln im Gran Paradiso, nach der Barre des Ecrins, 4103 m, im Dauphiné der am weitesten nach Süden vorgeschobene Viertausender.

Die Gran-Paradiso-Gruppe hat sich, wie kaum ein anderes hochalpines Gebiet, noch sehr viel von ihrer Ursprünglichkeit erhalten, wozu der Nationalpark mit seiner unvergleichlichen Flora, dem majestätischen Steinwild, den Gemsen und Murmeltieren erheblich beigetragen hat. Dieser Nationalpark (Parco Nazionale) kann vorläufig in Europa noch Einmaligkeit für sich in Anspruch nehmen.

Wenn auch die Gruppe zum großen Gebiet der Grajischen Alpen gehört, so nimmt sie doch im Reigen dieser einsamen Berge eine Sonderstellung ein und rechtfertigt diese auch mit ihren dominierenden Fels- und Eiskolossen, die sich 20 Kilometer (Luftlinie) südlich von Aosta aufschwingen. Der Gran Paradiso selbst wird im Norden durch einen Sattel von seinem kleineren Bruder, dem Piccolo Paradiso, 3921 m, getrennt, im Süden ebenfalls durch eine Scharte von der 3875 m hohen Becca di Moncorvè.

Von Norden her, aus dem Aostatal, bilden zwei Täler die Zugänge zum stark vergletscherten Zentralstock. Das südlich gelegene Valle di Locana ist als Ausgangspunkt weniger günstig.

Als erste Menschen standen die Engländer J. J. Corwell und W. Dundas mit den Chamoniarden Michel Payot und Jean Tairraz am 4. September 1860 auf dem felsigen Gipfelhaupt. Der von ihnen eingeschlagene Weg gleicht im großen und ganzen dem heute üblichen Normalweg über die Südwestflanke bzw. den Gran-Paradiso-Gletscher. Auch die ersten Skibesteiger, Paul Preuß und W. v. Bernuth, erreichten den Gipfel im Winter 1913 durch die Südwestflanke.

Richtig entdeckt wurde der Berg aber erst in unserer Zeit für den Skiläufer. Und auch ausgekostet, denn er bietet immerhin 2300 Abfahrtshöhenmeter — das Nonplusultra im Frühsommer (ab Mai).

Der Gran Paradiso „lebt" von seinem Normalanstieg, denn andere Routen werden nur selten begangen. So kommt es auch, daß die 600 Meter hohe Nordwestwand, ein lohnendes Ziel für Eisgeher der scharfen Richtung, nur alle paar Jahre einmal durchstiegen wird. Dabei war sie in den dreißiger Jahren heiß umkämpft. Die Sieger hießen dann Renato Chabod, Amilcare Cretier und Luigi Bon. Sie eroberten die Wand am 11. Juli 1930, nachdem ihre Landsleute Aldo Bonacossa und Vitali Bramani drei Wochen vorher gescheitert waren. Zweitbegeher waren die Österreicher Wilhelm Brandenstein und Rudolf Schwarzgruber am 19. August 1931.

TOURISTISCHE ANGABEN

Hütten

Rif. Vittorio Emanuele II., 2775 m, CAI, 130 Schlafplätze; bewirtschaftet im Frühsommer und von Ende Juni bis Mitte September. Von Pont, 1945 m (Fahrstraße vom Aostatal), 2 Stunden.

Carlo-Pol-Biwak, 3183 m, CAI, 4 Schlafplätze; nur für ostseitige Anstiege. Von Valnontey, 1666 m, 6 Stunden.

Tourenmöglichkeiten

Südwestflanke (Normalanstieg)
I—II am Gipfel, 4 Stunden.
Zuerst nordwestlich über einen Felssporn, dann nach Osten umschwenken und später über den Gran-Paradiso-Gletscher in Richtung Colle della Becca di Moncorvè, 3851 m. Wenige Meter vor dem Colle nach links, dann wieder rechtshaltend auf den Südostgrat, der zum Gipfel führt.

Skiaufstieg
Wie beim Normalanstieg über den Gran-Paradiso-Gletscher und zum Col del Alpe, 3990 m, bzw. zum Beginn der Randkluft (Skidepot); von der Hütte 3½ bis 4 Stunden. Weiter über einen Schneegrat zu den Gipfelfelsen, über die man ausgesetzt die Madonna erreicht. Der Gipfelpunkt liegt einige Meter höher und sollte nur bei guten Verhältnissen (keine Vereisung) erstiegen werden.

Westgrat
600 m, II—III, kombiniert, 4 bis 6 Stunden.
Von der Hütte in 2 Stunden zum Einstieg rechts der Basis des Grates. Durch Risse und über Wandstellen bis in Höhe der Spitze eines Felsdreieckes rechts der Führe. Nun links auf den Grat und weiter zum Nordgrat, den man in Gipfelnähe erreicht.

Nordwestwand

600 m, 45—55 Grad, 3—6 Stunden.

Direkte Nordwestwand

600 m, 45—65 Grad, 7—10 Stunden; bisher erst eine Wiederholung bekannt.

Westwand („Orgelpfeifenweg")

500 m, kombiniert, 3 Stunden. Vom Normalweg links bis zur Mitte der Wand, die sich vom Gipfel herabzieht. Die Route endet in der Nähe der Madonna.

Nordgrat

200 m, II, kombiniert, 2 Stunden. Von der Hütte (schwierig) in 4 bis 5 Stunden zum Colle del Piccolo Paradiso, 3877 m. Anfangs auf der Westseite des Grates, dann auf ihm selbst zum Gipfel.

Ostwand

400 m, bis 45 Grad, 2½ Stunden. Durch diese Wand verlaufen zwei Anstiege, die jedoch wenig begangen werden.

Südostwand

400 m, III, kombiniert, 4 Stunden Nicht empfehlenswert.

Abstieg

Über den Normalanstieg in 2 Stunden zur Hütte.

KARTEN/FÜHRER

Carta d' Italia 1:25 000 Blatt Gran Paradiso
A. Gegenfurtner, Gran Paradiso.
CAI-Führer Gran Paradiso.

ANSTIEGSSKIZZE:

Gran Paradiso mit Normalanstieg (punktiert), Westgrat und Nordwand (in Gipfelfallinie).

Die 1932 fertiggestellte tonnenförmige Hütte brachte es mit sich, daß der Berg mehr ins Rampenlicht alpinistischer Interessen rückte. Und heute hat ihn schon bald jeder ernsthafte Alpinist in seinem Tourenbuch stehen. Wenn nicht, so nimmt er bestimmt eine Vorrangstellung auf dem Wunschzettel ein. Und das auch mit Recht.

Im Bild zweier Jahrhunderte

M. Baretti — 1879

Der Gran Paradiso, zu den Grajischen Alpen gehörig, bildet mit allen seinen Verzweigungen eine Gruppe von nicht weniger als 65 Kilometer Länge und 40 Kilometer Breite, die ihre größte Erhebung im Turme des Gran Paradiso, 4061 Meter, erreicht.
Ihre Gletscher können sich allerdings nicht mit jenen von Chamonix, vom Monte Rosa und den Berner Alpen messen, aber ersetzen das, was ihnen an Ausdehnung gebricht, durch hochpoetische malerische Scenerie. Die Gipfelbildungen weisen zumeist höchst auffallende bizarre Formen auf, es sind wild zerrissene, zersägte Grate, welche durch jahrtausendelange Arbeit der Verwitterung turmartige, fantastische Gebilde aufweisen, wie sie in den Alpen kaum anderswo anzutreffen sind.

Franz Nieberl — 1925

Zwei Berge kenne ich, deren Namen mir als die schönsten erscheinen, die ein Berg überhaupt tragen kann, die schon in ihrem Klang zum Ohr und weiterhin auf ihrem Weg zum Bergsteigergemüt eine freudige Stimmung auslösen. Der eine steht, umbrandet von stillen Karen, wo Steinschlag und Dohlenschrei allein die Bergeinsamkeit unterbrechen, im heimatlichen Karwendel und ruft dem Verständigen entgegen: „Komm herauf zu mir; du findest, was du suchst; ich bin das Hochglück." Und der andere, der öffnet weit drunten im Süden, wo viel häufiger als bei uns im nebelumbrauten Norden die Sonne vom schwarzblauen Himmel strahlt, einen Garten Eden, wo in der Täler Tiefen die köstliche Traube reift, wo auf der Berge Höhen eisiger Silberschmuck sich um dunkelfarbige Felsenhäupter schlingt, und auf der

Von der Aiguille du Midi (Montblancmassiv) öffnet sich diese prachtvolle Schau auf die Gran-Paradiso-Gruppe mit dem Gran Paradiso selbst (Bildmitte) und der Grivola (links). Rechts des Gran Paradiso die Kuppel des Ciarforon.

stolzesten Höhe da reckt ein Gewaltiger sein blankes Schild in die Lüfte und auf dem steht: „Ich bin das große Paradies.“ Und da ist der Name nicht leerer Schall und Rauch, da ist er volltönender Ruf, leuchtende Flamme, die aus weißen Opferpfannen zum Himmel loht und dich zur Bergesandacht zwingt.

Großes Paradies! Der Inbegriff des Glücklichseins liegt in dem Wort. Kein biblischer Gottesgarten voll blühender Bäume, sprudelnder Wasser, voll leuchtender Blumen, belebt von Tieren aller Art. Starrer Fels, starres Eis, darüber die blaue Himmelsglocke — es scheint einförmig, wenig und doch — ich fühlte es gerade wieder heute, da heroben auf schmalem Grat, da blühte mir der Baum der Erkenntnis, da sprang der Quell ewig glücklicher Jugend wie im Garten Eden.

Höhensturm am Gran Paradiso. Bei schlechten Wetterverhältnissen kann auch ein verhältnismäßig wenig schwieriger Berg mit Problemen aufwarten.

Barre des Ecrins 4101 m

Südlichster Alpenviertausender

TOURISTISCHE ANGABEN

HÜTTEN

Ecrins-Hütte, 3170 m, CAF, 104 Schlafplätze; auf einem Felssporn über dem nördlichen Ufer des Glacier Blanc; während der Sommermonate und an Pfingsten bewirtschaftet.
Von der Cézanne-Hütte, 1874 m, über die Glacier-Blanc-Hütte 5 Stunden, von La Bérarde, 1711 m, über den Col des Ecrins (wesentlich schwieriger) 5—6 Stunden.

Cézanne-Hütte, 1874 m, privat, Schlafplätze; am Südwestufer des Saint-Pierre-Baches am Ende der Fahrstraße von Ailefroide, 1503 m; zu Fuß 1³/₄ Stunden. Hotelbetrieb.

Temple-Ecrins-Hütte, 2410 m, CAF, 88 Schlafplätze; am Nordufer des Vallon-de-la-Pilatte-Baches; in den Sommermonaten bewirtschaftet. Von La Bérarde, 1711 m, über die Plan-du-Carrelet-Hütte, 1908 m, im Sommer bewirtschaftet, 3 Stunden.

TOURENMÖGLICHKEITEN

Nordflanke-Westgrat (Normalanstieg)
900 m, I—II+, kombiniert, 4 bis 5 Stunden.
Von der Ecrins-Hütte 1 Stunde südöstlich über das Glacier Blanc. Unterhalb des Col des Ecrins linkshaltend durch die Nordflanke ansteigen, später rechts in Richtung der Breche Lory, vor der es links hoch geht zum Westgrat. Auf ihm über den Pic Lory, 4086 m, zum Hauptgipfel.

Weit drunten im Süden, noch etwa 150 Kilometer südwestlich der Montblanc-Gruppe, breitet sich ein Berggebiet aus, das erst seit dem Zweiten Weltkrieg auch von deutschsprachigen Alpinisten nach und nach immer mehr besucht wird: das Dauphiné. Im Gegensatz zu den wichtigen Gruppen der Westalpen noch ein ursprüngliches Gebiet. Das zeigen schon die Besucherzahlen, die weit hinter denen der Montblanc-Gruppe und der Walliser Alpen zurückstehen. Es dürfte an der etwas größeren Entfernung liegen zwischen den deutschsprachigen Landen und dem Haut Dauphiné, wie die amtliche Bezeichnung lautet. Allerdings sollte diese Entfernung in unserem motorisierten Zeitalter keine so große Rolle spielen. Oder liegt es vielleicht an dem vollkommenen Mangel von Seilbahnen?
Die Route Nationale Nr. 91 führt auf ihrem Abschnitt Grenoble — Briançon unmittelbar an den Bergen vorbei. An ihr liegt auch La Grave; und von ihr zweigen die Nebenstraßen nach La Bérarde (von Le Clapier) und nach Ailefroide (von Briançon über La Bessée) ab.
Als höchste Erhebung ragt im östlichen Teil der Gruppe die Barre des Ecrins aus den vier sie umgebenden Gletschern. In ihrem Westgrat erhebt sich mit dem Pic Lory, 4086 m, ein weiterer über 4000 Meter hoher Punkt. Den Wintergipfel bildet der 4015 Meter hohe Dôme de Neige des Ecrins. Er kann bis zu seinem höchsten Punkt mit Skiern bestiegen werden. Als Höhepunkt dieser Tour warten dann 2000 Abfahrtshöhenmeter durch die Nordflanke und über das Glacier Blanc. Natürlich kann als Endziel dieser meist im Frühsommer durchgeführten Tour eine Besteigung des Hauptgipfels gestellt werden — die Skier bleiben am Beginn des Westgrates zurück —, dann darf man aber nicht vergessen, daß der Grat zu dieser Jahreszeit meistens schwieriger ist als in schneefreiem Zustand.
Neben dem Aufstieg über den Westgrat ist es auch möglich, den Gipfel in Fallinie zu erreichen. Zu diesem Zweck folgt man den Spuren von W. A. B. Coolidge, Christian und Ulrich Almer sowie Christian Gertsch, die anläßlich der dritten Besteigung am 4. Juli 1870 vom obersten Ende der vollkommen vergletscherten Nordflanke im kombinierten Gelände direkt zum höchsten Punkt anstiegen.
Für eine Überschreitung des Gipfelaufbaues bietet sich als erste Etappe der von Paul Güßfeldt und Alexander Burgener am 18. Juni 1881 bezwungene Nordostgrat an. Er fußt in der Breche des Ecrins und weist Schwierigkeiten im II. und III. Grad auf. Abgestiegen wird dann über den Westgrat.
Bei einer geplanten Besteigung der Barre des Ecrins sollte man sich vorher überlegen, ob man den Gipfel von der neuen, 1969 fertiggestellten Ecrins-Hütte (früher Caron-Hütte) aus angeht — dann ist Ailefroide Ausgangspunkt — oder die Überschreitung von Süden her durchführt (mit Abstieg über den Col des Ecrins), dann geht man von La Bérarde aus.

Whympers physikalische Beobachtungen

Edward Whymper, die absolut herausragende Gestalt des klassischen Alpinismus, der sonderbare, oft starrköpfige und despotische Engländer, war nicht nur ein eiskalter Draufgänger am Berg — er hatte zuweilen sogar auch Humor. Das ist nur wenigen bekannt. Natürlich war es nicht der unbekümmerte Humor, den man aus den Bergen kennt; er war trockener — typisch englisch.

Ein Beispiel dafür ist der Bericht in seinen „Berg- und Gletscherfahrten" (Georg-Westermann-Verlag, Braunschweig 1922) anläßlich der ersten Besteigung der Barre des Ecrins am 25. Juni 1864 mit A.W. Moore, Christian Almer und Michel Croz:

Die Nacht verlief ohne jeden erwähnenswerten Vorfall, aber am nächsten Morgen hatten wir Gelegenheit, ein eigenartiges Beispiel der eigentümlichen Verdunstung zu beobachten, die im Hochgebirge so häufig vorkommt. Wir hatten am Abend einen wasserdichten Sack, der fünf Flaschen Wein enthielt, an einem Felsvorsprung aufgehängt. Am Morgen waren vier Fünftel des Flascheninhaltes verschwunden. Das war sonderbar, denn weder ich noch meine Freunde hatten getrunken, und die Führer erklärten alle, daß niemand die Flaschen berührt hätte. So ließ sich denn die merkwürdige Erscheinung durch nichts anderes erklären als durch die Trockenheit der Luft; seltsam ist dabei nur, daß diese Trockenheit der Luft bzw. die Verdunstung des Weines dann immer am stärksten ist, wenn ein fremdes Individuum sich unter der Gesellschaft befindet, ja bei der Anwesenheit eines einzigen Trägers aus Chamonix tritt die Erscheinung so intensiv auf, daß nicht bloß, wie bei uns, vier Fünftel verschwinden, sondern der ganze Wein. In der ersten Zeit wurde es mir schwer, Gegenmaßnahmen zu erfinden und diesem merkwürdigen Phänomen Einhalt zu gebieten, aber schließlich entdeckte ich, daß die Verdunstung ganz aufhörte, wenn ich den Sack mit den Weinflaschen des Nachts als Kopfpolster benutzte.

Vor der Breche Lory kann rechtshaltend zum Dôme de Neige des Ecrins, 4015 m, angestiegen werden; 1/2 Stunde Mehraufwand.

Skiaufstieg

(Dôme de Neige des Ecrins). Wie beim Normalanstieg, bis etwa in Fallinie des Hauptgipfels die Möglichkeit besteht, den Schrund zu überwinden (sehr steil, Harscheisen empfehlenswert). Danach Querung zum Dôme de Neige des Ecrins, 4015 m. Bei der Besteigung des Hauptgipfels werden am Beginn des schmalen Westgrates die Ski deponiert.

Südpfeiler

1070 m, IV—V, 1 Stelle V+, kombiniert im letzten Teil, 8 bis 10 Stunden. Von der Cézanne-Hütte in 3 Stunden über das Glacier Noir zum Einstieg.

Abstieg

Über den Westgrat und durch die Nordflanke in 2 1/2—3 Stunden zur Caron-Hütte.

KARTEN/FÜHRER

Institut Geographique National 1:50 000, Blätter La Grave und Christophe en Oisans.
Devies-Laloue, Haut Dauphiné (Auswahlführer, deutschsprachig).
Devies-Laloue, Guide du Massif des Ecrins, Band I.

ANSTIEGSSKIZZE:

Sommer- und Winterweg (punktiert) aus dem Glacier Blanc durch die Nordflanke und über den Westgrat. Vor seinem Beginn (rechts) der Dôme de Neige des Ecrins.

Barre des Ecrins. Rechts vom Gipfel fällt der Westgrat zum Pic Lory ab, links senkt sich der Nordostgrat zur Breche des Ecrins.

Die Walliser Alpen

Eisgipfel über Weinbergen

Der südschweizerische Kanton Wallis mit seiner Hauptstadt Sitten (Sion) ist nur zum Teil gleichbedeutend mit den Walliser Alpen. Zum Kanton selbst gehört nämlich noch ein Großteil der Berner Alpen. Die Walliser Alpen erheben sich südlich des Rhônetales, genauer gesagt zwischen ihm und der schweizerisch/italienischen Grenze.

Aus dem langgezogenen Tal, an dessen Hängen ein guter Wein wächst und in dem sich die Menschen noch viel von ihrer ungekünstelten offenen Art erhalten haben, wo knorrige, mit der eigenen Scholle verwachsene Bauern bis weit hinauf an den Hängen ihre stolzen Höfe stehen haben, steigen die Walliser Alpen an und erreichen im Monte Rosa ihre höchsten Punkte. Aus dem Rhônetal führen auch die Täler hinein zu den Ausgangspunkten für Bergtouren: Saas-Fee, Zermatt, Zinal und Les Haudères. Das gleiche Bild haben wir auf der italienischen Seite, nur daß dort die Endpunkte der Täler Vaud, Prarayé, Breuil, Fiéry, Gressoney, Alagna und Macugnaga heißen.

Es würde immer subjektiv sein, wollte man eine der Untergruppen besonders hervorheben aus dem Reigen der vielseitigen Berge. So begeistert die Weißhorn — Dent-Blanche-Gruppe (zwischen Nikolai- und Zinal- bzw. Arollatal und südlich bis zum Col d'Hérens) durch ihre von allen Seiten kühnen Gipfelformen und den abschreckend steilen Wänden. Einen zahmeren Eindruck vermitteln die zwischen Simplon und Saastal aufragenden Gipfel der Weißmies-Gruppe, während sich die westlich davon, zwischen Saas- und Nikolaital befindliche und im Süden bis zum Schwarzberg — Weißtor reichende Mischabel-Gruppe sowohl durch breite massige Bergstöcke auszeichnet wie auch durch wilde, zerrissene Gipfel.

In der Matterhorn- und Monte-Rosa-Gruppe erleben die Walliser Alpen ihren Höhepunkt — Diamanten in einer Krone voll kostbarer Steine. Im Gegensatz zu den eleganten Linien des Matterhorns fasziniert der Monte Rosa durch seine gewaltige Masse. Er hat in den Alpen nur noch im Montblanc ein Gegenstück.

Abseits, im Westen der zentralen Walliser Alpen, erhebt sich der Grand Combin nahe der Grenze zu der Montblanc-Gruppe. Sein Riesenleib aus Eis und Fels bildet mit den umstehenden Trabanten eine Gruppe für sich.

Von Jahr zu Jahr bemühen sich die Walliser mehr, ihre Berge auch für den Wintersport zu erschließen. Das geht natürlich auf Kosten der bis dahin hochalpinen Abgeschiedenheit der jeweiligen Gebiete. Doch es wird kaum einen Skibergsteiger geben, der, wenn er ehrlich ist, von diesen Aufstiegshilfen nicht gerne Gebrauch macht. Nur sollte diese „Erschließung" im Rahmen bleiben! Es wäre wirklich schade, wenn die zur Zeit noch einsamen Paradiese im Schatten der großen Berge dem Trubel und dem hektischen Betrieb zum Opfer fallen würden, den solche Einrichtungen unweigerlich mit sich bringen.

TOURISTISCHE ANGABEN

Zermatt und Saas-Fee sind die bekanntesten und wichtigsten Talorte auf der schweizerischen Seite der Walliser Alpen. Während Saas-Fee mit dem Auto angesteuert werden kann, ist Zermatt autofrei geblieben. Man kann allerdings auf der Straße (von Visp im Rhônetal) bis nach Täsch fahren. Dort stehen direkt neben der Station der Schmalspurbahn (nach Zermatt) 750 Parkplätze zur Verfügung; Preis pro Tag: Sfr. 3,—. Außerdem gibt es auf Schweizer Seite noch das Turtmanntal (ab Turtmann im Rhônetal, 14 km von Visp), das Val d'Anniviers (es mündet 3 km östlich von Sierre ins Rhônetal), das Val d'Hérens (ab Sion im Rhônetal) und das Val d'Entremont (ab Martigny über Sembrancher; für Grand Combin).

In Italien zweigt 5 km nördlich von Aosta das Valpelline ab und endet in Prarayé (für Dent d'Hérens). Breuil, 27 km nördlich von Châtillon im Aostatal, ist Ausgangspunkt für Touren am Matterhorn und an der Dent d'Hérens. Für Besteigungen im Monte-Rosa-Gebiet von der italienischen Seite entscheidet man sich entweder für Gressoney-la-Trinité (34 km nördlich von Pont St. Martin im Aostatal), für Alagna (93 km von Novara) oder für Macugnaga (29 km von Domodossola). Touristisch sehr wichtig ist die Seilbahn von Alagna (1190 m) zur Punta Indren (3260 m), von wo es nur noch 1½ Stunden zur Gnifetti-Hütte sind.

Für ostseitige Touren in der Weißmies-Gruppe wäre noch Simplon-Dorf (32 km von Brig im Rhônetal) zu nennen.

Bishorn 4159 m

Bis zum Gipfel mit Skier

TOURISTISCHE ANGABEN

HÜTTEN

Tracuithütte, 3256 m, SAC, 60 Schlafplätze; etwa 300 m südöstlich der tiefsten Einsattlung des Col de Tracuit; in den Sommermonaten bewartet. Von Zinal, 1678 m, 4—5 Stunden.

Turtmannhütte, 2520 m, SAC, 32 Schlafplätze; über dem nördlichen Ufer des Turtmann-Gletschers auf einem Felssporn; in den Sommermonaten bewartet. Von Sennturm, 2075 m (Straße vom Rhônetal), 1³/₄ Stunden.

Weißhornhütte siehe Weißhorn (Seite 61).

TOURENMÖGLICHKEITEN

Nordwestflanke (Normalanstieg)
800 m, I, 2¹/₂ Stunden von der Tracuithütte.
Über den Turtmann-Gletscher zu einem Firnsattel und von ihm direkt zum Sattel zwischen den beiden Gipfeln. Weiter rechts über den Firngrat zum höchsten Punkt. Der Normalanstieg von der Turtmannhütte ist wesentlich länger (6 Stunden).

Skiaufstieg
Wie beim Normalanstieg beschrieben.

Ostgrat
650 m, I—II, kombiniert, 3 Stunden.
Von der Turtmannhütte über den gleichnamigen Gletscher in 3¹/₄ Stunden zum Bisjoch, 3528 m. Von hier dem Grat folgend über die Pointe Burnaby, 4134 m, zum Hauptgipfel.

Südwestgrat
100 m, I+, ¹/₂ Stunde.
Von der Tracuithütte in 2¹/₂ Stunden auf das Weißhornjoch, 4108 m, und über einen Firngrat zum Gipfel.

Streng genommen ist das Bishorn ein nördlicher Ausläufer des Weißhornstockes. Doch es gibt gar keine Frage, ob dieser in zwei über 4000 Meter hohen Spitzen kulminierende Berg Selbständigkeit in Anspruch nehmen kann. Denn wenn man sich von der Tracuit- oder von der Turtmannhütte dem Berg nähert, also über den Normalweg aufsteigt, wird seine Selbständigkeit klar ersichtlich. Ganz zu schweigen von dem Anblick der Nordwand, die am 21. September 1924, noch vor Beginn der großen Nordwand-Epoche, von dem Lausanner Musiker E. R. Blanchet mit Kaspar Mooser und Raphael Lochmatter erobert wurde. Das war ein weiterer großer Erfolg des damals 39jährigen Mooser aus Täsch im Nikolaital, der mit 25 Jahren sein Führerpatent erwarb und eine der herausragendsten Persönlichkeiten im Alpinismus wurde. Leider setzte 1937 ein Arbeitsunfall seiner Tätigkeit ein jähes Ende. Nach Jahren des Dahinsiechens starb Kaspar Mooser im Oktober 1964 und wurde auf dem Friedhof von Täsch zu Grabe getragen.

Daß der Gipfelaufbau bis wenige Meter unterhalb des höchsten Punktes mit Skiern bestiegen werden kann, ist vielen überhaupt nicht bekannt. Das Bishorn wird vom imposanten Weißhorn in den Hintergrund gedrängt und erhebt sich außerdem noch etwas abseits der zentralen Walliser Bergwelt.

Doch keiner wird es bisher bereut haben, wenn er durch das ruhige, ursprüngliche Zinal- oder Turtmanntal gewandert ist. Die Hüttenanstiege sind nicht übermäßig lang, und auch der Weiterweg zum Gipfel, speziell von der Tracuithütte aus, hat nicht die gewohnten westalpinen Ausmaße. Darüber hinaus erfordert der Normalanstieg — über ihn erfolgte am 18. August 1884 die Erstbesteigung durch G. S. Barnes, R. Chessyre-Walker, Josef Imboden und J. M. Chanton — keine klettertechnischen Fähigkeiten; lediglich auf dem Grat, der aus dem Sattel zum Gipfel führt, ist auf die Wächten zu achten. Ansonsten kann das Bishorn auch von sogenannten „Gletschertouristen“ bestiegen werden, vorausgesetzt natürlich, sie vertragen die Höhe.

Überwältigend ist der Blick vom Gipfel hinüber zum nahen Weißhorn, das dem Beschauer seine wildeste Seite, die mit Hängegletschern bewehrte Nordostwand zeigt. Aber auch auf eine Anzahl anderer Viertausender wie Matterhorn, Dent Blanche, Zinal-Rothorn usw.

Erfahrene, gewandte und ausdauernde Westalpenbergsteiger sollten sich den Grat vom Bishorn zum Weißhorn einmal ansehen: Ein ernstes Ziel in den Walliser Bergen. Allerdings muß man bei etwas ungünstigen Verhältnissen schon mit 10 Stunden für diese Überschreitung rechnen. Mit dem Abstieg über den Weißhorn-Ostgrat zur Weißhornhütte ist diese Tour wohl das großzügigste Unternehmen innerhalb der Weißhorn-Gruppe der Walliser Alpen.

Rastplatz mit traumschönem Ausblick. Links das Bruneggorn, rechts davon Bisjoch und der Ostgrat auf die Pointe Burnaby des Bishorns. Im Hintergrund ein Teil des Weißhorns; rechts das spitze Zinal-Rothorn.

Erstbesteigung durch eine Dame

Daß die Engländerin Elizabeth Fred Burnaby als erste den 4134 Meter hohen Felszahn nordöstlich des Hauptgipfels betrat, gilt als erwiesen: am 6. August 1884 mit den Führern Josef Imboden und Peter Sarbach, nachdem sie über den Ostgrat geklettert waren. Ob mit dieser Tour auch die Besteigung des nur wenige Minuten entfernten Hauptgipfels verbunden war, läßt sich nicht mehr feststellen, ist aber fast mit Sicherheit anzunehmen, obwohl die Engländerin von den Chronisten nicht als Erstbesteiger geführt wird. Auf alle Fälle war schon der Ostgrat eine bemerkenswerte Leistung der damals dreiundzwanzigjährigen, seit einigen Jahren verheirateten Elizabeth Hawkins-Whitshad, wie sie mit ihrem Mädchennamen hieß.
Genau läßt es sich heute nicht mehr feststellen, welche Touren die mittelgroße Frau überhaupt unternommen hatte, denn sie war dreimal verheiratet und wird in den Chroniken unter Fred Burnaby, Main und Aubrey Le Bond geführt.
Sie war vernarrt in die Berge, fanatisch könnte man auch sagen, und ihr Ehrgeiz kannte in alpinistischer Richtung keine Grenzen: „Ich mußte mühsam um meine Freiheit kämpfen, und nur meine Mutter nahm mir zuliebe die Folgen auf sich, als meine Großtante ein aufgeregtes SOS aussandte: Halte sie doch um Gottes Willen von dieser Bergkletterei zurück! Sie ist ja für das ganze Land ein Skandal und sieht aus wie eine Indianerin." Als Verfechterin des Frauenbergsteigens gründete sie 1907 in London den „Ladies Alpine Club" und schrieb außerdem das erste Buch über die Wintertouristik: „The High Alps in Winter". Ihre letzten großen Unternehmungen fallen in das Jahr 1896 — damals hieß sie Main —, als sie den Monte Disgrazia, die Crast' Agüzza und den Piz Zupò im Winter bestieg. Dann schien sie sich ausgetobt zu haben und verbrachte, abgesehen von kürzeren Alpenbesuchen, den Rest ihres Lebens in London, wo sie 1934 starb. Zurückgeblieben ist neben ihren zahlreichen Neutouren ein unvergängliches Denkmal, die Pointe Burnaby, der Nebengipfel des Bishorns.

Nordostwand

650 m, bis 60 Grad und senkrecht (Schlüsselstelle), sonst 45 bis 50 Grad, 4—6 Stunden.
Von der Tracuithütte in 3 Stunden, von der Turtmannhütte in 4 Stunden zum Einstieg im obersten Kessel des Brunegg-Gletschers. Vom Bergschrund direkt zum Gipfel.

Abstieg

Über den Nordwesthang in $1^1/_2$ Stunden zur Tracuithütte oder in 3 Stunden zur Turtmannhütte.

KARTEN/FÜHRER

Landeskarte der Schweiz 1:50 000 Blatt Mischabel (284), Blatt Visp (274), Blatt Arolla (283).
Königer/Weh, Walliser Alpen.
SAC, Walliser Alpen, Band II.

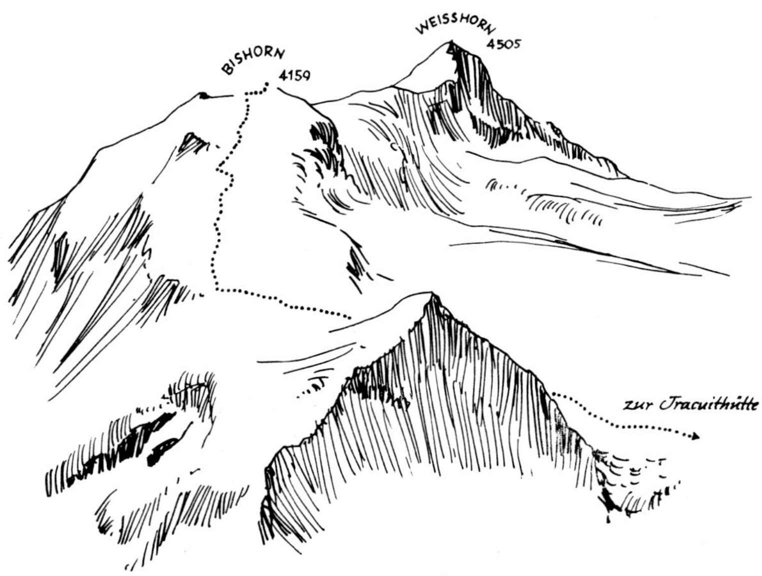

ANSTIEGSSKIZZE:

Von der Tracuithütte geht es über den Turtmann-Gletscher in $2^1/_2$ Stunden zum Bishorngipfel.

Weißhorn 4505 m

Georg Winklers Schicksalsberg

TOURISTISCHE ANGABEN

HÜTTEN

Weißhornhütte, 2932 m, SAC, 22 Schlafplätze; auf den Hängen des Hohlichts; zeitweise bewartet. Von Randa, 1409 m, im Nikolaital 4½ Stunden.

Schalijoch-Biwak, 3750 m, SAC, 8 Schlafplätze; in den Felsen des ersten Aufschwunges des Schali-(Südwest-)grates. Von der Weißhornhütte in 4—5 Stunden über den Schaligletscher zum Schalijoch, 3750 m. Der Zugang von der Arpitetta-Hütte (5 Stunden) ist etwas schwieriger, aber steinschlagsicher.

Arpitetta-Hütte siehe Zinal-Rothorn (Seite 67).

Tracuithütte siehe Bishorn (S. 57).

TOURENMÖGLICHKEITEN

Ostgrat (Normalanstieg)

600 m, II—III, kombiniert, 3 bis 4 Stunden.
Von der Weißhornhütte über den Schaligletscher in 3 Stunden zum „Frühstücksplatz" am Beginn des Ostgrates. Anfangs im Fels, dann im Firn auf den Gipfel.

Südwestgrat (Schaligrat)

750 m, III+, kombiniert, 5 bis 7 Stunden.
Von der Biwakschachtel zu den ersten Gendarmen, die rechts (östlich) umgangen werden. Weiter, immer auf dem Grat, wobei zahlreiche Gendarmen umgangen oder überklettert werden.

Nordgrat

450 m, II+, kombiniert, 5 bis 6 Stunden.
Von der Tracuit- und Arpitetta-Hütte in 3—4 Stunden, von der Weißhornhütte in 4—6 Stunden,

Als höchste Erhebung der Weißhorn-Gruppe zwischen Schalijoch und Col Tracuit ist das Weißhorn darüber hinaus einer der formschönsten Alpengipfel und einer der begehrtesten Viertausender der Schweiz. Geradezu überwältigend ist der Anblick von Osten und Nordosten, wo sich der Berg mit seiner fast 1000 m hohen Nordostflanke zeigt, die sich aus dem Bisgletscher aufbäumt und von dem Sandsteinkletterer Oliver Perry-Smith, dem Engländer Geoffrey Winthrop Young und dem Walliser Führer Josef Knubel erobert wurde. Eine großzügige Eisfahrt, deren Durchschnittsneigung (auf 750 m) mit 41,5 Grad angegeben wird. Sehr eindrucksvoll ist auch die von Couloirs durchzogene Südostwand und die abschreckende Felsmauer der Westwand, die vom 28. Februar bis 1. März 1968 durch zwei Walliser Führer, Florentin und Régis Theytaz, ihre erste Winterdurchsteigung erhielt. Dabei wurde die Gipfelwand direkt bewältigt.
Bevorzugte Ziele sind die drei fast gleichmäßig geformten Grate, in einfachen und klaren Linien dem höchsten Punkt zustrebend, einer kugelförmigen Spitze. Über den Ostgrat — auf ihm erfolgte am 19. August 1861 die Erstbesteigung durch John Tyndall, J. J. Bennen und Ulrich Wenger — verläuft der leichteste Aufstieg und die gewöhnliche Anstiegsroute. Schwieriger und auch länger ist der Nordgrat, dessen Begehung mit einer Bishorn-Besteigung verbunden werden kann, denn vom Bishorngipfel sind es nur 30 Minuten in das Weißhornjoch, wo der Nordgrat ansetzt. Noch schwieriger, aber für jene, die den Anforderungen gewachsen sind, ein großartiges Unternehmen, ist der Südwest-(Schali-)grat. Seit im Schalijoch von der SAC-Sektion Basel eine Biwakschachtel errichtet wurde, wird dieser Grat im Gegensatz zu früheren Jahren verhältnismäßig oft begangen.
Nur ganz selten, in manchen Jahren überhaupt nicht, werden die Südost- und Westwände von Bergsteigern besucht. Auch dem häufig empfohlenen Abstieg über die Young-Route durch den linken (nördlichen) Teil der Westwand ist unbedingt der Abstieg über den Ostgrat vorzuziehen.
Doch das sind alles nüchterne Angaben über diese traumhaft schöne Pyramide im Wallis. Die Menschen im Val d'Anniviers nennen das Weißhorn seiner Form wegen den „Backenzahn". Viele erfahrene Bergsteiger, so zum Beispiel der frühere Präsident des Schweizer Alpenclubs, Albert Eggler, oder der im August 1968 verstorbene „Kaiserpapst" Franz Nieberl, bezeichneten das Weißhorn als den schönsten Berg, den sie kennen. Und wenn man es einmal selbst gesehen hat, dann kann man sie auch verstehen.
Dann versteht man es auch, daß sie immer wieder kommen, alle, die infolge schlechten Wetters oder ungünstiger Verhältnisse vorläufig auf den Gipfel hatten verzichten müssen, bis sie oben stehen auf dem makellos weißen Thron, dem Endpunkt der in atemberaubender Schönheit und Wucht aufstrebenden Wände und Grate.

Der gewaltige Weißhorn-Nord-
grat, Traumziel vieler Bergsteiger,
die kombinierte Touren lieben.

Georg Winkler

Am 22. August 1888 brachten englische Bergsteiger, die von Zinal über den Col Durand nach Zermatt kamen, die Nachricht, daß der Münchner Georg Winkler aller Wahrscheinlichkeit tödlich verunglückt sei. Die alpine Welt war erschüttert, denn Winkler war einer der fähigsten Felskletterer seiner Zeit.

Am 16. August war er von Zinal aufgebrochen, mit der Absicht, am gleichen Tag möglichst hoch in den Felsen oberhalb der Alp Arpitetta zu biwakieren, um sich auf diese Weise einen großen Vorsprung für die geplante Durchsteigung der Weißhorn-Westwand zu schaffen. Er wußte, daß die Westwand ab Mittag von der Sonne beschienen wird und daß dann dort die Hölle los ist. Und er wußte auch, daß die Wand erst zweimal durchstiegen worden war — bei günstigen Verhältnissen. Ob er die Route von Passingham anging oder sich für den objektiv weniger gefährlichen Anstieg von Farrar entschied, konnte nicht mehr festgestellt werden. Von seinem Vater ausgesandte Suchmannschaften fanden lediglich ein Lichtbild und eine Wollmütze des Abiturienten am Fuß einer Lawine.

Nach diesem Unglück wurden natürlich wieder jene Stimmen laut, die das Alleingehen in Grund und Boden verdammten. Außerdem wurde dem jungen Stürmer vorgeworfen, daß er trotz der in diesem Sommer vorherrschenden schlechten Verhältnisse den Berg von dieser schwierigen Seite aus anging. Und das als Alleingänger. Dabei war es Winklers Absicht, mit Freunden in die Westalpen zu fahren, was aus seinem Brief vom 8. Mai 1888 an den Wiener Robert Hans Schmitt hervorgeht: „Mit einem oder zwei Gefährten ist das Bergsteigen doch unterhaltender, und ich werde dieses Jahr möglicherweise nie allein gehen . . ."

Das alles änderte nichts mehr an dem Tod des großen Alpinisten, von dem ein italienischer Bergsteiger beim Anblick des kühnen Winklerturmes in der Rosengarten-Gruppe der Dolomiten sagte: „Ich beklage, daß es nicht ein italienischer Jüngling war, der diesen Berg zuerst bezwang."

Im Münchner alten Südfriedhof, wo Winklers verstorbene Angehörige ruhen, steht in Goldschrift auf schwarzem Stein: Georg Winkler, Abiturient, geb. 26. 8. 1869, † 17. 8. 1888. Bis zum Sommer 1956 ruhte er aber im Eis

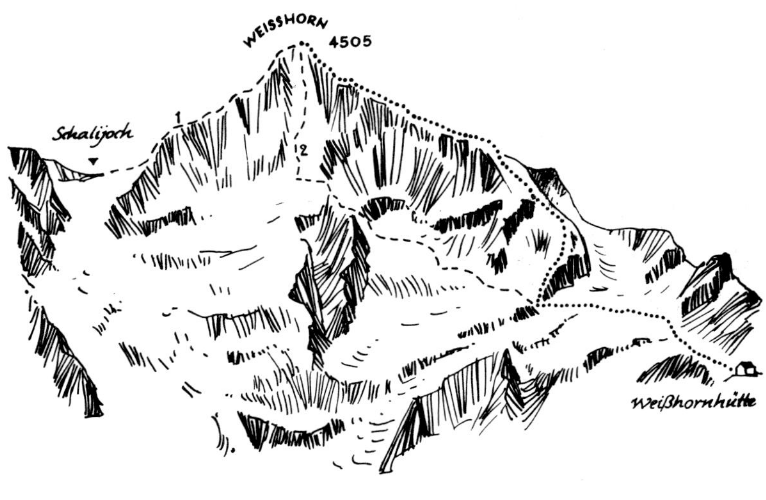

vom Bishorngipfel in 30 Minuten zum Weißhornjoch, 4063 m. Auf dem Grat zum Großen Gendarmen, 4331 m, der am besten ostseitig durch einen Kamin bewältigt wird. Weiter auf dem Grat zum Gipfel.

Nordostwand

750 m, 41 Grad Durchschnittsneigung, 5—7 Stunden.
Von der Weißhornhütte nördlich auf den Bisgletscher und zum Einstieg; 3—4 Stunden. Vom Bergschrund über die teilweise ausgeprägte Rippe zum Gipfel.

Südostwand

700 m, III, kombiniert, 7 bis 9 Stunden von der Weißhornhütte; objektiv gefährlich.

Westwand

1300 m, III—IV, 10—12 Stunden von der Arpitetta-Hütte; objektiv gefährlich.

Westwand (Young-Route)

1000 m, III—IV, 7—9 Stunden von der Arpitetta-Hütte.
Die früher einmal vorhandenen Seile sind 1965 entfernt worden. Im Aufstieg klettert man leicht rechts der Stifte, an denen beim Abstieg abgeseilt werden kann.

Abstieg

Am besten und leichtesten in 3 bis 4 Stunden über den Ostgrat zur Weißhornhütte.

KARTEN/FÜHRER

Landeskarte der Schweiz 1:50 000 Blatt Mischabel (284), Blatt Arolla (283).
Königer/Weh, Walliser Alpen.
SAC, Walliser Alpen, Band II.

ANSTIEGSSKIZZE:

Normalanstieg (punktiert) über den Ostgrat; 1 = Südwest-(Schali-)grat, 2 = Südostwand.

des Weißhorngletschers. Dann fanden Bergführer aus Zinal seine Leiche und bestatteten sie in Ayer, einer kleinen Ortschaft am Eingang des Zinaltales. Zehn Jahre lang kümmerte sich niemand um das Grab, und nur ein schlichtes Holzkreuz an der Kirchenmauer, dessen Inschrift kaum noch zu entziffern war, kündete davon, daß dort einer der größten deutschen Bergsteiger seine letzte Ruhestätte gefunden hatte. Erst im Sommer 1967 erinnerte sich der Alpenverein (Sektion München) seines berühmten Sohnes und ließ das Grab frisch herrichten und eine Gedenktafel anbringen.

Es sollte für jeden Bergsteiger eine Selbstverständlichkeit sein, wenn er ins Zinaltal kommt, einmal auf den Friedhof von Ayer zu gehen und Georg Winkler ein stilles Gedenken zu widmen.

Die Westwand des Weißhorns, in der im August 1888 Georg Winkler den Tod fand.

Zinal-Rothorn 4221 m

Schwierigster Kletterberg im Wallis

TOURISTISCHE ANGABEN

HÜTTEN

Arpitetta-Hütte, 2741 m, privat, 20 Schlafplätze; am Fuß der Weißhorn-Westwand. Von Zinal, 1678 m, über Le Vichieso und Les Leisses 4—5 Stunden.

Rothornhütte und *Mountethütte* siehe Obergabelhorn (Seite 69).

TOURENMÖGLICHKEITEN

Nordgrat (Normalanstieg)

200 m, III, 2 Stunden.
Von der Mountethütte linkshaltend ansteigen in 3 Stunden hinauf zur Schulter (Epaule), 4017 m, dem Beginn des eigentlichen Grates. Der erste Turm wird links, die beiden nächsten werden rechts umgangen. Nach der Überkletterung des „Bosse", einem etwa 40 m hohen Turm, folgt man dem Grat in 20 Minuten zum Gipfel.

Südostgrat (Normalanstieg)

500 m, II—III, kombiniert, 3 bis 4 Stunden.
Von der Rothornhütte rechts auf den Gletscher und später zu P 3782, dem Beginn der Gratroute: 1 Std. Zuerst im Firn, dann im Fels und linkshaltend durch Couloir in die „Gabel" des Südwestgrates. Etwas später über die „Binerplatte" und westlich um einen Gendarm herum zum Vorgipfel, den man rechts

Das Zinalrothorn von Südwesten, vom Gipfel des Trifthorns. Links der Nordgrat, rechts der meist begangene Südostgrat mit Ausgangspunkt Rothornhütte. Zum Betrachter, stark verkürzt erscheinend, der Südwestgrat (Rothorngrat).

Früher einmal, vor über hundert Jahren und auch noch 1864, als Sir Leslie Stephen und F. C. Crowford mit den Führern Melchior und Jakob Anderegg am 22. August den Berg über den Nordgrat erstmals bestiegen, hieß er noch Moming. Heute kennt kaum noch jemand diesen Namen, denn an seine Stelle ist Zinal-Rothorn getreten. Aber auch unter diesem Namen hat es der Gipfel im Reigen der Walliser Alpen zu einem guten Ruf als Kletterberg gebracht. Weniger die extrem schwierige, tagsüber vom Steinschlag durchfegte Ostwand, durch die André Roch, Robert Gréloz und Ruedi Schmidt am 6. August 1945 eine lebensgefährliche Route legten, sondern mehr die Grate. Besonders der Südostgrat und der Rothorngrat (Südwestgrat) sind begehrte Ziele, da es sich um klassische, hochalpine Anstiege in fast durchwegs gutem Gneisfels handelt. Während die beiden Hauptgrate (Nord- und Südwestgrat) schmal und von zahlreichen Türmen durchsetzt sind, ist der Südostgrat etwas breiter.
In den meisten Fällen wird der Gipfel überschritten. Hat man die Mountethütte als Stützpunkt, so erfolgt der Aufstieg am günstigsten über den Nordgrat, der Abstieg über den Südwestgrat zum Ober-Rothornjoch, von wo dann der weitere Abstieg zur Hütte möglich ist. Im anderen Falle, wenn die Rothornhütte als Stützpunkt dient, kann man entweder über den Rothorngrat auf- und über den Südostgrat absteigen, oder den Gipfel in umgekehrter Richtung überschreiten.
Überwiegend erfolgen Besteigungen von der Rothornhütte aus, entweder über den Südostgrat oder den Südwest-(Rothorn-)grat. Letzterer hat den großen Vorteil, nach längerem Schlechtwetter bald wieder schneefrei zu sein. Leider ist der Nordgrat in den letzten Jahren sehr vernachlässigt worden. Zu Unrecht, wie jeder Begeher bestätigen wird.
Zu einem nicht ganz berechtigten „Ruf" hat es die „Binerplatte" im Südostgrat gebracht, denn der schräg durch eine Platte hochziehende Riß bietet nur mittlere Schwierigkeiten (III). Für die Erstbegeher allerdings (Clinton Dent, G. A. Passingham, Alexander Burgener, Franz Andermatten, Ferdinand Imseng; 5. September 1872), die in Nagelschuhen kletterten, bildete diese Passage ein fast unüberwindbares Hindernis.

Der Rothorngrat

Erlebnis zwischen Heute und Morgen.
Unter diesem Titel erschien im „bergkamerad" am 6. Juli 1962 ein Erlebnisbericht des damals 22jährigen Wieners Diether Marchart. Am 27. August 1962 stürzte dieser hervorragende Fels- und Eiskletterer beim Versuch, die Eiger-Nordwand als erster Mensch allein zu durchsteigen, oberhalb des „Eisschlauches" in den Tod.

Diether Marcharts „Erlebnis zwischen Heute und Morgen" am Zinal-Rothorn war ein letzter literarischer Gruß an die Bergsteigerwelt, die aufrichtig um den ruhigen Jungen trauerte.

„Taghell ist es rund um mich, denn der Mond wirft das milde Echo des Sonnenlichtes über die Landschaft wie ein freigebiger Landmann, der säend durch die Furchen geht. Das Steiglein hält sich genau auf den Kamm einer Moräne, die ihre eine Flanke dem Licht bietet, die andere in den Schatten taucht. Plötzlich befällt mich das Gefühl, die Erde verlassen zu haben. Ich gehe einen schmalen Pfad im Raum, einen Pfad ohne Materie, gestützt von Licht und Schatten, mit unzähligen glitzernden Sternenfäden am Himmelsgewölbe befestigt. —

Bald baumelt die Eisschraube an meiner Brust, die Steigeisen knirschen ungeduldig unter meinen Füßen, und der glatte Stahl des Eisbeiles schmiegt sich in meine Hand. Das Erlebnis meines Körpers überkommt mich, das Bewußtsein von Kraft und Selbstvertrauen. Zugleich aber auch das Wissen um mein Gebundensein an die Erde, der ich mit jedem Schritt mit vierundzwanzig scharfen Stahlspitzen ins Antlitz trete. Am oberen Rand des Gletschers muß man in die Felsen. Nie kann sich das Eis ganz mit dem ruhigen Bruder Fels anfreunden und legt zwischen sich und ihn eine Kluft, durch die ein feindseliger Hauch streicht. Ich spreize hinüber und hänge einen Augenblick als lebende Brücke zwischen zwei toten Welten. Eine kurze vereiste Kletterstelle und der Weg ist frei zu leichtem Fels und Schneebändern.

Im Osten reift der Tag in roten Wolkenbänken. Zuerst war es nur ein Schimmer, wie ein zarter Reflex auf dem seidenen Gewölbe einer Perle. Dann aber säumten sich die Wolken mit rosa Bändern, schmückten sich mit roten Schleifen zum Fest des Tages. Eine feuerrote Blume erblüht, die Sonne. Als gestrandetes, mattes Schifflein treibt der Mond am Horizont. Lange sitze ich und sehe der Wachablöse der Gestirne zu.

Um sechs Uhr sitze ich auf dem Gipfel. Alle sind sie gekommen, die alten Freunde. Artig grüßt das Nadelhorn, der Dom entblößt sein kahles Haupt und nimmt das Täschhorn freundlich bei der Hand, Strahlhorn und Rimpfischhorn entbieten ihren Morgengruß. Behaglich dehnt sich der vielgipfelige Monte Rosa, ehrerbietig gefolgt von Lyskamm und Breithorn, zwischen denen das Zwillingspärchen Castor und Pollux ihre kindlichen Spiele treiben."

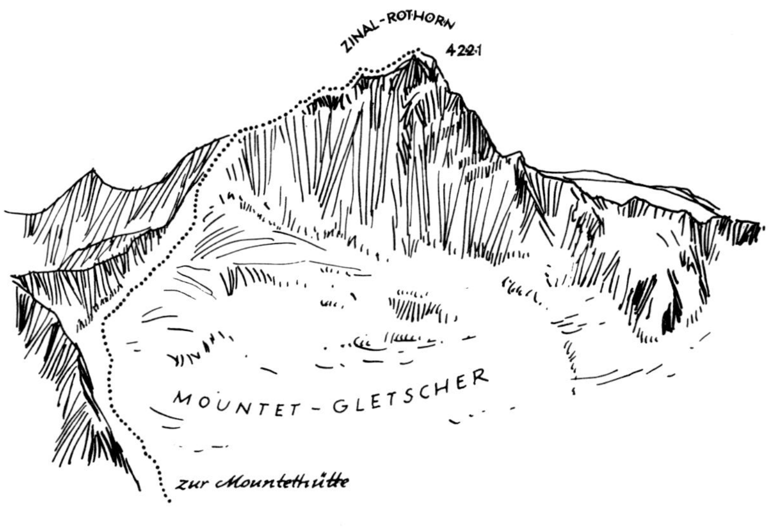

umgeht und in wenigen Minuten den Hauptgipfel erreicht.

Südwestgrat (Rothorngrat)

400 m, III, 3—4 Stunden.
Von der Rothornhütte in 3½ Stunden, von der Mountethütte in 3 Stunden zum Ober-Rothornjoch, etwa 3820 m.
Immer auf dem Grat — die Türme werden umgangen oder überklettert — in 3 Stunden zur „Gabel" und von dort wie beim Südostgrat zum Gipfel.

Nordwand

800 m, 52 Grad Durchschnittsneigung, 4—8 Stunden.
Von der Arpitetta-Hütte zum oberen Plateau des Moming-Gletschers; 3—5 Stunden. Rechts der Eisbrüche direkt hinauf zur „Epaule" des Nordgrates und über ihn zum Gipfel.

Ostwand

800 m. Durch diese Wand führen drei Anstiege, von denen nur einer direkt ist (V—VI); objektiv außerordentlich gefährlich.

Westwand

400 m, II—III, 5 Stunden; objektiv gefährlich.

Abstieg

Über den Südostgrat in 2½ Stunden zur Rothornhütte.

KARTEN/FÜHRER

Landeskarte der Schweiz 1:50 000 Blatt Arolla (283), Mischabel (284).
Königer/Weh, Walliser Alpen.
SAC, Walliser Alpen, Band II.

ANSTIEGSSKIZZE:

Die Westseite des Zinal-Rothornes mit dem üblichen Anstieg von der Mountethütte über den Nordgrat.

Obergabelhorn 4063 m

Kühnste Firn- und Felspyramide

TOURISTISCHE ANGABEN

HÜTTEN

Mountethütte, 2886 m, SAC, 115 Schlafplätze; auf dem Mountet, rechts des Zinal-Gletschers; bewartet in den Sommermonaten. Von Zinal, 1678 m, 5 Stunden.

Rothornhütte, 3177 m, SAC, 90 Schlafplätze; am Beginn des Eseltschuggenfelsen; in den Sommermonaten bewartet. Von Zermat, 1616 m, 4½ Stunden.

Schönbielhütte, 2694 m, SAC, 62 Schlafplätze; auf der unteren Terrasse des Schönbiel; im Sommer bewartet. Von Zermatt über die Stauanlagen des Kraftwerkes 3½ Stunden.

TOURENMÖGLICHKEITEN

Nordostgrat (Normalanstieg)

300 m, III, kombiniert, 2½ Stunden. Von der Rothornhütte in 3 Stunden auf die Wellenkuppe, 3903 m. Abstieg zum Großen Gendarm, der mittels eines fixierten Seiles erstiegen wird. Weiter über den Grat zum Gipfel.

Nordwestflanke-Nordwestgrat

1050 m, III, kombiniert, 6 bis 8 Stunden.
Von der Mountethütte in 1¼ Stunden zu einer Felsinsel rechts des Gratausläufers. Nun linkshaltend in die Felsen und leicht rechtshaltend auf den Firngrat, der zum Gipfel führt.

Es gibt Alpinisten, die das Obergabelhorn als schönsten Berg im Wallis bezeichnen. Das sind die Vertreter der schärferen Richtung im Eis, und sie führen als Begründung den fantastischen Dreispitz der Nordwand an. Die ideale Eiswand schlechthin. Doch so imposant diese Eismauer über dem Obergabelhorn-Gletscher auch erscheint, sie wird nicht oft durchstiegen.

In unserer Zeit gehen die meisten Besteiger von der Wellenkuppe aus, denn seit 1918 gibt es am Großen Gendarm des Nordostgrates ein Fixseil, das die Bewältigung desselben erheblich erleichtert. Das ist der günstigste Aufstieg, wenn man in Zermatt sein Standquartier bezogen hat und von der Rothornhütte aus geht. Wer in der Mountethütte seinen Stützpunkt eingerichtet hat, wählt als Aufstieg am besten die Kombination Nordwestflanke — Nordwestgrat.

Häufig wird auch die Überschreitung Arbengrat — Nordostgrat durchgeführt. Eine Tour, die ihrem Begeher alles bietet, was er sich von einer kombinierten Westalpenfahrt erhofft.

Als lohnendes Ziel für Bergsteiger, die den IV. Schwierigkeitsgrad beherrschen, kann die 700 Meter hohe Südwand genannt werden. Ihre Durchsteigung gehört ohne Zweifel zu den schönsten Felsfahrten im ganzen Wallis. Aber das wissen nur wenige. Und so hört man auch auf der von den Gebrüdern Aufdenblatten und dem Engländer E. G. Oliver im Sommer 1923 eröffneten Führe nur wenige Male im Jahr die Zurufe einer Seilschaft.

Schon aus dieser kurzen Übersicht kann man ersehen, daß der Berg zwei grundverschiedene Seiten aufweist. Der Gipfel selbst bildet einen horizontalen schmalen Firngrat, in dessen Mitte sich der höchste Punkt befindet.

Der Name des Obergabelhorns ist auf den Großen Gendarm des Nordostgrates zurückzuführen, der mit dem Gipfel — von Osten gesehen — eine Gabel bildet.

Der höchste Punkt des Berges entsendet drei ausgeprägte Grate, die in den Gletschern münden oder zu benachbarten Gipfeln führen (Nordostgrat = Wellenkuppe, Arbengrat = Mont Durand). Keinen Augenblick läßt die Erscheinung des Berges Zweifel an seiner Selbständigkeit aufkommen. Sie wird sogar betont, ganz gleich von welcher Seite man ihn auch betrachtet. Ein stolzer Gipfel, der von seinem Besteiger aber auch einiges verlangt — auf jedem Anstieg. Das Obergabelhorn will erobert werden!

Die Südwand

Helmut Dumler

Ein sogenannter „Genußspecht" hatte sie uns empfohlen, die Südwand des Obergabelhornes. Seinen Worten nach handelt es sich bei dieser Fahrt um den höchsten Felsgenuß in den Walliser Alpen. Nur einen Nachteil habe die Wand, meinte er abschließend etwas gedämpfter: Von der Schönbielhütte geht man fast 4 Stunden zum Einstieg und hat dann nur noch 3 Stunden Kletterei vor sich. Und dieser Kletterei wegen sind Hubert und ich zum Obergabelhorn gegangen — fast 5 Stunden lang, denn wir hatten Zeit und wollten die Großartigkeit dieser Landschaft richtig genießen. Dann standen wir am Wandfuß, seilten uns an, verteilten die wenigen Haken und Karabiner, die wir mitführten, und stiegen hinein in diese wunderbare Wand. Der Fels war schon von der Sonne angewärmt und strahlte die Wärme wieder zurück. Es war ein behagliches Höhersteigen. In gleichmäßigem Rhythmus spulten wir die Seillängen ab. Nur ganz selten mal ein Haken — auch an den Standplätzen. Dann der Blick hinüber in die düstere Matterhorn-Nordwand, zu diesem Berg, der jedem Menschen das Herz höherschlagen läßt, ganz gleich ob er ihn besteigt oder sich nur von seiner Form in den Bann schlagen läßt. Vor zwei Tagen überschritten wir seinen schmalen Gipfelgrat und standen dann neben dem Kreuz der italienischen Spitze. Von dort aus hatten wir auch unsere Südwand zum erstenmal gesehen. Doch von dieser Warte aus erscheint sie klein und unbedeutend. Jetzt steigen wir in ihren eisenfesten Platten höher. Und wir steigen schnell, denn wir sind den Schwierigkeiten vollauf gewachsen. Erst dann wird die Obergabelhorn-Südwand zum vollendeten Genuß. Zu einem Genuß ohne Reue — trotz des relativ langen Weges zum Wandfuß. Mit dem Erreichen des Arbengrates war aber auch der Genuß zu Ende; denn ehe wir uns umsahen, waren wir schon inmitten eines Wettersturzes.

Ein Tag und ein Berg, der sich von zwei Seiten gezeigt hat. Sie waren beide schön, zumindest voller Abenteuer und Erlebnisse — und was wollen wir von einer Bergfahrt mehr?

Südwestgrat (Arbengrat)

500 m, III+, 3 Stunden.
Von der Mountethütte in 3 bis 4 Stunden über den Durand-Gletscher zum Arbenjoch, 3564 m; von der Schönbielhütte 3½ Stunden. Der Anstieg verläuft fast immer direkt auf dem Grat.

Südostgrat

450 m, II—III, kombiniert, 4 Stunden.
Von der Stafelalp in 4½ Stunden auf das Obergabeljoch, 3600 m. Von hier über den Grat zum Nordostgrat und über ihn in 10 Minuten zum Gipfel.

Südwand

700 m, III—IV, 3—4 Stunden.
Von der Schönbielhütte in 4—5 Std. zum Einstieg in Gipfelfallinie. Die Originalführe endet auf dem obersten Teil des Arbengrates beim Großen Gendarm. Der Direktausstieg ist wesentlich schwieriger.

Nordwand

450 m, bis 57 Grad, 5—6 Stunden. Direkter Gipfelausstieg 65—68 °.
Von der Mountethütte in 3½ Stunden über den Obergabelhorn-Gletscher zum Einstieg. Die Route verläuft in Gipfelfallinie. Es besteht auch die Möglichkeit, von der Wellenkuppe in die Wand zu queren.

KARTEN/FÜHRER

Landeskarte der Schweiz 1:50 000 Blatt Arolla (283), Blatt Mischabel (284).
Königer/Weh, Walliser Alpen.
SAC, Walliser Alpen, Band II.

ANSTIEGSSKIZZE:

Von der Rothornhütte kommt man über die Wellenkuppe und den Nordostgrat zum Gipfel.

Die Nordwand des Obergabelhorns. Links der Ostgrat, rechts der Nordgrat. Das Bild wurde vom Anstieg auf das Trifthorn aufgenommen.

Dent Blanche 4356 m

Mäßig bis äußerst schwierig

Das Profil dieses formschönen Berges im Wallis wird von den vier in Kreuzform vom Gipfel abfallenden Graten gebildet, zwischen denen eis- und felsdurchsetzte Flanken und Wände eingelagert sind. Sowohl durch die Wände als auch über die Grate verlaufen zahlreiche Führen, die allerdings mit Ausnahme der Grate nur selten begangen werden. Letztere aber, und speziell der Südgrat (Wandfluhgrat) — über ihn erfolgte am 18. Juli 1862 durch T. S. Kennedy, William Wigram, Jean-Baptiste Croz und Johann Kronig die Erstbesteigung — sind beliebte, typisch westalpine Ziele. Der Südgrat ist der leichteste Anstieg, was besonders bei Überschreitungen berücksichtigt werden sollte. Wesentlich schwieriger (in der Reihenfolge) sind der Ostgrat („Viereselsgrat"), der Westgrat — an ihm stürzte 1899 der berühmte englische Bergsteiger Owen Glynne Jones mit drei Führern in den Tod — und der Nordgrat, dessen oberster Aufschwung am 23. September 1961 von den Schweizern Hugo Weber und G. Perrenoud begradigt wurde und nur selten begangen wird.

Von der Bedeutung der Wände sprechen so berühmte Namen wie Robert Gréloz, André Roch, Karl Schneider, Karl Schreiner und Ludwig Steinauer, deren Träger in den dreißiger Jahren dort schwieriges und gefährliches Neuland eroberten. Die jüngste Erstbegehung fällt in das Jahr 1969, als die Schweizer Camille Bournissen und Cyrille Pralong eine Direktführe durch die Nordwestwand legten.

Die Dent Blanche ist ein Gipfel, an dem jeder auf seine Rechnung kommt. Da spielt es keine Rolle, ob er nun die Befriedigung seiner Leidenschaft auf einem schmalen Grat sucht oder in einer schwierigen, abenteuerlichen Wand. Ihre Formschönheit und die leichte Zugänglichkeit (vor allem von Westen) verbunden mit den ideal gelegenen Stützpunkten machen den Berg zu einem begehrten Ziel in den Walliser Alpen.

Man lasse sich nicht von dem Ausspruch des Führers Ulrich Almer — er bezwang am 11. August 1882 mit seinem Kollegen Aloys Pollinger und den Engländern J. Stafford Anderson und G. P. Baker den Ostgrat — „Wir sind doch vier Esel, auf diesem Weg aufzusteigen!" davon abbringen, den klassischen „Viereselsgrat" zu begehen, denn er lohnt sich wirklich. Vorausgesetzt natürlich, man ist den Schwierigkeiten (III) gewachsen; zu viert muß man nicht unbedingt sein!

Noch ein Tip: Bester Ausgangspunkt — wenn man noch weitere Bergfahrten im zentralen Wallis plant — ist die Schönbielhütte. Die Dent-Blanche-Hütte, wohl nahe am Südgrat gelegen, ist an schönen Sommertagen hoffnungsvoll überfüllt, so daß sich die paar Stunden Mehraufstieg von der Schönbielhütte auf alle Fälle bezahlt machen. Von ihr aus kann auch die berühmte Überschreitung „Viereselsgrat" — Südgrat unternommen werden, obwohl für diesen Zweck die Mountethhütte günstiger liegt.

TOURISTISCHE ANGABEN

HÜTTEN

Dent-Blanche-Hütte, 3507 m, SAC, 35 Schlafplätze; über dem Manzettes-Gletscher, südlich des Südgrates; zeitweise bewartet. Von Ferpècle, 1770 m (Postauto von Sitten), im Val d'Hérens über das Hotel Bricola 5—6 Stunden.

Schönbielhütte und *Mountethütte* siehe Obergabelhorn (Seite 69).

TOURENMÖGLICHKEITEN

Südgrat (Normalanstieg)

600 m, II—III, kombiniert, 3 bis 5 Stunden.
Von der Schönbielhütte über den gleichnamigen Gletscher und links (westlich) hinauf zur Wandfluhlücke; 2 3/4 Stunden. Hierher von der Dent-Blanche-Hütte in 3/4 Stdn. In einer weiteren 3/4 Stunde wird der Große Gendarm erreicht. Nach ihm mehr oder weniger auf dem Grat zum Gipfel.

Ostgrat („Viereselsgrat")

900 m, III, kombiniert, 6 bis 8 Stunden.
Von der Mountethütte über den Durand-Gletscher und in seinem obersten Becken rechtshaltend zum Fuß des Grates; 2 bis 4 Stunden.

Die Nordostwand der Dent Blanche, eine der schwierigsten Wände der Walliser Alpen. Vorne im Bild der Col de la Dent Blanche. Rechts vom Gipfel der Nordgrat.

In 4 Stunden zum Vereinigungspunkt mit dem vom Col Zinal hochführenden Grat. Dieser Punkt kann von der Schönbielhütte in 7 Stunden erreicht werden.
Dem nun nicht mehr ganz so steilen Grat folgend zum Gipfel.

Nordgrat

850 m, IV—V, eine Seillänge V+ und A 1, kombiniert, 10 bis 12 Stunden. Der Einstieg befindet sich am Col de la Dent Blanche, 3544 m; von der Mountethütte 4 Stunden, vom Hotel Bricola 3½ Stunden.

Westgrat

650 m, III+, kombiniert, 5 bis 6 Stunden.
Von der Dent-Blanche-Hütte nördlich in 2 Stunden zum Grat, der auf etwa 3700 m betreten wird.

Nordwestwand

850 m. Zwei sehr schwierige kombinierte Routen (Steinauer/Schneider, Bournissen/Pralong).

Nordostwand

1000 m. Durch diese kombinierte Wand führen zwei sehr schwierige und auch objektiv gefährliche Anstiege. Die alte Route verläuft mehr im linken Wandteil, der neue Anstieg fast in Gipfelfallinie.

Abstieg

Am besten über den Südgrat in 2—3 Stunden zur Dent-Blanche-Hütte oder in 5—6 Stunden zur Schönbielhütte.

KARTEN/FÜHRER

Landeskarte der Schweiz 1:50 000 Blatt Arolla (283).
Königer/Weh, Walliser Alpen.
SAC, Walliser Alpen, Band II.

ANSTIEGSSKIZZE:

Die leichteste Route (punktiert) verläuft von der Schönbielhütte über den gleichnamigen Gletscher und über den Süd-(Wandfluh-)grat. Wesentlich schwieriger ist der Ost-(„Vieresels"-)grat aus dem Col de Zinal.

Dent-Blanche-Nordostwand. Links vom Gipfel der „Vieresels-grat" (Ostgrat) in den Col de Zinal, rechts ein Teil des Nordostgrates.

Die Nordostwand

Die 1000 Meter hohe, von Eis und Fels durchsetzte Nordostwand ist ohne Zweifel der prächtigste Absturz der Dent Blanche. Vom 26. bis 27. August 1932 wurde diese erregende Steilmauer von den Münchnern Karl Schneider und Franz Singer erobert. Eine großartige Leistung!
Damals war es aber noch überwiegend eine Eisflanke.
Als Michel und Yvette Vaucher am 10. Juli 1966 die Wand angingen, war sie schon mehr Fels- als Eiswand. Dieser Umstand hatte auch dazu geführt, daß die bisherigen Bewerber einer Direktführe (Michel Darbellay, Christophe Vouilloz, Joseph Savoiz) nicht allzuweit vorgedrungen waren.
Kurz nach 7 Uhr legt Michel Vaucher Hand an den vereisten Fels. Kein Mensch ist über ihren Plan unterrichtet, niemand ist da, der ihnen Hilfe hätte bringen können.
Gegen 10 Uhr des zweiten Tages beginnt es zu schneien. Werden sie heute den Gipfel erreichen? Michel Vaucher trifft auf Schwierigkeiten, wie er sie noch nie erlebt hatte.
Sie werden zu einem zweiten Biwak gezwungen, das in einer ungünstigen Lage verbracht wird, denn selbst die Standhaken erwecken keinen guten Eindruck.
Ohne Sicherungshaken schlagen zu können, kämpft sich Michel Vaucher am dritten Tag durch die Gipfelwand. Eine hervorragende Leistung des sympathischen Mathematiklehrers und seiner tapferen Frau.
Im Winter 1968 ist der Walliser Führer Camille Bournissen allein auf der Vaucher-Route. Etwa 200 Meter unterhalb des Gipfels wird er von einem Stein getroffen, stürzt in die Selbstsicherung und verzichtet auf eine Fortsetzung der Tour. Bournissen kommt aber Ende Februar 1968 wieder — er hatte inzwischen die Piz-Badile-Nordostwand bezwungen — und ringt der Wand in zwei Tagen, vom 28. bis 29., die erste Allein- und zugleich Winterdurchsteigung ab, wobei er schon nach dem ersten Wanddrittel die Vaucher-Route verläßt und dem Gipfel direkt entgegensteigt.

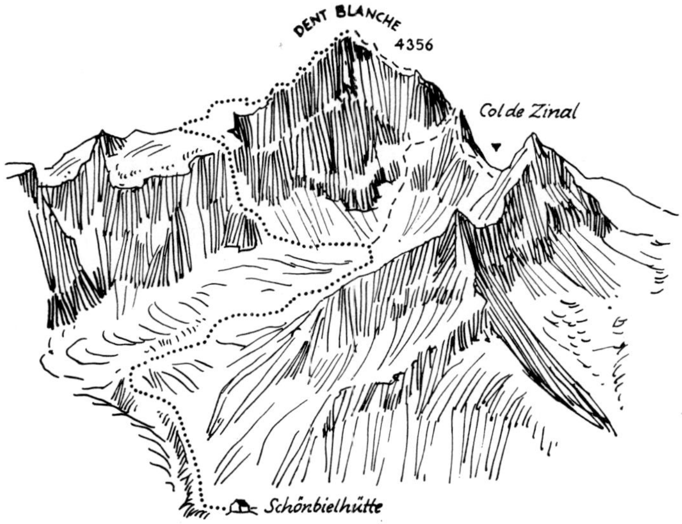

Dent d'Hérens 4171 m

Ein Berg - zwei Gesichter

Wie bei einem Großteil aller Viertausender ist auch das Schaustück des Dent d'Hérens eine eisgepanzerte Nordwand. Dieser 1300 Meter hohe Abbruch über dem Tiefenmattengletscher gilt seit seiner ersten Durchsteigung am 10. August 1925 (Willo Welzenbach, Eugen Allwein) als eine der schwierigsten Eiswände im Alpenraum.

Nicht so schwierig, aber unlogisch und in keiner Weise ideal, ist die Route von George Ingle Finch (am 2. August 1923 mit T.G.B. Forster und Raymond Peto) über die nach ihm benannte Terrasse in der Nordwand und weiter zum Ostgrat. Dagegen sind der Westgrat (A. Gilles Puller, J. J. Pierre, E. Maquignaz und Louis Carrel am 18. Juli 1873) und die Nordwestwand (V. J. E. Ryan mit Josef und Franz Lochmatter am 30. Juli 1906) häufig durchgeführte Touren, wenn man die Schönbielhütte als Ausgangspunkt gewählt hat. Vor allem die Nordwestwand bietet einen abwechslungsreichen, nicht allzu schwierigen Gipfelanstieg, der besonders Eisneulingen empfohlen werden kann. Sie ist auf alle Fälle dem Westgrat vorzuziehen, denn schon alleine der Aufstieg zum Tiefenmattenjoch, dem Fußpunkt des Grates, ist verhältnismäßig steil, häufig auch blank und außerdem steinschlaggefährdet.

Die leichteste Route — über sie erfolgte auch die Erstbesteigung am 12. August 1863 durch W. E. Hall, F. Crawford Grove, R. S. Macdonald und W. Woodmass in Begleitung der Führer Melchior Anderegg, Peter Perren und Jean-Pierre Cachat — nimmt bei der Aosta-Hütte ihren Ausgang, verläuft dann über den obersten Teil des Grandes-Murailles-Gletschers und führt durch die Südwestflanke auf den Westgrat und über ihn zum höchsten Punkt. Das ist auch der Abstieg zur italienischen Seite hin. Wer auf der Schweizer Seite seinen Stützpunkt hat, sollte durch die Nordwestwand absteigen, es ist dorthin die am wenigsten schwierige Möglichkeit.

Großartige Eindrücke vermittelt die Überschreitung des Grates vom Col Tournanche zum Tiefenmattenjoch über die Pointe Maquignaz, Pointe Carrel, Pointe Blanche und Epaule bzw. den Gipfel des Dent d'Hérens, wobei man mit der 4039 Meter hohen Epaule einen weiteren über 4000 Meter hohen Punkt berührt. Unmittelbar östlich der höchsten Spitze erheben sich die untergeordneten Punkte 4075 und 4148 m.

Trotz der relativ leichten Zugänglichkeit und der großartigen Rundsicht, die man vom schmalen Gipfelgrat aus genießt, steht die Dent d'Hérens im Schatten ihres großen Nachbarberges, des Matterhorns. Aber wer den langen Weg von Valpelline bzw. Prarayer hinauf zur Aosta-Hütte nicht scheut, oder den Berg von der Schweizer Seite angeht, wird es nicht bereuen, denn die Dent d'Hérens ist im Vergleich zum Matterhorn ein einsamer Berg. Es gibt hier kein Anstehen und Warten unter dem Gipfel, kein Gedränge während des Aufstieges; es gibt hier einsames Bergerleben hoch über dem Valtournanche und über weiten Gletscherfeldern.

TOURISTISCHE ANGABEN

Hütten

Aosta-Hütte, 2781 m, CAI, 20 Schlafplätze; am Westgratfuß der Tête de Valpelline; nicht bewartet, immer geöffnet. Von Prarayer, 1993 m, 3¹/₄ Stunden.

Rif. Duca degli Abruzzi, 2802 m, privat, 40 Schlafplätze; südwestlich des Tête du Lion. Von Breuil, 2006 m, 2¹/₂ Stunden.

Biwak Tête des Roèses, 3207 m, CAAI, 5 Schlafplätze; südwestlich unterhalb der Tête des Roèses. Von Prarayé 3—4 Stunden.

Biwak Cors, 3142 m, CAAI, 4 Schlafplätze; am unteren Ende des Pointe-Cors-Ostgrates. Von Breuil 4 Stunden.

Biwak Benedetti, 3469 m, privat, 4 Schlafplätze; im Col Tournanche. Von der Schönbielhütte 4 bis 6 Stunden, von der Abruzzi-Hütte 4¹/₂ Stunden.

Biwak Albertini, 3371 m, privat, 4 Schlafplätze; am Südgrat. Von Breuil 4 Stunden.

Schönbielhütte siehe Obergabelhorn (Seite 69).

Tourenmöglichkeiten

Südwestflanke-Westgrat (Normalanstieg)

350 m, II, 5 Stunden von der Aosta-Hütte.
Vom Biwak Tête des Roèses ebenfalls 5 Stunden zum Gipfel.

Nordwestwand

800 m, bis 45 Grad, 3—5 Stunden.

Dent d'Hérens von Nordwesten. Links das Eisbollwerk der Nordwand, in der Mitte der Nordwestgrat, dann die Nordwestflanke und rechts der Westgrat. Im schattigen Gipfelaufbau verläuft das letzte Stück der Normalführe.

In der Nordwestwand

Helmut Dumler

Seit gut einer Stunde tasten wir uns durch die Séraczone im unteren Wanddrittel. Außer einem kurzen Steilaufschwung gleich über dem Bergschrund — es waren höchstens drei Meter — bot der Anstieg bisher überhaupt noch keine technischen Schwierigkeiten. Nur jetzt, in diesem wilden und zerrissenen Abschnitt der Flanke, ist es uns nicht besonders wohl; denn bedingt durch die tief herabhängende Wolkendecke sind wir inmitten einer dichten Waschküche und müssen höllisch aufpassen, um nicht in eine der zahlreich vorhandenen Spalten zu stürzen, die von einer trügerischen Neuschneeschicht bedeckt und bei den vorherrschenden Lichtverhältnissen nur sehr schwierig rechtzeitig auszumachen sind.
Wir vernachlässigen keinen Augenblick die Sicherung, obwohl die Flanke nicht extrem steil ist und die Verhältnisse im Eis ausgezeichnet sind.
Durch das Konzentrieren auf die subjektiven Gefahren werden die objektiven nur am Rande wahrgenommen. Wenn dann wieder ein grotesk geformter Bruch schemenhaft aus dem Grau auftaucht, um schon im nächsten Augenblick mit aller Nachdrücklichkeit den Weiterweg zu versperren, werden wir auch mit diesen unsympathischen Gesellen konfrontiert.
Wir sind trotz unsicherer Wetterverhältnisse und der damit verbundenen Orientierungsschwierigkeiten in die Nordwestwand eingestiegen, weil wir uns sehr gut kennen und weil wir genau wissen, was wir zu leisten im Stande sind.
Erst kurz unterhalb des Gipfels, auf dem von Fels und Eis durchsetzten Westgrat, reißt das wallende Gebräu für wenige Minuten auf. Ein kreisrunder Ausschnitt ist es, durch den wir hinübersehen zur Dent Blanche. Aber auch ihr Gipfel ist von Wolken zugedeckt. Nur der Südgrat ist zu sehen, jener großartige Anstieg, über den die meisten Besteigungen erfolgen. Wir würden gerne auch das Matterhorn sehen, dem von hier aus wohl die faszinierenden Linien der Grate fehlen, und all die anderen Gipfel im weiten Rund, die ihre eisgekrönten Häupter stolz dem Himmel entgegenrecken. Diese Wünsche bleiben aber unerfüllt, denn selbst während der halben Stunde auf dem höchsten Punkt des Berges sind wir von den Wolken eingehüllt.
Wir sind allein auf dem Gipfel und dem Anschein nach seit einiger Zeit auch die ersten, da keine der üblichen Spuren vergangener Besteigungen zu sehen sind.
Erschreckend steil fällt vor uns die Nordwand ab. Und wenn wir auch nur wenige Meter in diese Flanke hineinsehen, so läßt sich doch ihre ungeheure Steilheit ahnen. Wieder einmal taucht, kaum daß wir einen Weg zu Ende gegangen sind, der nächste Wunsch auf. Wird er in Erfüllung gehen? Das ist nicht ausschlaggebend! Wichtiger und schöner ist der Wunsch als solcher, sind die Träume und Ängste und Hoffnungen, die damit verbunden und eine Bestätigung dafür sind, daß unser Bergsteigen ein Menschenleben bis an sein Ende ausfüllen kann.

Nordflanke-Ostgrat

800 m, II—III, kombiniert, 5 bis 7 Stunden.

Nordwand

1300 m, bis 70 Grad, kombiniert, 10—12 Stunden.

Abstieg

Am leichtesten in 2½ Stunden über die Südwestflanke zur Aosta-Hütte, durch die Nordwestwand 3 Stunden.

KARTEN/FÜHRER

Siehe Seite 75.

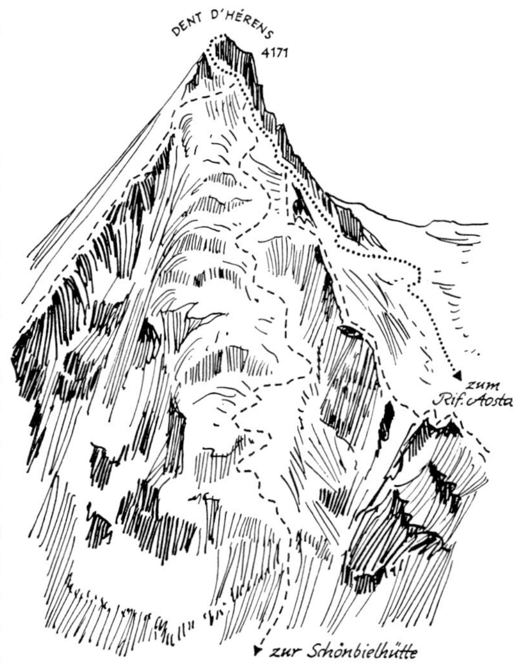

ANSTIEGSSKIZZE:

Von der Aosta-Hütte kommt man am leichtesten durch die Südwestflanke und über den Westgrat (punktiert) zum Gipfel; in der Bildmitte die Nordwestwandroute, links davon der Nordwestgrat, rechts der Westgrat.

Die furchterregende Nordwand der Dent d'Hérens. Rechts des Gipfels der Nordwestgrat und die Nordwestflanke (im Schatten).

Matterhorn 4477 m

Schönster Berg der Welt?

HÜTTEN

Hörnlihütte, 3260 m, SAC, 50 Schlafplätze; am Nordostgratfuß des Matterhorns. Von Zermatt 5 Stunden, vom Schwarzsee, 2582 m (Seilbahn von Zermatt), 2 Stunden.

Hotel Belvédère, 3260 m, privat, 60 Schlafplätze; neben der Hörnlihütte.

Luigi-Amedeo-Hütte, 3825 m, CAI, 14 Schlafplätze; auf dem Liongrat. Ständig offen, von Breuil 7 Std.

Carell-Hütte, 5 m unterhalb der Amedeo-Hütte, 2 Schlafräume, Aufenthaltsraum, kleine Küche.

Biwak Oreste Bossi, 3329 m, CAI, 9 Schlafplätze; im Breuiljoch. Von der Hörnlihütte 1 Stunde, von Breuil 3 Stunden.

Schönbielhütte siehe Obergabelhorn (Seite 69).

TOURENMÖGLICHKEITEN

Hörnligrat (Normalanstieg)
1200 m, II, kombiniert, 5 bis 6 Stunden.
Man hält sich bis zur „Schulter", 4003 m (kurz unterhalb steht die Solvayhütte als Notunterkunft zur Verfügung) meistens links (östlich)

◄ Die Engländerin Nicky Clough mit ihrem Mann Ian (1970 an der Annapurna tödlich verunglückt) auf dem Einstiegseisfeld der Matterhorn-Nordwand. Gefährliche Schultersicherung! Kein Helm!

Auf den Seiten 82/83:
Blick von der Signalkuppe nach Westen. Ganz links ein Teil des Lyskamm-Westgipfels, daneben — im Hintergrund — der Grand Combin. Genau in Bildmitte der Dent d'Hérens. Rechts bildbeherrschend das Matterhorn.

Der Umfrage einer Münchner Bergsteigerzeitschrift nach, ist das Matterhorn nach dem Alpamayo und dem K 2, neben dem Fitz Roy, dem Montblanc, den Grandes Jorasses und dem Machapuchharé der schönste Berg der Welt. Wie weit man solchen Umfragen Bedeutung zukommen läßt, bleibt jedem selbst überlassen. Auch das Urteil über den schönsten Berg, denn oft wird ein Berg erst schön durch ein bestimmtes Erlebnis, durch einen Gefährten oder durch eine Stimmung, der man beim Anblick gerade unterliegt. Fest steht aber, daß das Matterhorn Einmaligkeit für sich in Anspruch nehmen kann, vor allem von Zermatt oder vom Schwarzsee aus betrachtet. Die Grate sind es, die dem Berg jene elegante und doch wuchtige Form geben, die ihn weltberühmt gemacht hat. Eine wichtige Rolle spielen dabei auch die tragischen Ereignisse anläßlich der ersten Besteigung am 14. Juli 1865 durch Edward Whymper, Lord Douglas, Hudson, Hadow, Michel Croz sowie Peter Taugwalder Vater und Sohn. Beim Abstieg nämlich stürzten Douglas, Hudson, Hadow und Croz in den Tod.
Bis zu 1000 Meter steigen die Wände des Berges aus dem Matterhorn-, Furgg- und Tiefenmatten-Gletscher dem Himmel entgegen. Sie bergen durchwegs sehr schwierige und gefährliche Anstiege. Etwas leichter sind — ausgenommen der Furggengrat — die Grate. Hier wäre an erster Stelle der Hörnligrat zu nennen, über den auch der Aufstieg der Erstbesteiger erfolgte und der heute neben dem Liongrat als Normalanstieg gilt. Hochalpin und ein sehr von den jeweiligen Verhältnissen abhängiges Unternehmen ist der Zmuttgrat, der sich zwischen Matterhorn- und Tiefenmatten-Gletscher aufschwingt.
Die Nordwand, obwohl schon im Winter und im Alleingang bewältigt, gehört seit ihrer ersten Durchsteigung (Franz und Toni Schmid, 1931) zu den berühmtesten Wandfluchten der Alpen und ist nur den Fähigsten vorbehalten.
Aber bleiben wir beim Hörnligrat, bei dem Anstieg, den die meisten Besteiger des Matterhorns benützen. Man darf sich darunter allerdings keine Grat- oder Kantenkletterei in herrlichem Fels vorstellen; der Grat bietet im unteren Teil extremes Gehgelände, wobei man nicht auf der Gratschneide, sondern links von ihr hochsteigt. Bei der „Schulter" ermöglichen dann fixierte Seile ein Emporklimmen ohne Schwierigkeiten, wenn man die notwendige Muskelkraft besitzt. Und trotzdem hat gerade der leichteste Aufstieg schon zahlreiche Todesopfer gefordert. Denn hauptsächlich nach Wetterstürzen ist der Abstieg nur unter großen Schwierigkeiten zu finden, und dabei ist es schon häufig vorgekommen, daß Seilschaften in die Ostwand kamen oder irgendwo am Grat, schlecht ausgerüstet, besseres Wetter abwarteten und dabei an Erschöpfung oder Unterkühlung starben. Das Matterhorn ist also selbst auf dem leichtesten Weg ein sehr ernstzunehmender Berg.

Die furchtbaren Ereignisse anläßlich der ersten Besteigung des Matterhorns sind in Bergsteigerkreisen hinlänglich bekannt. Auch die abenteuerlichen Kämpfe um die gewaltigen Wandfluchten, die zwischen den Graten eingelagert sind. Es wurde schon so viel geschrieben über die Erschließung, daß hier einmal weniger dramatische Begebenheiten erzählt werden sollen.
Da wäre einmal der elsässische Industrielle und Gletscherforscher Dollfuß-Ausset zu nennen, der sich 1855 Gedanken machte, wie man das Matterhorn besteigen könnte. Dabei kam er auf die Idee, es in einem Luftballon zu versuchen, der vom Boden aus mit einem langen Seil gehalten und gelenkt werden müsse.
Zu den interessantesten und sympathischsten Gestalten im Ringen um das Matterhorn gehörte der bucklige Luc Meynet aus Breuil. Sein Wahlspruch „Man stirbt nur einmal!“ tröstete ihn besonders bei waghalsigen Passagen am Berg über sein Elend in der kleinen Sennhütte hinweg, wo er für die Kinder seines verstorbenen Bruders sorgte. Und obwohl er an zahlreichen Versuchen der Erstbesteigung als Träger beteiligt war, betrat er den Gipfel erst einige Jahre nach seiner Eroberung. Er habe dort die Engel im Himmel singen hören, erzählte der gutmütige und trotz seiner Armut immer lustige Mann nach seiner Rückkehr ins Tal, nun könne er in Frieden sterben.
Wie viele Bergsteiger inzwischen schon auf dem Gipfel standen, läßt sich nicht mehr feststellen. Es waren Tausende. Einer dieser vielen Ungenannten war blind. Beim Aufstieg war sein Führer überrascht, mit welcher Eleganz und Leichtigkeit der Mann die Schwierigkeiten überwand. Er sah die Nähe des Gipfels nicht. Er ahnte sie nur und lauschte auf die unhörbare Sprache der Natur. Plötzlich breitete der blinde Bergsteiger die Arme aus, kniete nieder und betete: „Herr Gott, ich danke dir, daß du mich das noch hast erleben lassen!“ Dieser Mann hatte mit seinem inneren Auge, mit seiner Seele, viel mehr gesehen, als mancher mit zwei gesunden Augen sieht.

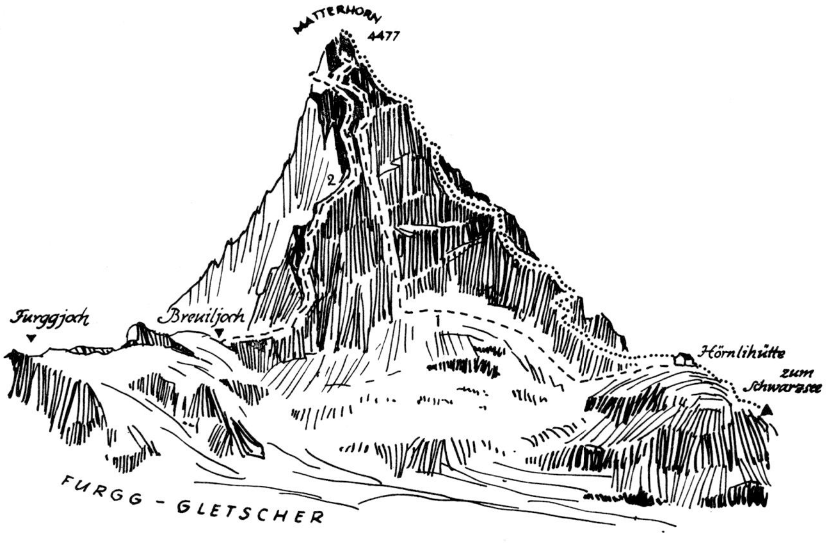

des eigentlichen Grates. Mittels fixierter Seile über die Steilstufe und weiter zum Gipfel.

Liongrat (Normalanstieg)
700 m, II, kombiniert, 5—6 Stunden. Gleich nach der Luigi-Amedeo-Hütte beginnen die Fixseile und nach etwa 3 Stunden wird der Pic Tyndall erreicht. Von hier durch die Enjambée und weiter zum Gipfel.

Zmuttgrat
900 m, III—IV, kombiniert, 6 Stunden.
Von der Hörnlihütte in 3 bis 4 Stunden, von der Schönbielhütte in 5 Stunden auf den Firngrat, dem Beginn der Route. Über den Grat zu den „Zmuttzähnen“ und zur „Zmuttnase“, von wo aus man sich in Richtung Liongrat hält, um später wieder nach links auf den Grat zu queren, der auf den Gipfel führt.

„Zmuttnase“
1000 m, V—VI, kombiniert; zwischen Zmuttgrat und Bonatti-Führe (Nordwand).

Furggengrat
1000 m, V—VI, kombiniert, 9 bis 11 Stunden.

Nordwand
1000 m. Durch diese finstere Wandflucht verlaufen zwei Anstiege, die zu den schwierigsten Unternehmungen im gesamten Alpenraum zählen.

Ostwand
1000 m, unterer Teil bis zu 50 Grad, Gipfelaufbau V—VI, 12 bis 14 Stunden; objektiv gefährlich.

Abstieg
Entweder über den Hörnligrat in 3—4 Stunden zur Hörnlihütte oder über den Liongrat in der gleichen Zeit zur Luigi-Amedeo-Hütte.

KARTEN/FÜHRER

Landeskarte der Schweiz 1:50 000 Blatt Arolla (283), Blatt Mischabel (284).
Königer/Weh, Walliser Alpen.
SAC, Walliser Alpen, Band II.

ANSTIEGSSKIZZE:

Die Ostseite des Matterhorns mit der Hörnligrat-Führe (punktiert), der Ostwand (1) und dem Furggengrat (2).

Grand Combin 4314 m

Gefährlicher Modeberg

TOURISTISCHE ANGABEN

HÜTTEN

Panossièrehütte, 2671 m, SAC, 61 Schlafplätze; über dem Ostufer des Corbassièregletschers; bewartet von Juli bis September. Von Fionnay, 1489 m, im Val de Bagnes 4 bis 5 Stunden.

Valsoreyhütte, 3030 m, SAC, 23 Schlafplätze; unterhalb des Meitin-Gletschers; bewartet an Samstagen vom 1. Juli bis 15. September. Von Bourg Saint Pierre, 1634 m, im Val d'Entremont 5 Stunden.

Amianthehütte, 2980 m, CAI, 15 Schlafplätze; südlich des Col d' Amianthe. Schlüssel in Ollomont beim Hüttenwart. Von Vaud, 1476 m, im Val d' Ollomont 3½ Stunden.

TOURENMÖGLICHKEITEN

Von Norden (Normalanstieg)
1500 m, I, 7—8 Stunden.
Von der Panossièrehütte auf den Corbassièregletscher und auf die große Gletscherrampe („Corridor"), die sich links ansteigend durch das Combin-Massiv zieht. Von ihrem obersten Ende (etwa 4090 m) rechts über die Steilflanke der Mur de la Côte und an der Aig. du Croissant vorbei zum Hauptgipfel (Pointe de Graffenaire). Von hier ½ Std. zum Combin de Valsorey.

Skiaufstieg
Von Norden wie beim Normalanstieg; Skidepot an der Mur de la Côte. — Beim Aufstieg über den Westgrat das letzte Stück zum Col du Meitin zu Fuß!

Westgrat
580 m, II+, kombiniert, 4 Std.
Von der Valsoreyhütte in 2 Stunden, von der Panossièrehütte in 4 Stunden zum Col du Meitin, 3609 m. Nun über die drei ausgeprägten Steilstufen zum Gipfel des Combin de Valsorey.

Eigentlich ist es eine ganze Gruppe, die sich im westlichen Wallis zwischen Val d'Entremont, Val de Bagnes und Col des Sonadon ausbreitet. Wenn man aber vom Grand Combin spricht, so ist die gewaltige, eisgepanzerte Berggestalt gemeint, die von vier, zum Teil schwach ausgeprägten über 4000 Meter hohen Punkten gekrönt wird und das Herzstück der Gruppe darstellt.

Die anderen Gipfel werden nur höchst selten bestiegen. Auch der Combin de Boveyre, 3663 Meter, der Combin de Corbassière, 3715 Meter, und der Petit Combin, 3672 Meter. Sie bilden nördlich des Massivs eine Untergruppe.

Von der Panossièrehütte gesehen stellt die eisige Einheit schlechthin das Idealbild eines großen Westalpenberges dar. Ein Anblick, der sofort fasziniert, und der an Mächtigkeit fast nicht mehr zu überbieten ist. Von Norden erfolgte auch die erste Besteigung, und zwar am 20. Juli 1857 durch die Jäger Benjamin und Maurice Felley sowie Jouvence Bruchez aus dem Val de Bagnes. Ihre Route durch den sogenannten „Corridor" ist heute der meistbegangene Aufstiegsweg. Dabei kann der Combin de Tsessetta, 4141 Meter, mitgenommen werden, bevor man sich an den Weiterweg über die Aiguille du Croissant, 4250 Meter, zur Pointe de Graffenaire, 4314 Meter, dem Hauptgipfel, macht. In diesem Zusammenhang wird von den meisten Seilschaften auch noch der sich westlich erhebende Combin de Valsorey, 4184 Meter, bestiegen. Dann können nämlich vier Viertausender im Tourenbuch vermerkt werden.

Als Skiberg wurde der Grand Combin erst von dem 1967 verstorbenen Schweizer Marcel Kurz entdeckt. Das war im Winter 1907, als Kurz mit seinem Freund Roget und dem Führer Crettez den Gipfel betrat. Ihre Nachfolger kann man heute nicht mehr zählen. Häufig sind es Begeher der Haute Route, die entweder über das Plateau du Couloir (Skidepot) und im Anschluß durch die Südflanke aufsteigen, oder die leichtere Route wählen und ihre Spuren durch den „Corridor" legen.

Wenn auch dieser Anstieg keine nennenswerten Schwierigkeiten bietet, so kann er bei zu spätem Aufbruch von der Hütte sehr gefährlich werden, da über der Rampe des „Corridor" mächtige Hängegletscher drohen.

Von Süden, von der Valsoreyhütte, wird der Gipfel nicht so häufig bestiegen, obwohl der Südwestgrat und die Südwand abwechslungsreiche Kletterei in einer großartigen landschaftlichen Szenerie vermitteln. Sehr lohnend ist der Westgrat in Verbindung mit einer Überschreitung des Bergstockes. Muß man wieder zur Valsoreyhütte, so erfolgt der Abstieg am günstigsten über den Südostgrat zum Col de Sonadon und von dort in westlicher Richtung zur Hütte. Hat man die Panossièrehütte als Stützpunkt, steigt man durch den „Corridor" ab.

Südwand

620 m, I—II, kombiniert, 3 Stunden.
Vom Plateau du Couloir in den Sattel zwischen Pointe Graffenaire und Combin de Valsorey. Von dort entweder in $^{3}/_{4}$ Stunden auf den Hauptgipfel oder in $^{1}/_{2}$ Stunde auf den Combin de Valsorey.

Direkte Südwand

600 m, kombiniert, objektiv sehr gefährlich.

Südwestgrat

1150 m, II, kombiniert, 7 bis 9 Stunden von der Valsoreyhütte.

Nordwestwand

700 m, bis 60 Grad, 5—7 Stunden. Von der Valsoreyhütte in $2^{1}/_{2}$ Stunden, von der Panossièrehütte in 3 Stunden zum Einstieg in Gipfelfallinie. Der Direktanstieg endet auf dem Gipfel des Combin de Valsorey.

Abstieg

Auf dem Normalanstieg in 4 Stunden zur Panossièrehütte oder über den Westgrat in 3 Stunden zur Valsoreyhütte.

KARTEN/FÜHRER

Landeskarte der Schweiz 1:50 000 Blatt Arolla (283), Valpelline (293).
Königer/Weh, Walliser Alpen.
SAC, Alpes Valaissanes, Band I.

Julius Kugy scheiterte und biwakierte

Schon einmal wartete Julius Kugy, der große Bergsteiger aus Triest, der „König der Julischen Alpen“, mit seinem Gefährten im Aostatal auf eine Wetterbesserung, um den Grand Combin in seine Gipfelsammlung mit einzuverleiben. Damals war aber nichts daraus geworden.
Ein Jahr später kamen die beiden wieder. Diesmal in Begleitung der Führer Josef Croux und Savoye sowie des Trägers Henry Brocherel aus Courmayeur. Und wieder schien ihnen der Wettergott nicht gnädig gesonnen zu sein, denn schon gegen Mittag zogen dichte Nebel auf und vereitelten den Weiterweg, da selbst die Führer auf dem Corbassièregletscher Orientierungsschwierigkeiten hatten und Kugy kein Risiko eingehen wollte. Was tun? „Hier bleiben, ins Eis eingraben“, schlug Kugy seinen Begleitern vor. „Von 5 bis 7 Uhr abends hatten unsere Pickel eine Eisgrotte hergestellt, die vielleicht zwei Meter in der Breite, eineinhalb Meter in der Tiefe und ebensoviel in der Höhe maß. Vorne, dem Abgrund zu, vermauerten wir sie mit Eisblöcken und ließen nur eine kleine Öffnung frei, durch welche wir hineinkriechen konnten. Dann zogen wir mit den Pickeln einen bereitgestellten großen Eiswürfel in die Türfüllung, schlossen alles möglichst dicht und verkleisterten die Fugen in der Vorderwand fest mit Schnee, daß kein Lufthauch hereindringen konnte.
Da saßen wir nun auf den Seilen und den Handschuhen in unserer engen Eisschachtel und schauten uns hochbefriedigt und vergnügt an. Eine Kerze spendete Licht, Zigarren hatten wir genügend, und so qualmten und erzählten wir darauf los. Ab und zu nahm ich meinen Freund her und massierte ihn. Draußen zog eine eiskalte Nacht vorüber, der Sturmwind heulte und fegte über die Eiswände.
Um 5 Uhr stemmten wir unsere Füße gegen die hartgefrorene Vordermauer. Sie gab bald nach, die Blöcke kollerten die Eishalde hinab, der Blick war frei, und in der Morgensonne lag die Schweiz unter uns. Alle Eisgipfel waren in Gold getaucht. Da beglückwünschten mich alle zu meinem Geburtstag; es war der 19. Juli.“
Der rasende Sturm vereitelte aber eine Fortsetzung der Tour. Aus etwa 4000 Meter stiegen die Seilschaften wieder dem Tal entgegen.

ANSTIEGSSKIZZE:

Von Norden führt der Normalanstieg (punktiert) durch den sogenannten „Corridor“ zum höchsten Punkt des Grand Combin; rechts der Westgrat.

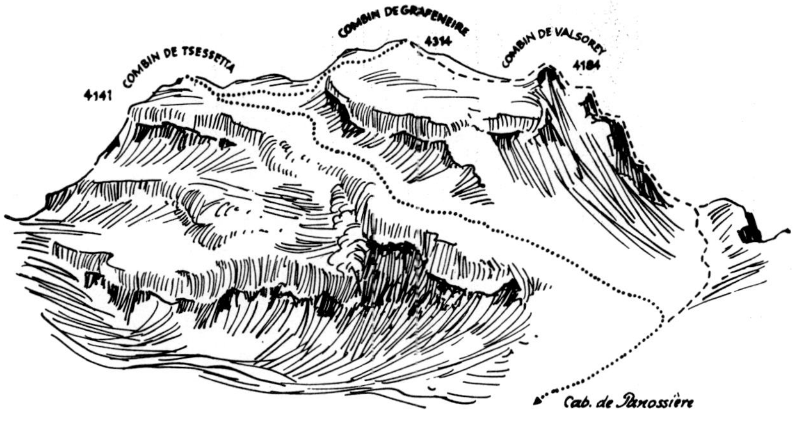

Am „Corridor“ des Grand Combin, durch den der Normalweg von Norden verläuft.

Lenzspitze 4294 m

Schönste Eiswand der Alpen?

Die Lenzspitze erhebt sich in dem Grat zwischen Dom (südlich) und Nadelhorn (nördlich) bzw. in dem langen Nord-Süd-Kamm der Mischabel-Kette, der vom Alphubel bis zum Dürrenhorn reicht und dessen 3½ Kilometer lange Gneiskette den Talgrund von Zermatt von dem Saaser Tal trennt.
Wenn die Lenzspitze auch vom Hohberg-Gletscher, also von der Zermatter Seite, keinen überwältigenden Eindruck vermittelt, so fasziniert ihre gleichmäßige Firnpyramide besonders vom Ulrichshorn aus jeden Bergsteiger. Und von dieser Seite, von der Mischabelhütte, erfolgen auch die meisten Besteigungen. Vornehmlich über den ONO-Grat, der wohl den III. Grad nie überschreitet, aber bei schlechten Verhältnissen schon viele Bergsteiger zum Rückzug gezwungen hat, da dann die Bewältigung des Großen Gendarmen zum Problem werden kann. Sehr interessant ist in diesem Zusammenhang der Weiterweg zum Nadeljoch (½ Stunde) und über die Türme zum Nadelhorn (2 Stunden), über dessen Nordostgrat (1 Stunde) zum Windjoch und über den Hohbalen-Gletscher wieder zum Stützpunkt zurück.
Die Nordostwand — sie hatte dreißig Jahre nach ihrer Erstdurchsteigung am 7. Juli 1911 durch Dietrich von Bethmann-Hollweg mit Oskar und Othmar Supersaxo erst fünf Wiederholungen — wird in den letzten Jahren häufig durchstiegen und gehört zu den schönsten Eiswänden der Walliser Alpen. Dabei wird meistens der direkte Anstiegsweg von Hans Frei (20. Juli 1933) gewählt, weil dieser unmittelbar auf dem Gipfel endet.
Nicht empfehlenswert und nur der Vollständigkeit halber erwähnt ist die Route der Erstbesteiger Clinton T. Dent, Alexander Burgener und Franz Burgener (1870) durch die Nordostflanke zum Nadeljoch und über den Nordwestgrat zum Gipfel.
Das Nadeljoch wird nur noch bei Überschreitungen betreten. Allerdings kann der Abstieg durch die Nordostflanke (bei guten Verhältnissen) für geübte Steigeisengeher unkomplizierter sein, als der über den ONO-Grat, wenn auf diesem schlechte Verhältnisse vorherrschen.
Geht man von der Domhütte aus, kommt nur der Südgrat in Frage. Dabei berührt man aber nicht das Lenzjoch, sondern erreicht den Grat direkt vom Hohberg-Gletscher nördlich (links) des Großen Gendarmen. Das Lenzjoch selbst wird nur bei Überschreitungen zum oder vom Dom betreten.
Es ist selbstverständlich, daß an einem Berg, an dem die Jöcher bereits über der Viertausendmetergrenze liegen, Türme wie der Große Gendarm, 4091 Meter, im ONO-Grat und der im Südgrat, 4212 Meter, nicht als selbständige Gipfel bezeichnet werden können, zumal die Lenzspitze selbst im Grunde genommen nur eine Graterhebung darstellt, die sich aber seit der „Entdeckung" der Nordostwand im Gegensatz zu früheren Jahren, als mit einer Begehung des ONO-Grates der Weiterweg zum Nadelhorn verbunden war, zu einem populären Viertausender entwickelt hat.

TOURISTISCHE ANGABEN

Hütten

Mischabelhütte, 3329 m, AACZ 60 Schlafplätze; zwischen Distelhorn und P 3814 des Lenzspitze-Ostgrates; von Mitte Juni bis Mitte September bewartet. Von Saas-Fee, 1790 m, 4 Stunden.

Domhütte siehe Dom (Seite 100).

Tourenmöglichkeiten

Ostnordostgrat (Normalanstieg)
700 m, II—III, kombiniert, 3 bis 4 Stunden.
Von der Mischabelhütte in ¾ Stunden zu P 3620, wo der Grat ansetzt. Auf dem Grat und rechts (nördlich) von P 3814 vorbei zum Großen Gendarm, von dem man sich 5 m abseilt. Nun auf dem waagrechten Grat zum „Frühstücksplatz" und in der Folge in brüchigem Fels zum Firngrat, der auf den Gipfel führt.

Nordwestgrat
100 m, I—II, kombiniert, 1 Stunde. Von der Mischabelhütte in 3 bis 5 Stunden durch die Nordostwand (bis 45 Grad) auf das Nadeljoch, 4213 m, und über den Grat zum Gipfel. Der Zugang von der Domhütte zum Nadeljoch (5 Stunden) ist wegen der Brüchigkeit der westseitigen Felsen nicht zu empfehlen.

Tiefblick in die Nordostwand der Lenzspitze, die zu den klassischen und schönsten Eisanstiegen im Wallis gehört.

Nordostwand

500 m, bis 55 Grad, 4—5 Stunden. Von der Mischabelhütte in 2 Stunden über den Hohbalen-Gletscher zum Einstieg etwas rechts der Gipfelfallinie. Nun so direkt wie möglich zum höchsten Punkt.

Südgrat

200 m, I—II, kombiniert, 2 Stunden.
Von der Domhütte über den Festi-Gletscher und den Hohberg-Gletscher in 4½ Stunden auf den Grat, der nördlich des Großen Gendarmen erreicht wird. Über ihn, am Schluß links durch ein Couloir zum Gipfel.

Südostwand

700 m, III, kombiniert, 6 bis 8 Stunden von der Mischabelhütte; objektiv gefährlich.

Südwestwand

350 m, II, kombiniert, 5 Stunden von der Domhütte; objektiv gefährlich.

Abstieg

Über den ONO-Grat in 3 Stunden zur Mischabelhütte, über den Südgrat in 3½ Stunden zur Domhütte.

Karten/Führer

Landeskarte der Schweiz 1:50 000 Blatt Mischabel (284).
Königer/Weh, Walliser Alpen.
SAC, Walliser Alpen, Band IV.

Das Angesicht des Berges

Karl Blodig

Im fernen Land, zwar nicht unnahbar unseren Schritten, doch trotzig und reizvoll, der herben Gebirgsmaid gleich, die sich nicht dem ersten Besten ergibt, sondern heiß umworben und kühn erobert sein will, steht eine Felsenburg; zu ihren Füßen breitet sich als herrlichster Teppich manch wild zerklüfteter, blau schillernder Gletscher aus, der prächtige Leib ragt schlank in die Lüfte, den lichten Scheitel aber trägt sie mit glitzerndem Firndiadem umwunden; das ist die Südlenzspitze.
In dem großen Gebirgsrund, das sich über Zermatts gepriesenen Triften erhebt, wüßte ich keine Spitze zu nennen, der sie nicht an die Seite gestellt werden könnte. Man muß sie von Osten gesehen haben, etwa vom Ulrichshorn oder von einer der Erhebungen des Saasgrates aus, wie sie so zierlich und adlig zwischen dem massigen Dom und dem dunklen Nadelhorn dasteht; die Brust der verführerischen Nixe ist mit grünlichem Schuppenpanzer, der hier freilich aus Eis geformt ist, bewehrt. Wer die hehre Schönheit erschaut, trägt eine unbezwingliche Sehnsucht nach ihrer Überwindung mit sich herum.
Keine einzige launenhafte Form stört die abgeglichene Schönheit des Gesamtbildes, in großen, wahrhaft klassischen Linien streben die Firn- und Felsgrate zu den herrlichen Spitzen empor. Den größten Eindruck macht, wenn man in Fee angelangt ist, die Südlenzspitze; sie schwingt sich unter dem steilsten Winkel auf und erscheint als höchste aller Erhebungen. Burgener zeigte uns den schmalen Grat, über den wir sie am folgenden Tage bezwingen müßten; ihr zunächst steht der Dom, der es sich gefallen lassen muß, daß seine höchste Spitze durch einen vorstehenden Turm von riesigen Verhältnissen stark überhöht erscheint; am schlimmsten aber kommt das Täschhorn weg, das in der Linie, die vom Dom zum Mischabeljoch sich absenkt, nur als eine mäßige Rückfallkuppe hervortritt. Um so stolzer brüsten sich Alphubel und Allalinhorn in fleckenlosem Firntalare, da ja einmal der Augenblick gekommen zu sein scheint, wo die wahrhaft Großen für einige Zeit der Ungunst der äußeren Verhältnisse weichen müssen.

Anstiegsskizze:

Die Mischabelhütte ist Ausgangspunkt für die Normalanstiege (punktiert) auf das Nadelhorn (Nordostgrat) und die Lenzspitze (Ostnordostgrat); 1 = Lenzspitze-Nordostwand, 2 = Nordostwand—Nordwestgrat, 3 = Nadelhorn-Ostwand.

Lenzspitze-Nordostwand. Im rechten Teil der Flanke kann man zum Nadeljoch aussteigen und den Nordwestgrat erreichen; der Ostnordostgrat (Normalweg) führt von links zum Gipfel.

Nadelgrat

Ein Viertausender nach dem anderen (4327 m, 4242 m, 4219 m, 4034 m)

Nadelhorn

TOURISTISCHE ANGABEN

HÜTTEN

Mischabelhütte siehe Lenzspitze (Seite 88).

Domhütte siehe Dom (Seite 100).

TOURENMÖGLICHKEITEN

Nordostgrat (Normalanstieg)
500 m, I, kombiniert, 2½ Stunden. Von der Mischabelhütte in 1½ Stunden zum Windjoch, 3850 m. Über den breiten Firngrat und später im Fels (teilweise brüchig) auf den Gipfel.

Südostgrat
110 m, II—III, kombiniert, 1½ bis 2 Stunden.
Der Grat fußt im Nadeljoch, 4213 m, und wird fast ausschließlich nur im Rahmen einer Überschreitung Lenzspitze — Nadelhorn begangen.

Nordwestgrat
110 m, I—II, kombiniert, ¾ Stunden vom Stecknadeljoch.
Dieser Grat ist nur bei einer Überschreitung von Bedeutung.

Südwestflanke
600 m. Von den zwei Anstiegen führt der nördlichste zum Nordwestgrat.

Nordwand
700 m, bis 50 Grad, 4—6 Stunden.

Abstieg
Über den Nordostgrat in 1 Stunde zum Windjoch. Von hier in einer weiteren Stunde zur Mischabelhütte.

Auf dem Nadelgrat. Auf- bzw. absteigende Bergsteiger am Nadelhorn.

Als Nadelgrat bezeichnet man den vom Nadelhorn nordwestlich zum Galenjoch abfallenden Grat, der außerdem den Abschluß der Mischabel-Kette bildet. Von den vier über viertausend Meter hohen Gipfeln in diesem Grat kann lediglich das Nadelhorn Selbständigkeit für sich in Anspruch nehmen, so daß die anderen Erhebungen nur ganz selten, außer bei einer Überschreitung des Nadelgrates, erklommen werden. Daher wurden sie auch zusammengefaßt, aus Gründen der Übersicht jedoch einzeln aufgeführt.
Eine Überschreitung des Nadelgrates zählt zu den beliebtesten Grattouren der Westalpen, vor allem seit die Bordier-Hütte als Stützpunkt zur Verfügung steht. Marcel Kurz und Josef Knubel waren die ersten, die es mit dem Grat von Nordwesten her aufnahmen und ihn in seiner ganzen Länge überkletterten — am 13. Oktober 1927. Vorher allerdings, im Sommer 1892, bewältigte bereits eine Seilschaft unter Führung von Christian Klucker — sie waren von der Domhütte ausgegangen — den Teilabschnitt Hohberghorn — Lenzspitze. Ganz genau wollten es Adrian Mazlam und Josef Knubel im Juni 1916 wissen: Sie überkletterten den Grat von der Lenzspitze bis zum Galenpaß und setzten ihre Tour dann auch noch über den Galengrat fort.
Wenn auch der eigentliche Nadelgrat erst beim Nadelhorn beginnt, so wird von vielen Seilschaften noch die Verbindung Lenzspitze — Nadelhorn als „Zugabe“ mit in dieses Unternehmen eingeschlossen. Dabei taucht die Frage auf, in welcher Richtung der Grat am besten zu bewältigen ist. Das hängt von den Verhältnissen ab. Sind diese in den Firnpassagen gut, so ist das Nadelhorn als Anfangspunkt zu empfehlen.
Wohl überschreiten die Schwierigkeiten an keiner Stelle den III. Grad (bei guten Verhältnissen), doch darf die Tour keineswegs unterschätzt werden, denn man ist allein auf dem Grat 5 bis 7 Stunden unterwegs. Dazu kommen noch der Aufstieg von der Mischabelhütte zum Nadelhorn und der Abstieg vom Galenjoch zur Bordier-Hütte. Vor Antritt sollte man sich unbedingt über die im Falle eines Wettersturzes möglichen Abstiegsrouten unterrichten.
In der Folge die stichwortartige Zusammenfassung der Überschreitung vom Nadelhorn aus:
Nadelhorn-Nordwestgrat (Abstieg ½ Stunde), Stecknadelhorn-Südostgrat (Aufstieg 10 Minuten), Stecknadelhorn-Nordwestgrat (Abstieg ¼ Stunde), Hohberghorn-OSO-Grat (Aufstieg 20 Minuten), Hohberghorn-Nordwestgrat (Abstieg 1 Stunde), Dürrenhorn-Südostgrat (Aufstieg ¾ Stunden), Dürrenhorn-Nordgrat (Abstieg 2 Stunden bis zum Galenjoch).
Eisgeher der scharfen Richtung können aber auch mit der Nadelhorn-Nordwand, der Stecknadelhorn-Nordwand oder der Hohberghorn-Nordostwand beginnen. Ganz wilde Burschen haben schon an den Beginn der Überschreitung die Lenzspitze-Nordostwand gestellt.

Nadelhorn *4327 m*

Als Übergang der Mischabel-Kette in den Nadelgrat ist das Nadelhorn der einzige Gipfel des gleichnamigen Grates, bei dem das Horn auch zutrifft. Wird der Gipfel nicht anläßlich einer Nadelgrat-Begehung erstiegen, dann in den meisten Fällen von der Lenzspitze her mit Abstieg zum Windjoch. Für diese interessanteste Tour am Nadelhorn ist die Mischabelhütte der günstigste Stützpunkt. Von dieser Seite, vom Windjoch über den Nordostgrat, erfolgte auch die erste Besteigung durch Josef Zimmermann, Alois Supersaxo, Baptiste Epiney und Franz Andenmatten am 16. September 1858 zu dem Zweck, auf dem Gipfel ein trigonometrisches Signal aufzustellen.
Hat man die Domhütte zum Stützpunkt für eine Besteigung des Nadelhorns bestimmt (weniger günstig), so bieten sich in der Südwestflanke zwei Routen für den Aufstieg an. Während die Direktführe im oberen Teil schwierig (III) ist, endet der Originaldurchstieg auf dem Nordwestgrat. Nadelgrat-Aspiranten lassen hier die Rucksäcke zurück, um auch noch das Nadelhorn (in 1/4 Stunde) mitzunehmen.

Stecknadelhorn *4242 m*

Es lohnt sich fast nicht, das Stecknadelhorn in diesem Rahmen zu erwähnen, da es sich von allen Gipfeln des Nadelgrates am wenigsten heraushebt. Es ist lediglich eine felsige Erhebung des Grates vom Nadelhorn zum Hohberghorn und rechtfertigt seinen Namen nur durch die Ähnlichkeit mit einer Stecknadel im Reigen der anderen Gipfel. Seine Erstbesteigung vollbrachten Oscar Eckenstein und Matthias Zurbriggen am 8. August 1887 über den Nordwestgrat vom Stecknadeljoch her bzw. von der Domhütte. Das ist zugleich der beste Zugang von dieser Unterkunft für eine teilweise Begehung des Nadelgrates zum Dürrenhorn im Nordwesten oder zum Nadelhorn im Südosten.
Interessant für Westalpenneulinge ist die Nordostwand. Dort können sie sich auf größere Eiswände vorbereiten und werden mit westalpinen Dimensionen vertraut.

Hohberghorn *4219 m*

Als einziger Firngipfel des Nadelgrates erhebt sich das Hohberghorn in der Mitte des Grates und wird, wie auch die anderen Gipfel, nur höchst selten einmal als selbständige Tour bestiegen. Allerdings beginnen manche Seilschaften, die von der Domhütte kommen, erst hier mit einer Begehung des Grates zum Nadelhorn. Zu diesem Zweck folgt man dem Weg der Erstbesteiger, R. B. Heathcote, Franz Biner, Peter Perren und Peter Taugwalder Sohn (1869) über den Hohberg-Gletscher zum Stecknadeljoch und über den OSO-Grat zum Gipfel. Außer dem Normalanstieg kann lediglich noch die rassige Nordwand als Anstieg auf das Hohberghorn genannt werden. Diese Eisflanke ist seit ihrer Erstdurchsteigung, am 29. Juli 1910, durch O. K. Williamson mit Jean Maitre, Heinrich Fuchs, H. Symons und Franz Lochmatter noch nicht allzuoft wiederholt worden, obwohl ihre maximale Neigung nur 50 Grad beträgt.

Karten/Führer

Landeskarte der Schweiz 1:50 000 Blatt Mischabel (284).
Königer/Weh, Walliser Alpen.
SAC, Walliser Alpen, Band IV.

Stecknadelhorn

TOURISTISCHE ANGABEN

Hütten

Bordier-Hütte, 2886 m, SAC, 50 Schlafplätze; auf dem rechten Ufer des Riedgletschers; von Anfang Juli bis Anfang September bewartet. Von Grächen, 1617 m, 4 1/2 Stunden über die Hütten von Alpja.

Mischabelhütte siehe Lenzspitze (Seite 88).

Domhütte siehe Dom (Seite 100).

Tourenmöglichkeiten

Nordwestgrat (Normalanstieg)

100 m, I+, kombiniert, 1 Stunde. Von der Domhütte in 4 1/2 Stunden auf das Stecknadeljoch, 4146 m. Beim Weiteraufstieg hält man sich rechts (südlich) des Kammes auf Bändern.

Südostgrat

25 m, I, 10 Minuten. Wird nur bei einer Überschreitung des Nadelgrates begangen.

Nordwand

350 m, bis 50 Grad, 3—4 Stunden. Von der Bordier-Hütte in 4 Stunden, von der Mischabelhütte in 2 1/2 Stunden zum Einstieg der Nordwand, die in Gipfelfallinie durchstiegen wird.

Südwestwand

400 m, III+, kombiniert, 3 bis 4 Stunden; Steinschlag.

Nordostgrat

250 m, III+, kombiniert, 3 Stunden.

Nadelhorn (links) und Stecknadelhorn (rechts) vom Ulrichshorn.

Dürrenhorn 4034 m

Mit der Überschreitung des Dürrenhorn-Massivs — es besteht aus dem Klein-Dürrenhorn (3889 Meter) und dem Hauptgipfel — endet bzw. beginnt der Nadelgrat. Bereits von der Bordier-Hütte aus ist das Dürrenhorn, wie ein großer Teil des Nadelgrates überhaupt, sichtbar, erscheint aber von der Form her nicht besonders interessant. Vom Domgipfel jedoch kann dem Berg mit einiger Fantasie das „Horn" zugesprochen werden, auch dem vorgelagerten Hohberghorn, während diese Gipfel vom Balfrin (im Osten) aus gesehen breite Massive darstellen.
Gleich den anderen Graterhebungen ist das Dürrenhorn nur eine Etappe auf dem großartigen Weg vom Nadelhorn zum Galenjoch oder umgekehrt. Als leichtester Anstieg gilt der Südostgrat, der im Hohbergjoch ansetzt. Der Nordgrat, im Dürrenjoch fußend, ist etwas schwieriger und wesentlich länger, wenn man, wie es üblich ist, am Galenjoch einsteigt und über das Klein-Dürrenhorn den Hauptgipfel erreicht. Die Erstbegeher, die ersten auf dem Gipfel überhaupt, A. F. Mummery und William Penhall mit den Führern Alexander Burgener und Ferdinand Imseng, begingen am 7. September 1879 den Grat jedoch erst vom Dürrenjoch an.

Der Nadelgrat

Karl Blodig

Es war elf Uhr, als wir die Zinne des Nadelhornes betraten. Die Durchsichtigkeit der Luft war eine so außerordentliche, wie sie nur nach anhaltendem Unwetter ein bis zwei Tage anzudauern pflegt. In ungeahnter Klarheit lag die italienische Ebene mit ihren Flüssen, Seespiegeln und großen Städten da, Apennin und Schwarzwald waren trefflich sichtbar.
Mit Zuhilfenahme unserer Körperwärme gelang es uns, etwas Schnee, der auf der Nordseite ausgiebig lag, in Wasser zu verwandeln, und Compton bannte mit Hilfe dieses und seiner Palette den Nadelgrat in sein Skizzenbuch. Es wurde aber richtig Nachmittag, bis wir die verschneiten Felsen des Nordwestgrates hinabstiegen und uns dem unbenannten Sattel zwischen Nadelhorn und Stecknadelhorn näherten. Der Weg dahin ist überaus an-

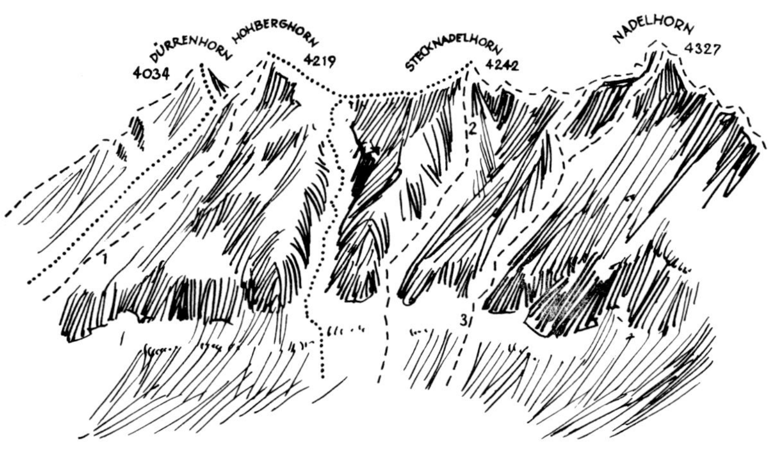

Abstieg
Über das Stecknadeljoch in 3 Stunden zur Domhütte, durch die Südostflanke (bei guten Eisverhältnissen) in $2^1/_2$ Stunden zur Mischabelhütte.

KARTEN/FÜHRER

Landeskarte der Schweiz 1:50 000
Blatt Mischabel (284), Visp (274).
Königer/Weh, Walliser Alpen.
SAC, Walliser Alpen, Band IV.

Hohberghorn

TOURISTISCHE ANGABEN

HÜTTEN

Mischabelhütte siehe Lenzspitze (Seite 88).

Domhütte siehe Dom (Seite 100).

Bordier-Hütte siehe Stecknadelhorn (Seite 94).

TOURENMÖGLICHKEITEN

Ostsüdostgrat (Normalanstieg)

70 m, I, 20 Minuten.
Von der Domhütte in $4^1/_2$ Stunden auf das Stecknadeljoch, 4146 m. Weiter über den Firngrat zum Gipfel.

Nordwestgrat

300 m, I—II, kombiniert, 2 Stunden.
Von der Bordier-Hütte in 4 Stunden (ebenso von der Dom- und Mischabelhütte) auf das Hohbergjoch, 3917 m. Vom Joch über den kombinierten Grat zum Gipfel.

ANSTIEGSSKIZZE:

Der Nadelgrat mit Dürrenhorn-Normalanstieg, Hohberghorn-Westwand (1) und Normalweg (punktiert), Stecknadelhorn-Westkante (punktiert) und Südwestwand (2), sowie Nadelhorn-Südwestflanke (3).

Westkante

700 m, III, kombiniert, 7 Stunden. Der Anstieg verläuft über die rechte (südliche) Kante. Die Hauptschwierigkeiten liegen im unteren Teil.

Nordostwand

320 m, bis 50 Grad, 2 Stunden. Von der Mischabelhütte in 3 Stunden, von der Bordier-Hütte in 4¹/₂ Stunden zum Einstieg. Die Route verläuft in Gipfelfallinie.

Abstieg

Über den OSO-Grat in 2¹/₂ Stunden zur Domhütte.

KARTEN/FÜHRER

Wie Stecknadelhorn.

Dürrenhorn

TOURISTISCHE ANGABEN

HÜTTEN

Siehe Hohberghorn

TOURENMÖGLICHKEITEN

Südostgrat (Normalanstieg)

120 m, I, ³/₄ Stunden.
Von der Bordier-, Dom- oder Mischabelhütte in 4 Stunden auf das Hohbergjoch, 3917 m. Von hier über den teilweise brüchigen Felsgrat zum Gipfel.

Nordgrat

700 m, I—II, 3¹/₂ Stunden.
Von der Bordier-Hütte in 3 Stunden zum Galenjoch, 3304 m. Immer auf dem Grat über Geröll und Blockwerk auf das Klein-Dürrenhorn. Kurzer Abstieg in das Dürrenjoch und über den Felsgrat zum Hauptgipfel.

Südwestgrat

1000 m, I—II, kombiniert, 8 Stunden.
Von Randa, 1439 m, in 2¹/₂ Stunden durch das Birchbachtal zur Hohberghöhle (guter Biwakplatz für 2 Personen). Von hier fast immer auf dem Grat zum Gipfel.

Westwand

600 m, II, kombiniert, 6—8 Stunden; brüchig und objektiv gefährlich.

regend. Zuerst seilten wir uns zweimal über vereiste Platten ab, dann gab es eine kurze Hackerei über einen scharfen Firngrat; gleich danach zwangen uns mehrere, aus lockerem Gestein bestehende, höchst seltsam geformte Felstürme zu einer Umgehung des Grates nach Westen hin; die steile Eisfläche, auf deren oberstem Teile wir trotz unserer Steigeisen tiefe Stufen schlagen mußten, führt unvermittelt nach dem Hohberg-Gletscher hinunter; klirrend flogen die unter unseren Pickelhieben ausbrechenden Eisschollen hinab, bis sie den Blicken unterhalb eines Bergschrundes entschwanden; unter einigen Felsvorsprüngen wanden wir uns kriechend durch, dann noch wenige Minuten Kletterns, und wir standen auf dem Stecknadelhorn. Unsere Verwunderung war groß, als uns die Uhr belehrte, daß wir für den Weg vom Nadelhorn hierher eine volle Stunde benötigt hatten; der öftere Wechsel des zu überwindenden Geländes ließ uns die dafür aufgewendete Zeit wie im Fluge verstreichen.

Um halb zwei klappte Compton seine Mappe zu; ich hatte den weiteren Weg etwas ausgekundschaftet, so daß wir uns ohne weitere Umstände über die steilen Felsen am Seile hinabließen; ohne dieses Hilfsmittel wäre es wohl auch gegangen, aber in unserem Falle war die Zeit gar kostbar. Eine abwechslungsreiche, spannende Kletterei über mehrere Gratzacken brachte uns zu einem schmalen, aber glücklicherweise nicht zu steilen Firngrate, der gegen einige kühne Felsnadeln führte; das brüchige Gestein ließ diesmal eine Umgehung geraten erscheinen; bald darauf standen wir im flachen Sattel am Ostfuß des Hohberghorns. Es war ein Viertel nach zwei, als wir die Steigeisen anschnallten. Der Grat zum Hohberghorn besteht aus lauterem Eise; gen Südwesten hingen große Wächten hinaus, gegen Nordosten fällt der Firn gegen den Riedgletscher hinab. Die Nachmittagssonne hatte den Hang hinlänglich erweicht, so daß es nur zuweilen einer Stufe bedurfte, um trotz der Steilheit des Firns fortzukommen; eine gewisse Vorsicht war aber dennoch geboten, da zu unserer Rechten gleichlaufend mit dem Grate eine lange Reihe von Löchern sich hinzog; im Spätsommer dürfte die Firnmasse dort vom Grate sich allmählich ablösen und in ganzer Ausdehnung nach dem Riedgletscher hinabstürzen. Der Wächten zur Linken halber galt es da, sich vorsichtig prüfend zwischen Scylla und Charybdis durchzuwinden. Eine Viertelstunde dauerte dieser alpine Eiertanz, dann betraten wir die völlig verschneite Gipfelhaube des Hohberghorns. Obgleich wir uns hier 108 Meter niedriger als das Nadelhorn und etwa 10 Meter tiefer als das Stecknadelhorn befinden, überragen wir immer noch das gewaltige Zinal-Rothorn.

Man erblickt von hier aus wie nirgends sonst den Aufbau des Stecknadelhorns, wie es, durch mächtige Strebepfeiler gestützt, aus dem Firnbecken des Hohberg-Gletschers sich aufschwingt, während an seiner Nordflanke unvergleichlich schöne Eisgebilde jener Firnwand entragen, die zum langgestreckten Riedgletscher sich hinabsenkt. Der oberste Gipfelaufbau dieses Berges zeigt von hier gesehen eine Reihe weit ausladender Felsbalken, die an die vorgekröpften Gesimse des Barock erinnern. Dahinter erhebt sich das mauergleich aufgetürmte Nadelhorn mit seinem senkrechten Absturze gegen den Hohberg-Gletscher. Das weitere Rund bildet die scharf geschnittene Pyramide der Südlenzspitze, zu ihrer Linken der prächtige Eisgrat, der zum Lenzjoch führt, zur Rechten die Felstürme des Nadeljochgrates, Gebilde von unübertroffener Wildheit.

Um halb fünf, als die Sonne schon merklich gegen Westen sich geneigt hatte, brachen wir (vom Hochbergjoch, Anm. d. Verf.) zur Ersteigung des vierten und wenigstens für diesen Tag letzten Viertausenders auf. Betrachtet man die Gegend, in der man sich befindet, so könnte man bei der Besteigung des Dürrenhorns vom Hohbergpasse aus meinen, daß man sich in den Niederen Tauern oder auf einem Ausläufer des Zillertales befinde. Ein Trümmerhang, der jeden Reizes entbehrt, führte uns hinan, erst in den oberen Teilen gibt es einige hübsche Kletterstellen, besonders wenn man, wie wir es taten, sich entlang dem Grate hält, statt in der Westflanke zu bleiben.
Wenn wir den Ausblick vom Hohbergpaß als recht beschränkt bezeichneten, so waren wir von der Rundschau, die das Dürrenhorn hat, hochbefriedigt.

Nordostwand

450 m, III+, kombiniert, 4 Stunden; objektiv gefährlich.

Abstieg

Über den Südostgrat in $2^1/_2$ Stunden zu den erwähnten Hütten.

KARTEN/FÜHRER

Siehe Hohberghorn.

Der Nadelgrat in seiner ganzen Länge: Lenzspitze, Nadelhorn, Stecknadelhorn, Hohberghorn, Dürrenhorn. Sämtliche Gipfel können auch im Rahmen selbständiger Bergfahrten bestiegen werden; besonders die Eiswände der Lenzspitze und des Hohberghorns gelten als lohnende Unternehmungen.

Überwältigend erheben sich vor allem die Spitzen des Nadelgrates, darunter wahrhaftig königlich das Hohberghorn; seine steile, nach dem Riedgletscher abgedachte Flanke ist mit prächtigen Firnbuckeln besetzt, deren Mehrzahl überhängend abbricht und nur einen geringen Anstoß zu erwarten scheint, um donnernd zu Tiefe zu stürzen. Zu Füßen dieses, an seiner Ostseite aus lauterem Eise bestehenden, zauberhaft schönen Berges dehnt sich der gewaltige Riedgletscher aus. Seine östliche Begrenzung bilden das Ulrichs- und Balfrinhorn, die jetzt, nachdem wir selbst nicht mehr gar zu hoch stehen, schon Eindruck zu machen beginnen. Nach Norden senkt sich unser Kamm ziemlich jäh zum Galenpasse ab; noch einmal nimmt er im Kleinen Dürrenhorn einen Aufschwung.

Dom 4545 m

Höchster Gipfel der Mischabel-Gruppe

Ganz deutlich durch zwei Scharten markiert, erhebt sich der Dom mehrere hundert Meter aus dem Gratverlauf der Mischabel-Kette vom Täschhorn (südlich) zur Lenzspitze (nördlich) und bildet den Kulminationspunkt der Gruppe. Außerdem ist er der höchste, ganz auf Schweizer Gebiet befindliche Berg. Wer jedoch annimmt, sein Name sei auf die Höhe zurückzuführen, oder weil er von der Lenzspitze aus gesehen wie ein riesiger Firndom erscheint, liegt nicht richtig. Der Berg wurde zu Ehren des Domherrn Berchtold getauft, denn dieser kirchliche Würdenträger hatte die Mischabel-Gipfel als erster vermessen.

Der Dom gehört zu den leichten Viertausendern, ist also auch ein Skigipfel. Der Normalanstieg über das Festijoch und durch die Nordflanke bietet keine ausgesprochenen technischen Schwierigkeiten, ist aber auch nicht besonders interessant, sondern eher eintönig. Anregender ist schon der Nordwestgrat vom Festijoch, über den auch die erste Besteigung — am 11. September 1858 durch J. L. Davies mit Johann Zumtaugwald, Johann Kronig und Hieronymus Brantschen — erfolgte und der auch den direktesten Zugang von der Domhütte vermittelt. Vor allem bei Neuschnee ist der Grat der Nordflanke vorzuziehen.

So häufig der Dom von der Zermatter Seite aus bestiegen wird, so wenig sieht man auf der Ostseite eine Seilschaft, obwohl dort der leichteste Zugang auf den Grat zwischen Täschhorn und Dom führt.

Sehr abwechslungsreich und im oberen Teil recht luftig ist die Kletterei auf dem Nordostgrat, wobei allerdings nicht verschwiegen werden darf, daß der Fels manchmal brüchig ist. Das gleiche gilt für den Südgrat, der im Domjoch fußt. Er wird oft bei der Überschreitung vom Täschhorn her begangen (weniger in umgekehrter Richtung), die ein hochalpines und bei ungünstigen Verhältnissen sehr langes Unternehmen darstellt.

Als Stützpunkt wählt man am besten die Domhütte, wenn der Gipfel auch (umständlich) von der Mischabelhütte angegangen werden kann. Die früher einmal als Stützpunkt wichtige Kienhütte ist seit der Fertigstellung der beiden genannten Hütten überflüssig geworden und verfällt langsam. Was das Hotel Längfluh in fast dreitausend Meter auf dem Fee-Gletscher betrifft, so kann diese Unterkunft trotz der Seilbahnverbindung mit Saas-Fee in keiner Weise für den Dom als ideal angesehen werden, da, wie schon erwähnt, die ostseitigen Anstiege nicht lohnend sind im Vergleich zu den Routen von Westen, Norden oder Süden.

Die Auswahl der Anstiege auf den Dom ist beim ersten Hinsehen groß. Doch bei eingehender Betrachtung gibt es keine Qual der Wahl, denn wirklich zu empfehlen sind nur die Nordflanke und der Nordwestgrat, allenfalls noch der Nordgrat, der jedoch für den Alpinisten der gemäßigten Richtung etwas zu schwierig ist.

TOURISTISCHE ANGABEN

Hütten

Domhütte, 2940 m, SAC, 45 Schlafplätze; unterhalb der Nordmoräne des Festi-Gletschers; von Mitte Juli bis Ende August bewartet. Von Randa, 1409 m, im Nikolaital 4 Stunden.

Hotel Längfluh siehe Allalinhorn (Seite 109).

Kienhütte siehe Täschhorn (Seite 102).

Tourenmöglichkeiten

Nordflanke (Normalanstieg)

850 m, I, 5 Stunden von der Domhütte.
Von der Hütte in 2½ Stunden auf das Festijoch, 3724 m. Nun kurzer Abstieg auf den Hohberg-Gletscher in Richtung Lenzjoch, dann in der Nordflanke zum Sattel zwischen Gipfel und einem Felsturm (rechts des Gipfels) ansteigen. Von hier über einen Firngrat zum höchsten Punkt.

Skiaufstieg

Wie beim Normalanstieg durch die Nordflanke; Skidepot gewöhnlich im Sattel zwischen Gipfel und einem Felsturm.

Nordwestgrat (Festigrat)

800 m, I+, kombiniert, 3 Stunden. Man hält sich vom Festijoch fast immer auf dem Grat, wobei der Große Gendarm, kurz bevor der Normalanstieg erreicht wird, links (nördlich) umgangen wird.

Südgrat

300 m, II, kombiniert, 3—4 Stunden.
Von der Domhütte in 6 Stunden, von der Kienhütte in 4 Stunden, vom Hotel Längfluh in 4—5 Stunden zum Domjoch, 4281 m.

Nordostgrat

450 m, III—IV, kombiniert, 3 bis 4 Stunden.

Von der Domhütte in 4—5 Stunden zum Lenzjoch, 4120 m. Über den Felsgrat zu einer steilen Platte, die rechts (westlich) bewältigt wird. Nun über den steiler werdenden Grat zum großen Aufschwung. In die Ostseite und schließlich wieder hinauf zum Grat, auf dem der folgende Gendarm am besten links (östlich) umgangen wird. Der große Gendarm wird ostseitig bestiegen, dann überwiegend im Firn zum Gipfel.

Westgrat

800 m, III, kombiniert, 5 bis 7 Stunden.

Südwestwand

750 m, II, kombiniert, 4—6 Stunden; objektiv gefährlich.

Ostwand

1000 m, III, kombiniert, 7—9 Stunden von Saas-Fee; nicht empfehlenswert und zum Teil objektiv gefährlich.

Abstieg

Durch die Nordflanke in 3 Stunden zur Domhütte.

KARTEN/FÜHRER

Landeskarte der Schweiz 1:50 000 Mischabel (284).
Königer/Weh, Walliser Alpen.
SAC, Walliser Alpen, Band IV.

ANSTIEGSSKIZZE:

Von der Domhütte zieht sich der gewöhnliche Aufstieg durch die Nordflanke zum Gipfel;
1 = Westgrat, 2 = Südgrat.
Links, aus dem Lenzjoch, schwingt sich der Nordostgrat auf.

Die Nacht in der Domhütte und der Gipfel

Als Karl Blodig am 9. August 1895, kurz vor 19 Uhr, nach vierstündigem Aufstieg mit seinem Gefährten Gruber die Domhütte erreichte, lagen bereits einige fast schlaflose Nächte hinter ihnen, so daß sie zeitig die Lager aufsuchten. „Es sollte aber noch lange dauern, bis wir Ruhe finden konnten. Es zeigte sich nämlich bald, daß für einen der Anwesenden keine Decke mehr vorhanden war, obgleich nach dem Hüttenbestande, verglichen mit der Zahl der Besucher, noch mehrere verfügbar sein mußten. Hüttenwart gab es keinen, auf meinen Ruf nach dem ältesten Führer antwortete nur das Rauschen des Regens. Endlich erklärte Herr Gruber-Lindau in gutem Englisch und ich in schlechtem Französisch, daß sich jeder mal melden möge, der zwei oder gar drei Decken zur Benutzung genommen habe; abermals tiefes Schweigen. Mit richtiger Ahnung griff nun Herr Gruber unter zwei im Winkel liegende Gestalten, erwischte zwei Decken, die diese als Unterlage genommen hatten und rollte zum Ergötzen der Anwesenden die beiden Burschen übereinander, wie etwa eine geübte Köchin einen Apfelstrudel mit dem Tischtuche eindreht.
Es hatte bis nach Mitternacht geregnet, dann aber lichteten sich die Nebel, gegen drei Uhr war der Aufbruch eine fest beschlossene Sache.
Allmählich zerflatterten die Nebel, bald kamen Teile des an der gegenüberliegenden Talseite aufstrebenden Weißhorns in Sicht, auch über uns wurden blaue Stellen neben rosa gefärbten Wölkchen sichtbar; als wir kurz vor sechs Uhr das Festijoch betraten, hatten die Felsen dicht vor ihm einigen Leuten solche Schwierigkeiten geboten, daß wir unter den ersten oben ankamen. Nur war auch wenigstens für den heutigen Tag der Sieg des Lichtes über die Finsternis entschieden und voll Begeisterung machte ich mich nach einer Frühstücksrast von zwanzig Minuten auf, um dem Firngrate mit Eisen und Pickel an den Leib zu rücken. Leider befand sich mein Gefährte in einer wenig kampfesfreudigen Stimmung. Bei der geringen Neigung, der man bis zum Festijoch begegnet, hielt er noch aus, von hier an schleppte er sich nur mehr pflichtschuldig weiter und gab die Besteigung etwa zweihundert Meter über dem Joche auf. Ich aber gewann allmählich meine gewohnten Kräfte wieder.“

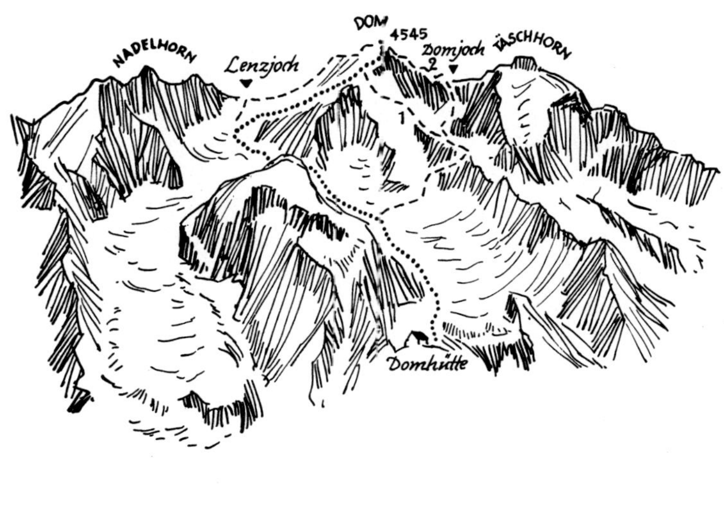

Täschhorn 4490 m

Felsabenteuer über Gletschern

Das Täschhorn ist der wuchtigste und imposanteste Gipfel der ganzen Mischabel-Kette und bildet eine rassige Pyramide mit drei Wandfluchten und drei Graten. Über letztere, in der Hauptsache über den Südost-(Mischabel-)grat, erfolgen heute die meisten Besteigungen, vor allem, seit im Mischabeljoch eine Biwakschachtel steht und dadurch der nächtliche Anmarschweg über den Fee- oder Weingarten-Gletscher entfällt.
Zu den großen Gratanstiegen im Wallis zählt der etwa 1,8 Kilometer lange Teufelsgrat (Südwestgrat), der ausnahmsweise einmal nicht mit zahlreichen Türmen gespickt ist, sondern mit Ausnahme von zwei großen Gendarmen und einem dazwischen sich aufsteilenden Absatz fast gleichmäßig ansteigt. Ein würdiges Gegenstück zum gleichnamigen Grat am Montblanc du Tacul, nur daß der Teufelsgrat am Täschhorn leichter ist und auch weniger steil.
Der Nordgrat, im Domjoch fußend, ist nur für eine Überschreitung vom Dom her interessant. Dabei muß berücksichtigt werden, daß dieser an sich nicht übermäßig schwierige Anstieg bei schlechten Verhältnissen (Vereisung) äußerst unangenehm wird und oft das doppelte und dreifache der gewöhnlichen Begehungszeit erfordert. Die Route, auf der die Erstbesteigung durch die Engländer J.L. Davies und J.W. Hayward mit Johann und Stephan Zumtaugwald und Josef Summermatter am 30. Juli 1862 erfolgte und die in der Nordwestflanke verläuft, hat ihr Aussehen im Laufe dieser hundert Jahre beträchtlich verändert. Wo nämlich eine breite Firnflanke zum Gipfel hochzog — wie noch heute beim Dom — ist nur noch ein Reststück dieses früheren Eispanzers vorhanden. Man geht in unserer Zeit auch nicht mehr von der Kienhütte aus, sondern benützt die Domhütte als Stützpunkt.
Die Ostseite — sie gleicht im Aufbau und in der Struktur den Ostabstürzen des Doms und der Lenzspitze — wird nur höchst selten als Aufstieg begangen, obwohl durch die Seilbahn zur Längfluh der gefürchtete lange Anmarschweg von Saas-Fee entfällt.
Bleibt noch die Südwand. Wer sie durchsteigen will, der muß perfekt sein in Fels und Eis, wird sie doch mit der Matterhorn-Nordwand verglichen. Nur wenige treffen so ideale Verhältnisse an, wie Erich Vanis und Hans Chval im Sommer 1956, als ihnen 50 Jahre nach der Erstdurchsteigung (V. J. E. Ryan, Franz und Josef Lochmatter, Geoffrey Winthorp Young, Josef Knubel; 11. August 1906) die sechste Begehung gelang. Damals war es eine reine Eiswand, so daß die objektiven Gefahren ausgeschaltet waren und nur 5½ Stunden Kletterzeit (sonst zwischen 11 und 16 Stunden) benötigt wurden. Die beiden Wiener hielten sich rechts (östlich) der Originalführe.
Selbst wenn man die Südwand unberücksichtigt läßt, bleibt das Täschhorn immer noch ein großer, ernstzunehmender Berg mit all seinen Gefahren — aber auch Reizen.

TOURISTISCHE ANGABEN

Hütten

Domhütte siehe Dom (Seite 100).

Täschhütte und *Hotel Längfluh* siehe Allalinhorn (Seite 109).

Mischabeljoch-Biwak siehe Alphubel (Seite 105).

Kienhütte, 2854 m, verfallen, nur noch Biwakplatz. Von Randa, 1409 m, 4 Stunden.

Tourenmöglichkeiten

Südostgrat

650 m, II+, kombiniert, 4 bis 5 Stunden.
Von der Biwakschachtel im Mischabeljoch über den Grat, wobei der erste Gendarm rechts (östlich) umgangen wird. Der Gipfelaufbau wird von einer Schneeschulter in festem Fels direkt erklettert. Wenn man von der Täschhütte kommt, kann der Grat vom Weingarten-Gletscher aus angegangen werden, ohne das Mischabeljoch zu betreten; 8—9 Stunden von der Täschhütte.

Nordwestflanke

600 m, I, kombiniert, 3 Stunden.
Entweder von der Kienhütte zur Felsrippe, die den Kien-Gletscher trennt und nördlich von ihm zu einem Firnsattel (4 Stunden), oder von der Domhütte (besser) über den Festi-Gletscher in 3 Stunden zu

Täschhorn (links) und Dom von Osten (Saaser Seite). Vom Täschhorn senkt sich links der Südostgrat, rechts der Nordgrat zum Domjoch. Links vom Domgipfel der Südgrat, rechts der Nordostgrat. Der Normalweg verläuft auf der dem Beschauer abgewandten Seite.

Allein über den Teufelsgrat

Anfänglich wollten sie in einer Dreierseilschaft klettern: Hans Pfann, Widmann und Alfred Horeschowsky. Doch dann schien ihnen das Vorwärtskommen einer solchen Gruppe für den langen Grat nicht ideal genug, so daß sich Pfann und Widmann entschlossen, das Täschhorn über den Dom zu besteigen, während Horeschowsky, der „Horesch“, wie ihn seine Freunde nannten, den Teufelsgrat allein anging.
Aber schon beim Abstieg in den Kiensattel wäre die Tour für den Wiener beinahe gewaltsam zu Ende gewesen, denn er verlor auf dem blanken Eis plötzlich den Halt, sauste abwärts — und landete wohlbehalten im Sattel. Das war gegen 9 Uhr des 4. August 1922. Horeschowsky läßt sich jedoch von diesem Zwischenfall nicht aus der Ruhe bringen.
Der Wiener ist innerlich ruhig auf seinem Gang über dem Grat. Auch dann noch, als ihn eine dicke „Waschküche“ umgibt. Er kommt an den Rand der Südwand — wieder zurück. Wertvolle Zeit geht dabei verloren. Aber jetzt hat er den größten Teil des Grates schon geschafft. Jetzt gilt es nur noch den Wächten auf dem zur Gipfelhochfläche führenden Grat geschickt auszuweichen. Eine heikle Angelegenheit, die äußerste Konzentration verlangt.
Zum Glück hat sich das Wetter nicht ganz verschlechtert. Wohl ziehen immer noch dichte Wolkenschwaden um den Berg, aber damit hat sich der „Horesch“ inzwischen schon abgefunden.
Eine letzte Firnschneide zwischen tiefen haltlosen Abgründen, dann steht Alfred Horeschowsky auf dem Gipfel des Täschhorns, dem Endpunkt des Teufelsgrates, den er als erster Mensch im Alleingang bewältigt hatte.
Aber noch liegt der unbekannte Abstieg vor ihm. Einige Male bricht er in Gletscherspalten ein. Sekunden tödlicher Angst — dann, auf dem Weiterweg, ein vorsichtiges Tasten durch dieses gefährliche Gelände, jeden Augenblick auf einen Sturz in den eisigen Abgrund gefaßt.
Als er die letzten Schritte zur Domhütte geht, ist es bereits dunkel, und seit seinem Aufbruch vom Gipfel sind 5 Stunden vergangen.

dem Sattel. Nun durch die Flanke rechts ansteigend zum obersten Teil des Teufelsgrates, der etwa 200 m unterhalb des Gipfels erreicht wird.

Teufelsgrat

800 m, III—IV, kombiniert, 8 bis 10 Stunden.
Von der Täschhütte in 5—6 Stunden über den Weingarten-Gletscher zum Beginn des Grates. Über ihn zum Gipfel.

Nordgrat

200 m, II, kombiniert, 2 Stunden. Wird meistens nur im Rahmen einer Überschreitung begangen. Vom Domjoch zuerst im Fels, ab einem Turm — er wird überklettert — im Firn über den Vorgipfel zum höchsten Punkt.

Südwand

850 m. Einer der schwierigsten Anstiege im Wallis.

Ostwand

1000 m, III, kombiniert, 7 bis 9 Stunden von der Längfluh.

Abstieg

Entweder durch die Nordwestflanke in 4 Stunden zur Domhütte oder über den Südostgrat in 2 bis 3 Stunden zum Mischabeljoch.

KARTEN/FÜHRER

Landeskarte der Schweiz 1:50 000 Blatt Mischabel (284).
Königer/Weh, Walliser Alpen.
SAC, Walliser Alpen, Band IV.

ANSTIEGSSKIZZE:

Das Täschhorn mit dem Südostgrat (Normalführe, punktiert), einem direkten Zugang (3), der Südwand (2) und dem Teufelsgrat (1).

Alphubel 4206 m

König der Allalin-Gruppe

TOURISTISCHE ANGABEN

HÜTTEN

Britannia-Hütte, Hotel Längfluh und *Täschhütte* siehe Allalinhorn (Seite 109).

Mischabeljoch-Biwak, 3851 m, SAC, 10 Lager; im Mischabeljoch. Von der Längfluh und von der Täschhütte jeweils 4—5 Stunden.

TOURENMÖGLICHKEITEN

Ostflanke (Normalanstieg)

400 m, I, 4—5 Stunden von der Längfluh.
Südlich des Hotels auf den Gletscher und ansteigen in Richtung Alphubeljoch. Nach der Bruchzone rechtshaltend, über den Bergschrund und gerade empor zum Gipfel.

Skiaufstieg

Wie beim Normalanstieg (Ostflanke) beschrieben.

Südostgrat

450 m, I, 2 Stunden.
Von der Längfluh in 3 Stunden, von der Britannia-Hütte in 4 Stunden, von der Täschhütte in 3 Stunden zum Alphubeljoch, 3782 m. Von hier dem Firnrücken folgend zum höchsten Punkt.

Nordgrat

350 m, II+, kombiniert, 1½ Stunden.
Vom Mischabeljoch über die Felsen des breiten Grates und im Firn zum Nordostgipfel, von dem es noch ¼ Stunde zum höchsten Punkt ist.

Im Alphubel kulminiert die Allalin-Gruppe, schwingt sich noch einmal in ihrer ganzen Wucht und Größe auf, ehe sie zum Mischabeljoch hin abfällt.
Wie zahlreiche andere Viertausender hat der Alphubel zwei grundverschiedene Seiten. Einmal die bis zum Gipfel hinauf vergletscherte Ostflanke, über die der Normalanstieg führt, und zum anderen die steil zum südlichen Becken des Weingarten-Gletschers abstürzende West-(Täsch-)seite. Daß die erste Besteigung von Täsch aus erfolgte und der heute übliche Aufstiegsweg erst 22 Jahre später entdeckt wurde, ist darauf zurückzuführen, daß der Berg auf seiner Saaser Seite nicht die Beachtung fand wie von Täsch aus. Von dort sticht seine Westflanke sofort ins Auge. Erst später kristallisierte sich dann die Ostflanke immer mehr als Normalweg heraus, vor allem weil er für den Skibergsteiger den idealsten Aufstieg darstellt. Besonders in unseren Tagen, da durch die Seilbahn zur Längfluh der Feegletscher und damit die umstehenden Viertausender erschlossen worden sind. Für den Aufstieg von der Längfluh zum Alphubelgipfel rechnet man mit etwa 5 Stunden; von der Britannia-Hütte 1 Stunde mehr. Dabei kann der höchste Punkt sogar mit den Skiern erreicht werden. Voraussetzung sind natürlich gute Verhältnisse. Im anderen Falle legt man die letzte Teilstrecke über die langsam flacher werdende Gipfelcalotte zu Fuß zurück (Achtung! Wächten auf die Westseite!). Dann warten 2400 Höhenmeter hochalpine Skiabfahrt hinunter ins Tal von Saas-Fee.
Neben dem Normalanstieg kann noch der Südostgrat und der seit Errichtung einer Biwakschachtel im Mischabeljoch häufiger besuchte Nordgrat empfohlen werden. Wählt man die Täschhütte als Stützpunkt, bietet sich der Westgrat (Rotgrat) als Idealanstieg an, für gewandte Kletterer der Westpfeiler, dessen fester Fels ein herrliches Klimmen vermittelt.
Der Gipfel selbst besteht aus einer Firnkuppe, etwa 4200 Meter hoch, am Ende des Südostgrates, einem sich westlich davon im Rotgrat erhebenden Felszacken, 4164 Meter, dem 4206 Meter hohen Hauptgipfel nördlich des Zackens, einer dritten Firnkuppe, 4187 Meter, etwa 300 Meter nördlich des Hauptgipfels und einem weiteren Felszacken, 4116 Meter, dem Nordgipfel. Durch diese Erhebungen, vornehmlich durch die drei Firnkuppen, ist es bei dichtem Nebel oft überhaupt nicht möglich, den höchsten Punkt ausfindig zu machen. Allerdings sollte man bei unsicherem Wetter grundsätzlich nicht zur Besteigung eines solchen Gipfels aufbrechen, denn die auf weiten Gletschern durch beschränkte Sicht hervorgerufenen Orientierungsschwierigkeiten sind schon vielen Bergsteigern zum Verhängnis geworden — zum tödlichen Verhängnis.
Selbst wenn der Feegletscher noch durch mehr Seilbahnen erschlossen wird, hat er nichts von seiner Gefährlichkeit verloren, auch wenn es wildere und zerklüftetere Gletscher gibt.

Alphubel, Täschhorn, Dom, Lenzspitze, Nadelhorn, Stecknadelhorn und Ulrichshorn (von links) von Nordosten. Links in der Tiefe Saas Fee.

Die Geschichte des Berges

Man schreibt das Jahr 1860. Der Alpinismus macht von sich reden. In sämtlichen Teilen der Alpen schreitet die Eroberung der Gipfel langsam aber stetig voran.
In diesem Jahr, am 9. August 1860, steht der wohlbegüterte Engländer Sir Leslie Stephen mit seinem Landsmann Hinchliff und dem dreiunddreißigjährigen Melchior Anderegg sowie mit Peter Perren auf dem höchsten Punkt des Alphubels, einem langgestreckten Firnrücken. Sie waren von Täsch ausgegangen und hatten den Gipfel über den Südostgrat erreicht.
Von der entgegengesetzten Seite, vom Mischabeljoch über den Nordgrat, wird der Berg am 27. Juli 1876 erstmals bestiegen. Und erst 22 Jahre nach der Erstbesteigung, am 29. Juli 1882, finden Heinrich Dübi, Karl Munzinger und Alphons Supersaxo den heute üblichen Aufstiegsweg über die Ostflanke. Vorher, 1879, wurde schon die steinschlagbedrohte Westwand erobert. In den nächsten Jahren fallen „Rotgrat" (1889), Nordostwand (1891), Nordwand im Abstieg (1910) und im Aufstieg (1930), Südwand (1919), Westpfeiler (1945) und Westrippe (1946).
Wer sich heute von der Seilbahn hinauftragen läßt zur Längfluh und dann mit Skiern weitersteigt, der kann sich nur noch schlecht vorstellen, wie der Skitourismus kurz nach der Jahrhundertwende aussah. Am 29. März 1910 erfolgte nämlich die erste Skibesteigung des Alphubels. Von Saas-Fee aus. Alfred v. Martin passierte kurz nach Mitternacht mit Oskar Supersaxo die Häuser von Kalbermatten und stand um 10 Uhr auf dem Alphubeljoch, von wo aus der Weiteraufstieg über den Südostgrat erfolgte. Etwa 200 Meter über dem Joch deponierten sie die Skier und legten den Rest des Aufstiegs zu Fuß zurück.
Gegen 13 Uhr wurde der Gipfel verlassen, eine gute Stunde später das Alphubeljoch überschritten, worauf eine „hervorragend schöne Abfahrt über den Wandgletscher bis zur Sohle des Mellichentales in 40 Minuten" folgte.

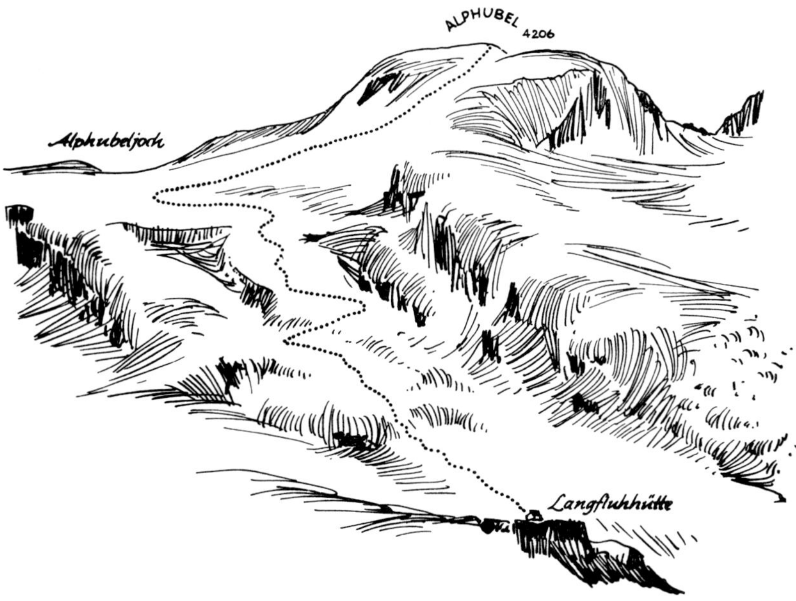

Westgrat (Rotgrat)

1000 m, II+, kombiniert, 5 bis 6 Stunden.
Von der Täschhütte nördlich ins „Tälli" und linkshaltend zu P 3194. Über Geröll und unschwierigen Fels des Weißgrates zur Vereinigung mit dem Rotgrat und auf dem Firnkamm zum Gipfelaufbau.
Weiter zum Südwestgipfel, der 300 m vom Hauptgipfel entfernt ist.

Westpfeiler

1000 m, III—IV, kombiniert, 8 bis 10 Stunden von der Täschhütte.

Südwand

650 m, III+, kombiniert, 5 Stunden; selten begangen.

Nordostwand

600 m, bis 55 Grad, kombiniert; objektiv gefährlich.

Nordwand

400 m, bis 55 Grad, 4—5 Stunden.

Westrippe

700 m, IV, kombiniert, 6—8 Stunden; selten begangen.

Abstieg

Über die Ostflanke in 2½ Stunden zur Längfluh, in 3½ Stunden zur Britannia-Hütte bzw. über den Südostgrat in 1 Stunde zum Alphubeljoch oder über den Nordgrat in 1 Stunde zum Mischabeljoch.

KARTEN/FÜHRER

Landeskarte der Schweiz 1:50 000 Blatt Mischabel (284).
Königer/Weh, Walliser Alpen.
SAC, Walliser Alpen, Band IV.

ANSTIEGSSKIZZE:

Durch die Ostflanke führt der leichteste und am häufigsten begangene Aufstieg zum Alphubelgipfel.

Allalinhorn 4027 m

Meistgemachter Skiviertausender

TOURISTISCHE ANGABEN

Hütten

Britannia-Hütte, 3029 m, SAC, 113 Schlafplätze; westlich des Klein-Allalin; während der Tourenmonate bewirtschaftet. Von Saas-Fee, 1700 m (Bus von Stalden) über das Hotel Plattje 4 Stunden. Bei Benützung der Seilbahn zum Plattje verkürzt sich der Weg um 1½ Stunden.
Vom Felskinn, etwa 3000 m (Seilbahn von Saas-Fee), 1 Stunde über das Egginerjoch.

Hotel Längfluh, 2849 m, privat, 120 Schlafplätze; auf der Langen Fluh im Feegletscher; ganzjährig bewirtschaftet. Seilbahn von Saas-Fee; zu Fuß 3 Stunden.

Täschhütte, 2702 m, SAC, 40 Schlafplätze; am Rotengrat auf der Westseite des Alphubels; bewartet von Mitte Juli bis Ende August. Von Täsch, 1449 m, im Nikolaital, über die Untere und Obere Täschalp 4 Stunden.

Tourenmöglichkeiten

Südwestgrat (Normalanstieg)
450 m, I—II, kombiniert, 2 Stunden.
Von der Britannia-Hütte in 3 Stunden auf den Allalinpaß, 3564 m. Von der Täschhütte steigt man am besten direkt vom Mellichgletscher zum Grat an; 4 Stunden.
Zuerst im Firn, dann über Felsbänder der Südostflanke, wieder im Firn und schließlich über die Gipfelfelsen zum höchsten Punkt.

Skiaufstieg (Nordwestgrat)
Vom Hotel Längfluh oder von der Täschhütte in 3—4 Stunden ins Feejoch (Skidepot), 3812 m. Von dort weiter zu Fuß (Steigeisen

Eigentlich ist es eine ganze Berggruppe, die sich zwischen dem Schwarzberg-Weißtor im Süden und dem Mischabeljoch im Norden erstreckt. Ihre vier Hauptgipfel (Strahlhorn, Rimpfischhorn, Allalinhorn, Alphubel) werden durch weite, sanftgeneigte Joche getrennt, die sich bis in den Sommer hinein unter Ski-Tourenläufern großer Beliebtheit erfreuen und auch ideale Ausgangspunkte für Gipfelbesteigungen sind. Seltsamerweise hat gerade der niedrigste Gipfel der Gruppe seinen Namen gegeben!
Vier Gletschermeere umbranden das Allalinhorn: Feegletscher, Allalingletscher, Mellichgletscher und Hohlaubgletscher.
Der Gipfel selbst stützt sich auf vier Felsgrate, die ein stark geöffnetes X bilden. Von diesen Graten reicht aber lediglich der Ostgrat bis zur Spitze, während sich die anderen unter des Eishaube des Gipfelaufbaus verlieren.
Bedingt durch seine zentrale Lage und die vielgerühmte Aussicht wird das Allalinhorn von den Besuchern der Britannia-Hütte neben dem Strahlhorn am häufigsten bestiegen. Das wird sich allerdings ändern, wenn ab dem Felskinn die Seilbahn verlängert wird zum Feekopf, 3888 m, zwischen Allalinhorn und Alphubel. Dafür fehlt jedoch zur Zeit (1978) noch die notwendige Konzession durch den Bundesrat. Bereits die Seilbahn zur Längfluh hat dazu geführt daß das Allalinhorn ein so populärer Skigipfel geworden ist. Über 2000 Abfahrtshöhenmeter warten nach einer Besteigung auf den Freund des weißen Elements. Und das, in Verbindung mit einem Viertausender, bekommt man schließlich nicht alle Tage geboten. Im Sommer 1965 füllte der Allalingletscher die Spalten der Weltpresse, als sich an seinem Auslauf über dem Tal der Saaser Visp eine Eislawine von riesigem Ausmaß löste, ins Tal stürzte und 88 Staudamm-Arbeiter — sie schliefen in Baracken — erschlug.
Man wollte die Natur eindämmen, man hatte den Gletscher und seine Bewegungen genauestens untersucht. Wissenschaftler waren am Werk gewesen, und erst dann, als nach menschlichem Ermessen keine Gefahr mehr zu drohen schien, begann man mit den Bauarbeiten. Und dann schlug die Natur wider aller Berechnungen mit einer ihrer furchtbarsten Waffen zu und zeigte, wie mächtig sie ist und wie zerstörend sie sein kann. — Das letzte Opfer dieser Naturkatastrophe wurde erst im August 1967 unter den Eismassen geborgen.
Aber die Menschen haben sich dadurch in ihrem einmal begonnenen Werk nicht aufhalten lassen, so wie es überall der Fall ist, wo die Natur gezähmt wird. Im Sommer 1967 wurde der Mattmark-Stausee seiner Bestimmung übergeben. Am Staudamm steht ein Restaurant (keine Übernachtung). Aber noch immer streckt der Allalingletscher gierig seine Zunge dem Tal entgegen, sie ist 1969 und 1970 um 173 Meter vorgerückt —, als wolle er die Menschen warnen, die Natur zu sehr zu bändigen.

Das Allalinhorn von Norden, vom Aufstieg von der Täschhütte über das Alphubeljoch.

Die Geschichte des Berges

Die „jüngste" Neutour am Allalinhorn fällt in das Jahr 1921. Am 7. September dieses Jahres nämlich fanden Georg Ollmann, Paul Schaub und Heinrich Supersaxo eine lohnende Variante zum ONO-Grat. Dazwischen lagen aber fast 100 Jahre Alpinismus, wenn man davon ausgeht, daß Ernst Heinrich Michaelis bereits am 11. September 1828 mit einem Führer den Allalinpaß überschritt und damit den Zugang zum Südwestgrat erschloß. Es dauerte jedoch bis zum Sommer 1856, ehe der Berg von Pfarrer Johann Josef Imseng mit seinem Knecht Franz Josef Andenmatten und E. L. Ames über den Südwestgrat erobert wurde.

An dem Tag, da erstmals Menschen ihre Spuren im Firn des Feejoches hinterließen, am 1. August 1860, wurde auch der Nordwestgrat bezwungen, der leichteste Anstieg auf das Allalinhorn. Und zwar durch die Engländer Sir Leslie Stephen, W. F. Short, F. W. Jacomb und C. Fischer mit Franz Josef Andenmatten, Moritz Antamatten, Peter Taugwalder und Johann Kronig. Die Variante an diesem Grat, am 28. Juli 1876 von Coolidge mit Christian Almer Vater und Sohn eröffnet, ist von untergeordneter Bedeutung.

Ein großartiges Unternehmen gelang dem Schweizer Heinrich Dübi am 27. Juli 1882 mit den Führern Alphons und Peter Supersaxo: Aufstieg Nordostgrat — Abstieg ONO-Grat. Letzterer wurde erst fünf Jahre später, am 12. Juli 1887, von den Engländern H. W. Topham und G. H. Rendall mit dem Führer Alois Supersaxo im Aufstieg bewältigt.

Dazwischen liegt aber die Eroberung der 600 Meter hohen Südwand. Eine großartige Leistung des Engländers C. A. C. Bowlker, der den überwiegend felsigen Abbruch am 23. August 1886 mit einem Supersaxo bezwang. Einen idealen Direktausstieg zu dieser Route fanden die Führer Oskar und Heinrich Supersaxo am 16. August 1912 mit dem Briten Eric Brown.

Schließlich wäre in diesem Zusammenhang noch die erste Winterbesteigung zu nennen, die der Schweizer R. Bracken 1907 als Alleingänger vollbrachte.

Es ist keine aufsehenerregende Geschichte. Es gibt am Allalinhorn keine „Direttissimas" (aber noch eine unbezwungene Nordostwand, rechts des ONO-Grates) und keinen VI. Schwierigkeitsgrad.

mitnehmen!) über den fast immer stark verblasenen Gipfelhang in 3/4 Stunden zum Gipfel. Abfahrt wie Aufstieg. Von Saas-Fee (bei Benützung der Seilbahn) ohne weiteres als Tagestour zu machen.

Ostnordostgrat (Hohlaubgrat)

450 m, I—II, kombiniert, 4 Stunden von der Britannia-Hütte; wenig begangen.

Nordostgrat (Hinter Allalingrat)

800 m, II+, kombiniert, 4 bis 5 Stunden von der Britannia-Hütte; wenig begangen.

Südwand

600 m, III, kombiniert, 3 Stunden. Von der Britannia-Hütte in 2 Stunden auf dem Weg zum Allalinpaß zum Einstieg. Bei dem Anstieg handelt es sich um ein interessantes, hochalpines Unternehmen.

Abstieg

Vom Gipfel über den Allalinpaß in 2 1/2 Stunden zur Britannia- oder Täschhütte. Über das Feejoch in 2 Stunden zum Hotel Längfluh.

KARTEN/FÜHRER

Landeskarte der Schweiz 1:50 000 Blatt Mischabel (284).
Königer/Weh, Walliser Alpen.
SAC, Walliser Alpen, Band IV.

ANSTIEGSSKIZZE:

Im Allalinpaß beginnt der Südwestgrat und damit die übliche Route (punktiert) auf das Allalinhorn; 1 = Südwand, 2 = Ostnordost-(Hohlaub-)grat.

Rimpfischhorn 4198 m

Eis und Fels in Seilbahnnähe

TOURISTISCHE ANGABEN

HÜTTEN

Britannia-Hütte und *Täschhütte* siehe Allalinhorn (Seite 109). *Hotel Fluhalp* siehe Strahlhorn (Seite 116).

TOURENMÖGLICHKEITEN

Südwestgrat (Normalanstieg)
900 m, I—II, kombiniert, 3 Stunden.
Von der Fluhalp über den Findelengletscher und über das Längfluhjoch in 2½ Stunden zum „Frühstücksplatz".
Dem Firnrücken folgend, über eine Felsstufe zu einer Firnkuppe, 4009 m, und von hier in 1 Stunde zum Hauptgipfel.

Westflanke (Normalanstieg)
500 m, I—II, 3 Stunden.
Von der Britannia-Hütte in 3 Stunden zum Allalinpaß, 3564 m. Man quert nun die Nordwestflanke bis zu einem Sattel zwischen Gipfel und einer Firnkuppe (hierher von der Täschhütte in 3¼ Stunden) und verfolgt den Südwestgrat weiter.

Skiaufstieg
Wie beim Normalanstieg durch die Westflanke zum Allalinpaß und weiter zum Sattel des Südwestgrates (Skidepot). Mit Seil und Steigeisen steil ein Stück eine Firnrippe hoch, dann Quergang zum Südwestgrat und über ihn zum Gipfel; vom Skidepot bei besten Verhältnissen 1½ Stunden. Abfahrt wie Aufstieg. Das Rimpfischhorn ist der schwierigste und längste Ski-Viertausender der Allalin-Gruppe.

Nordgrat
650 m, III, kombiniert, 5—6 Stunden.

Als die beiden Engländer Sir Leslie Stephen und R. Liveing am 9. September 1859 in Begleitung der Führer Melchior Anderegg und Johann Zumtaugwald von Zermatt ausgehend über das Längfluhjoch den Gipfel des Rimpfischhornes erstmals bestiegen, hätten sie es wohl als Utopie bezeichnet, wenn ihnen jemand gesagt hätte, daß sich hundert Jahre später in nächster Nähe des Gipfels, auf dem Feekopf nämlich, die Bergstation einer Seilbahn befinden werde. In unserer Zeit ist das eine Realität, über die man sich hinwegsetzen kann oder nicht, die aber in Kauf genommen werden muß.
Neben dem Normalanstieg von Westen, von Zermatt über die Fluhalp, gibt es noch den abwechslungsreichen Aufstieg durch die Westflanke und im Anschluß über das letzte Stück des Südwestgrates.
Skibergsteiger müssen ihre Aufstiegshilfen im Sattel des Südwestgrates allerdings zurücklassen. Dabei darf nicht vergessen werden, daß es sich beim Rimpfischhorn um einen der schwierigsten Ski-Viertausender im Tourengebiet von Saas-Fee handelt. Ausdauernde und schnelle Seilschaften können jedoch am gleichen Tag auch noch dem Alphubel einen Besuch abstatten — zuerst muß man aber einmal auf dem Gipfel des Rimpfischhornes sein!
Wer die Schwierigkeiten (III) des Nordgrates beherrscht, für den ist seine Überkletterung unzweifelhaft die interessanteste Tour am Rimpfischhorn. Dabei kann noch der 4108 Meter hohe, den Grat um 45 Meter überragende Große Gendarm entweder von Norden oder von Süden in ausgesetzter Kletterei (III+) bestiegen werden. Gute Seilschaften klettern zuweilen auch über den Grat ab, denn er vermittelt vom Gipfel den kürzesten und direktesten Zugang zum Allalinpaß.
Bei idealen Verhältnissen stellt auch die Nordwestwand — wie so viele westalpine Eisanstiege mit dem Namen Blanchet (am 13. Juli 1923 mit Heinrich Imseng) verbunden — ein rassiges Ziel dar, während die Routen in der Ost- und Südwand äußerst steinschlaggefährdet sind.

Vom Adlerpaß zum Allalinpaß

Eine Überschreitung des Gipfels.

Mit der einbrechenden Dämmerung kamen Henry Hoek und der Südtiroler Führer Franz Kostner am 12. August 1906 zum Gasthaus auf der Fluhalp. Ihr Ziel: Eine Überschreitung des Rimpfischhornes. Gegen 3 Uhr des nächsten Tages sah man ihre Laternen schon über die große Seitenmoräne des Findelengletschers huschen. Etwas später betraten sie den Gletscher selbst und setzten weiter oben ihren Aufstieg über den Adlergletscher zum Adlerpaß fort.

Nach der Überwindung des Bergschrundes, am Einstieg in die Felsen der Südostflanke, machten die beiden zuerst ½ Stunde Brotzeit, ehe sie Hand an den Fels legten. „Felsen kann man zunächst eigentlich kaum sagen", schreibt Henry Hoek in seinem Erlebnisbericht*), „es ist so ziemlich alles Schutt, nur von einzelnen Stufen unterbrochen. Wir sahen alsbald deutlich, daß der Grat, der vom Adlerpaß hinaufzieht, nicht zum Gipfel des Rimpfischhornes selbst führt, sondern zu einem westlich gelegenen Vorgipfel. Vom Hauptgipfel zieht eine schwach ausgeprägte Rippe hinab und trennt den oberen Teil der Gipfelwand in einen südöstlichen und östlichen Teil. In der unteren Hälfte verliert sich die Rippe." Kostner und Hoek querten nun ansteigend zum Südostgrat und erreichten bald den Gipfel, genau 1¾ Stunden nach ihrem Aufbruch über dem Bergschrund.

Nun lag noch der Abstieg über den Nordgrat vor ihnen. Im ersten Teil, bis zum Großen Gendarm, fanden sie keine besonderen Schwierigkeiten. „Wohl war die Kletterei zum Teile sehr luftig, die eine oder andere Stelle wohl auch etwas heikel, im großen und ganzen war es aber höchst genußreiche Arbeit."

Nachdem ihnen eine Umgehung des Turmes auf der Ostseite zu gefährlich erschien, versuchten sie es auf der Westseite: „Von der Einschartung vor dem Turme ging es unter dessen Steilwand über Platten etwa 50 Meter schwach abwärts. Dann folgte eine Horizontaltraverse von vielleicht 30 Metern auf winzigen Tritten. Man hat aber nicht das Gefühl der Exponiertheit, wenn auch ein Sturz über die steilen Platten erst mehrere hundert Meter weiter unten enden würde. Es folgten etwa 25 Meter Wandkletterei über sehr brüchigen Fels abwärts, empor zur Rippe, die vom Hubelgletscher zu P 4119 emporzieht. Einmal auf dieser Rippe, hatten wir gewonnenes Spiel. Noch etwa 40 Meter traversierten wir, meistens kriechend, über glatte Platten, und dann sausten die ersten Eisstückchen unter Kostners Schlägen klirrend hinab zum Hubelgletscher.

Nach etwa 80 Stufen horizontal hinüber zum Hauptgrate wurde der Schnee weicher. Der schneidige, steile Firngrat, der vom Allalinpaß zum Turme 4119 hinaufzieht, erwies sich als kaum überwächtet; bei der vorzüglichen Schneebeschaffenheit war er recht harmlos. Um 13.15 Uhr, also schon 2¼ Stunden nach Verlassen des Gipfels, standen wir in der Einsenkung des Allalinpasses."

Wie bei der Westflanke zum Allalinpaß, 3564 m. Von hier über den Firngrat zum Großen Gendarm, der links (östlich) umgangen wird. Vom Sattel südlich des Turmes über den gezackten Grat und zuletzt durch einen Kamin zum Gipfel.

Südostflanke

400 m, III+, kombiniert, 2 bis 3 Stunden; objektiv gefährlich.

Ostwand-Nordgrat

500 m, II, kombiniert, 6 Stunden; objektiv gefährlich.

Nordwestwand

500 m, bis 55 Grad, kombiniert, 5 Stunden. Die Route endet auf dem Nordgrat.

Direkte Südwand

550 m, III, 5—7 Stunden; objektiv gefährlich.

Abstieg

Über die Westflanke in 3 Stunden zur Britannia-Hütte bzw. in 2½ Stunden zur Täschhütte.
Über den Nordgrat zum Allalinpaß; nicht ganz 3 Stunden.

KARTEN/FÜHRER

Landeskarte der Schweiz 1:50 000 Blatt Mischabel (284).
Königer/Weh, Walliser Alpen.
SAC, Walliser Alpen, Band IV.

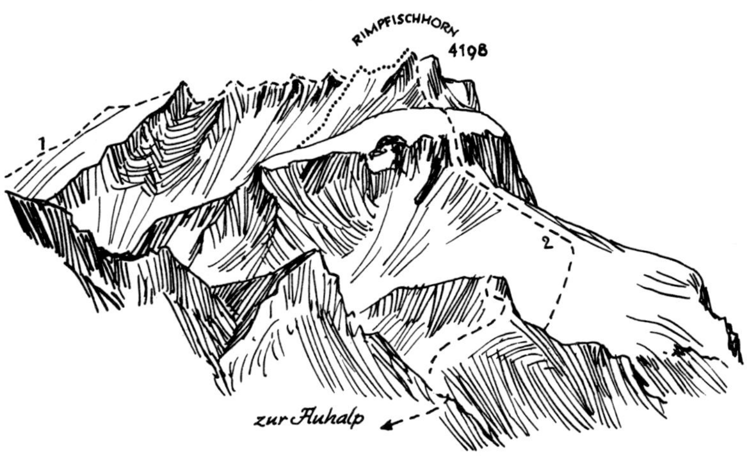

ANSTIEGSSKIZZE:

Über den Südwestgrat (2) wird das Rimpfischhorn am häufigsten bestiegen; 1 = Nordgrat, punktiert = Nordwestwand.

Rimpfischhorn, Strahlhorn und Adlerhorn von Westen.

Strahlhorn 4190 m

Modegipfel im Sommer und Winter

Neben dem Allalinhorn ist das Strahlhorn der leichteste Gipfel dieser Gruppe, die sich in ihrer imposanten Gesamtheit zwischen dem Schwarzberg-Weißtor im Süden und dem Mischabeljoch im Norden erstreckt. Dadurch ist es auch einer der häufigst bestiegenen Berge von der Britannia-Hütte aus.

Obwohl der Adlerpaß, über dem sich der Nordwestgrat aufschwingt, auch von der Zermatter Seite her, von der Fluhalp, erreicht werden kann — von dort aus erfolgte am 15. August 1854 durch Edmund J. Grenville und Christopher Smyth mit Franz Josef Andenmatten und Ulrich Lauener die erste Besteigung — wählen die meisten Besteiger die Britannia-Hütte oder das Hotel Längfluh als Stützpunkt. Außerdem ist die Überwindung des Zusammenflusses von Adler- und Findelengletscher im Laufe der Jahre sehr kompliziert geworden, so daß die Fluhalp lediglich für Skibergsteiger in Frage kommt. Wer im Winter von der Britannia-Hütte oder von der Längfluh aufsteigt, kann schon 100 Meter unterhalb des Adlerpasses (bei guten Verhältnissen) linkshaltend zwischen Spalten hindurch in einer Steilmulde zum Gipfel weitergehen, ohne die Skier abzuschnallen. Ansonsten erfolgt der Aufstieg über den Paß zu Fuß.

Sehr interessant ist eine Überschreitung des Strahlhorns, wobei man den Nordostgrat oder die Nordostflanke im Aufstieg begeht, den 4143 Meter hohen Ostgipfel berührt und im Anschluß über den Normalweg (Nordwestgrat) absteigt.

Südseitig erfolgen die meisten Besteigungen über den Südgrat vom Schwarzberg-Weißtor aus. Dieser Aufstieg glückte am 10. August 1926 erstmals Fritz Kenner mit den Führern Othmar Supersaxo und Heinrich Imseng in 2½stündiger Kletterei, nachdem sie in der Sella-Hütte genächtigt hatten. Für die Vertreter der scharfen Richtung im westalpinen Fels bäumt sich die 750 Meter hohe Ostwand steil über dem Schwarzberg-Gletscher auf. In ihr wartet die Direktroute, am 3. August 1951 von Lucien George und Victor Russenberger bis zum Firnband eröffnet und am 6. August zusammen mit Gwen Goddard bis zum höchsten Punkt vollendet, immer noch auf die ersten Wiederholer. Ebenso der Ostgrat, den Charles Steinmann und Eduard Keusen am 14. Juli 1957 bezwangen. Die anderen ostseitigen Routen (W. F. Donkin mit Basil und Josef-Maria Andermatten, 11. September 1883, bzw. E. R. Blanchet mit Oskar Supersaxo im August 1935) sind kaum von Bedeutung.

Wem es in diesem Einzugsbereich der Seilbahn zu laut ist, der soll (im Sommer) die Sella-Hütte als Stützpunkt nehmen. Es ist eine noch fast unberührte Gegend im Vergleich zu dem regen Betrieb auf dem Feegletscher, und schon allein der Blick von der kleinen Hütte ins Tal von Macugnaga belohnt jeden Besucher für den vierstündigen Aufstieg.

TOURISTISCHE ANGABEN

Hütten

Eugenio-Sella-Hütte, 3029 m, CAI, 50 Schlafplätze; am Südrand des Roffelgletschers auf der italienischen Seite des Weißgrates; bewartet von Mitte Juli bis Mitte September. Von Macugnaga, 1301 m, 4 Stunden.

Hotel Fluhalp, 2616 m, privat, 60 Schlafplätze; westlich des alten Gasthauses auf der Fluhalp, bewirtschaftet von Juni bis September. Von Zermatt, 1616 m, 3 Stunden, von der Seilbahn-Station Sunnega, 2289 m, 1½ Stunden.

Hotel Mattmark, am Staudamm (nur Restaurationsbetrieb, keine Übernachtung).

Britannia-Hütte siehe Allalinhorn (Seite 109).

Tourenmöglichkeiten

Nordwestgrat (Normalanstieg)
400 m, I, 1¼ Stunden.
Von der Britannia-Hütte in 3½ Stunden, von der Fluhalp in 4 Stunden auf den Adlerpaß, 3802 m. Von hier über einen Firnrücken und weiter zum höchsten Punkt.

Skiaufstieg
Wie im Text erwähnt auf dem Normalweg (bei der Abfahrt muß man allerdings zurück schieben). Abwechslungsreicher ist jedoch der Aufstieg wie beim Nordostgrat in den Fluchtpaß (von dort kann das Fluchthorn „mitgenommen" werden). Weiter mit Ski bis kurz unter den Gipfel. Abfahrt wie Aufstieg. Von Saas-Fee (bei Benützung der Seilbahn) an einem Tag möglich.

Nordostgrat
450 m, I+, kombiniert, 1½ Stunden.
Von der Britannia-Hütte in 3 Stunden über den Allalingletscher in die

Die letzten Meter zum Strahlhorn, einem beliebten Skiberg.

Auf dem Gipfel

Karl Blodig

Wir benötigten eine starke halbe Stunde vom Zeitpunkte des Betretens der Felsen, bis wir auf dem langgestreckten Gipfelgrat des Strahlhorns standen. Nur einen kurzen Blick warfen wir nach Norden auf das Rimpfischhorn, welches über dem Adlerpasse in einer 400 m hohen Felswand sich auf-

Das Strahlhorn von Norden, vom Rimpfischhorn.

schwingt, und unseren Standpunkt nicht um 12, sondern um mindestens 50 m zu überragen scheint; von einem orkanartigen Winde fast hinabgeschleudert, machten wir Kehrt, stiegen etwa ein halbes Dutzend Meter zurück und erstellten uns mit den Pickeln im Firn des Südhanges einige Sitze. Viel versprach ich mir von der Aussicht des Strahlhorns, aber unendlich mehr hat sie geboten. Vor allem einen in seiner Wirkung geradezu erdrükkenden Blick auf die Ostabstürze des Monte-Rosa-Massivs. Man hält unwillkürlich den Atem an, wenn man, namentlich mit bewaffnetem Auge, die Hänge mustert und dabei denkt, daß auf den blank gescheuerten Riesenplatten und in den glattgefegten Rinnen vielleicht gerade liebe Freunde das Leben einsetzen. Neben dieser Gruppe kommen Lyskamm, Zwillinge und Breithorn nicht zur vollen Geltung, dagegen glaubten wir das Matterhorn noch nie so schlank, so überirdisch schön gesehen zu haben, und erst am Abend, als wir selbander durch das Findelental hinauswanderten, gestand ich Compton, daß ich mich nun völlig zu seiner Anschauung bekehrt hätte und daß der Anblick des Matterhorns vom Stellisee und dem Wege nach Findelen hinab jedem anderen Punkte vorzuziehen sei. Zu beiden Seiten des Matterhorns erscheint das Meer von Gipfeln, das sich zwischen Zermatt, Chamonix und dem Dauphiné erhebt; der Montblanc selbst, als Schluß- und Gipfelpunkt der ganzen Reihe, leuchtete in einem schwefelgelben Tone, der seltsam gegen den violetten Dunst über dieser Gruppe abstach. Daran schließen sich die nächst dem Matterhorn schönsten europäischen Gipfel, Dent Blanche, Gabelhorn, Rothorn, Weißhorn. Die Kette der Mischabelhörner, die nördlich vom Rimpfischhorn aufsteigt, ist leider verkürzt. Über der Furche des Saastales erscheinen die Berner Alpen und weiter nach Osten die Gruppen des Dammastockes, der breite Tödi, die schlanken Brigelserhörner, daneben die Ringelspitze bei Chur. Die Berge Graubündens vermitteln den Übergang zur Bernina, der Disgrazia und den scharf ausgeprägten Gipfeln der Albignagruppe. Aus dem Wolkenmeere, das die oberitalienische Ebene bedeckte, ragten einzelne Gipfel der Bergamasca hervor, besonders ausgeprägt das Dreieck des Monte Legnone am Comosee. Aus der Tiefe grüßt am Ende des Schwarzenberggletschers das weiße Häuschen von Mattmark herauf, außerdem erblickt man am Rande des Findelengletschers, der seine schmale Firnmasse nach Westen ergießt, die Wirtschaft z'Fluh.

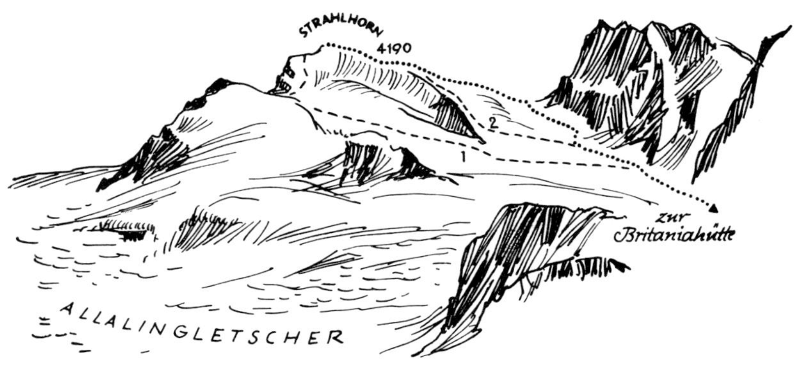

tiefste Scharte (Fluchtpaß) zwischen Fluchthorn und Strahlhorn. Weiter über einen Firnrücken und am Schluß im Fels zum Gipfel.

Südgrat

650 m, II, 3 Stunden.
Von der Sella-Hütte in 3 Stunden, von der Fluhalp in 5 Stunden (ebenso von Mattmark) zum Schwarzberg-Weißtor, 3537 m. Vom Paß zuerst auf die Firnterrasse der Südwand und über sie auf eine Schulter, über die man den Gipfel erreicht.

Nordgrat

450 m, II+, kombiniert, 4 bis 5 Stunden.

Südwestgrat

700 m, II, 5—6 Stunden von der Fluhalp.

Ostwand

750 m, V—VI, 10 Stunden.
Von den vier Ostwand-Routen ist lediglich die Direktführe von Bedeutung, da die anderen die eigentliche Ostwand umgehen.

Ostgrat

800 m, VI—, 10 Stunden.

Abstieg

Über den Nordwestgrat in 1/2 Stde. zum Adlerpaß und von hier in jeweils 2 Stunden zur Britannia-Hütte oder zur Fluhalp.
Nach einer Begehung des Südgrates kann als Abstieg der Firngrat in den Sattel östlich des Strahlhorns verfolgt werden. Von dort über eine Rippe auf die Firnterrasse und östlich auf den unteren Teil des Südgrates.

KARTEN/FÜHRER

Landeskarte der Schweiz 1:50 000 Mischabel (284).
Königer/Weh, Walliser Alpen.
SAC, Walliser Alpen, Band IV.

ANSTIEGSSKIZZE:

Der Normalanstieg zieht sich über den Nordwestgrat (punktiert) zum Gipfel; 1 = Nordostgrat, 2 = Nordnordwestgrat.

Lagginhorn 4010 m

Ein Berg zum Mitnehmen

TOURISTISCHE ANGABEN

HÜTTEN

Weißmieshütte, 2726 m, SAC, 64 Schlafplätze; auf einer Terrasse der Hohlaub-Gletscher-Stirnmoräne; bewirtschaftet vom 1. 7. bis 20. 9. Von Saas-Grund, 1559 m, über die Triftalp 2³/₄ Stunden. Seilbahn von Saas-Grund zur Hütte.

Laggin-Biwak, 2752 m, SAC, 12 Schlafplätze; am unteren Ende des Fletschhorn-Südostgrates auf einer Felsterrasse. Von Simplon-Dorf 4 Stunden.

TOURENMÖGLICHKEITEN

Westgrat (Normalanstieg)

600 m, I—II, kombiniert, 1³/₄ Stunden.
Von der Weißmieshütte in 3 Stunden über den Lagginhorn-Gletscher zum Einstieg im Gratsattel bei P 3420. Nun immer auf dem Grat zum Gipfel.

Südgrat

500 m, II—III, kombiniert, 4 Stunden.
Von der Weißmieshütte in 2¹/₂ Stunden südöstlich hinauf zum Lagginjoch, 3495 m. Der erste Teil ist weniger schwierig (I—II). Weiter oben erwartet den Begeher schöne Kletterei (II—III) in festem Fels.
Der letzte Gendarm wird am besten in der Ostseite umgangen.

Nordostgrat

300 m, II—III, kombiniert, 2 Stunden.
Von der Weißmieshütte in 3¹/₂ bis 4 Stunden auf das Fletschjoch, 3705 m. Weiter über den teilweise stark verwächteten Grat zum Gipfel.

Aus vier, zum Teil wild zerrissenen Gletschern (Lagginhorn-, Hohlaub-, Laggin- und Hohlentrift-Gletscher) erhebt sich das Lagginhorn und kulminiert auf 4010 Meter in der Mitte des Grates von der Weißmies (Süden) zum Fletschhorn (Norden). Von letzterem Gipfel, früher ein Viertausender, heute „nur" noch 3996 Meter hoch, wird das Lagginhorn durch den Sattel des Fletschjoches getrennt, während im Süden das eigentliche Massiv im Lagginjoch endet. Der gedrungene, langgezogene Körper des Berges besteht größtenteils aus Fels, nur in den Flanken sind einige unscheinbare Firnfelder eingelagert.
Bis 1886 war man sich über die Nomenklatur des ganzen Gebietes nicht einig. Man sprach nur von den Fletschhörnern, bis das südliche zum Lagginhorn wurde. Auch in bezug auf die Gipfelhöhen schwankten damals die Angaben zwischen 3917 Meter (Studer) und 4016 Meter (SAC-Karte).
So unbedeutend bzw. untergeordnet der Berg vom gleichnamigen Tal im Osten erscheint, so gut gefällt die Westseite von der Weißmieshütte aus. Und von dort, genauer gesagt über den Westgrat, wird der Gipfel am häufigsten bestiegen. Es ist der leichteste Anstieg, aber auch der eintönigste.
Abwechslungsreicher und sehr lohnend ist die Überschreitung mit Aufstieg vom Lagginjoch über den Südgrat — er wurde am 11. August 1883 von drei Engländerinnen, dem Schotten Utterson-Kelso, J. M. Blumenthal mit den Führern Peter Knubel und J. P. Zurbrücken erstbegangen — und Abstieg über den Westgrat.
Der Nordostgrat, im Fletschjoch fußend und von George Broke, W. A. B. Coolidge, Christian und Rudolf Almer sowie Theodor Andermatten am 27. Juli 1887 bezwungen, wird, da er eine abwechslungsreiche kombinierte Kletterei bietet, im Rahmen einer Überschreitung öfter begangen.
In der Westflanke sieht man nur alle paar Jahre eine Seilschaft, denn die Originalführe von Herbert Speyer, Ambros Supersaxo und Xaver Imseng wurde zu einer Zeit begangen (1898), da der überwiegende Teil der Flanke noch vergletschert war, was heute nicht mehr der Fall ist. Das gilt auch für die Direktroute von Kaspar Mooser und E. R. Blanchet, am 2. September 1931 eröffnet. Ihre erste Winterdurchsteigung erlebte die Westflanke am 12. Januar 1969 durch die Schweizer Toni Betschart und Andreas Scherrer.
Auch der 400 Meter hohe Ostsporn genießt seiner Brüchigkeit wegen nur ein untergeordnetes Dasein. Selbst der Umstand, daß auf der Ostseite eine Biwakschachtel (Geschenk des Schweizer Frauen-Alpenclubs an den Schweizer Alpenclub) aufgestellt worden ist — früher mußte man von Simplon-Dorf gute 10 Stunden über die weite Schafalp Hohsaß zum Einstieg marschieren — hat den Abstürzen über dem einsamen Tal nicht viel mehr Begeher gebracht, als es vorher der Fall war. Die „Sonnenseite" des Berges wird allem Anschein nach weiterhin die von Saas bleiben.

Südwestrippe

800 m, I—II, kombiniert, 4 Stunden.
Von der Weißmieshütte in 1½ Stunden zum Beginn der Rippe, die man bis zum großen Gendarm des Südgrates verfolgt.

Westflanke

550 m, II—III, bis 50 Grad, kombiniert, 4—7 Stunden ab Weißmieshütte.
Durch die Westflanke führen zwei Anstiege, die jedoch infolge der Ausaperung nicht mehr lohnend sind; Steinschlag!

Ostsporn

400 m, II, kombiniert, 6—7 Stunden ab Laggin-Biwak; brüchig und nur ganz selten begangen.

Abstieg

Über den Westgrat in etwa 2 Stunden zur Weißmieshütte.

KARTEN/FÜHRER

Landeskarte der Schweiz 1:50 000 Blatt Visp (274).
Königer/Weh, Walliser Alpen.
SAC, Walliser Alpen, Band IV.

Der Kirchherr von Saas

Obwohl das Lagginhorn der drittniedrigste Alpenviertausender ist, wurde es erst relativ spät bestiegen, denn die dem Saastal zugewandte Seite war für damalige Begriffe recht abweisend. Aber gerade dieser abschreckende Anblick war es, der den Pfarrer Johann Imseng aus Saas-Grund so außerordentlich faszinierte.
Im ganzen Tal galt der Priester als komischer Kauz, da es sich um die Mitte des 19. Jahrhunderts für einen Gottesmann nicht geziemte, in der Soutane und mit einem Bergstock in der Hand die umstehenden Gipfel zu besteigen. Doch Imseng störte das Geschwätz der Leute recht wenig. Und heute steht auf dem Dorfplatz vor der neuen Kirche in Saas-Fee eine Plastik, die nicht nur an den Bergsteiger Imseng, sondern auch an den Fremdenverkehrspionier des Tales erinnern soll, denn er war es, der die ersten Touristen, die ins Saastal kamen — vornehmlich Engländer und Deutschschweizer aus Zürich, Basel und Bern —, auf die Berge führte. Begleitet wurde er fast ausschließlich von seinem treuen Knecht Franz Josef Andenmatten, einem finster dreinschauenden Burschen, der jedoch keiner Fliege etwas zu Leid tun konnte und für seinen Herrn durchs Feuer ging.
Auch am 27. August 1856 war das ungleiche Gespann zusammen, als es zum Lagginhorn ging. Mit von der Partie waren noch der Engländer E. L. Ames, drei Landsleute von ihm sowie drei weitere Einheimische. Übernachtet wurde auf der Triftalp. Und am 28. August verließ die Gesellschaft schon um 3 Uhr nachts die bescheidene Unterkunft, verfolgte das Tal weiter aufwärts, bis der westlichste Ausläufer des Westgrates erreicht wurde. Hier begann die eigentliche Bergfahrt. Gute vier Stunden kletterten sie in dem mit zerborstenem Glimmerschiefer vermischten Gneisfels dem jungfräulichen Gipfel entgegen, bis sie sich dann auf dem höchsten Punkt die Hände reichen konnten.
Der Abstieg über den Grat nahm nochmals fünf Stunden in Anspruch. Doch der Pfarrer spürte diese Strapazen nicht, zu glücklich war er über den eroberten Gipfel.

ANSTIEGSSKIZZE:

Lagginhorn-Normalführe (punktiert) über den Westgrat mit Westflanke (1), Westflanke-Südgrat (2), Südwestrippe (3) und Südgrat (4).

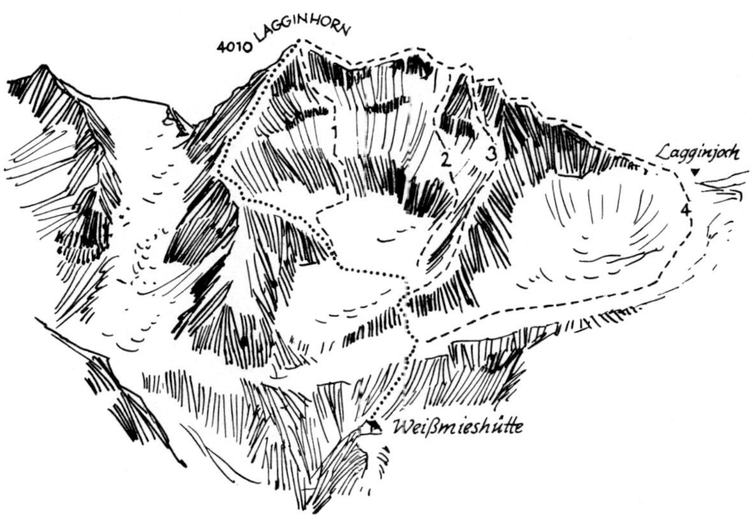

Blick über das Saastal hinweg zur Weißmies-Gruppe. Links das Lagginhorn (Normalführe über den Rücken im linken Teil der Westseite), rechts das Weißmies mit dem Triftgrat. Links vom Gipfel der Nordgrat aus dem Lagginjoch, rechts der Südostgrat aus dem Zwischenbergjoch.

Weißmies 4023 m

Vielbesucht und leicht erreichbar

Von Kennern wird das Weißmies als formschönster Gipfel des Dreigestirns Fletschhorn — Lagginhorn — Weißmies bezeichnet. Zugleich ist es der höchste Berg der in Nord-Süd-Richtung verlaufenden, stark vergletscherten Gneiskette zwischen dem Saaser Tal und der Simplonfurche.

Als regelmäßige Pyramide mit langen, meist nicht übermäßig steilen Graten vermittelt er das Idealbild des Viertausenders schlechthin. Während seine Westwand zum Saastal hin eine eisgepanzerte Flanke zeigt, besteht die Ostseite (Laggintal) durchwegs aus Fels — aber nicht aus dem besten. Eingerahmt wird das Massiv im Westen vom Trift-Gletscher, der in den Melligg-Gletscher und den eigentlichen Trift-Gletscher unterteilt wird; im Süden bewacht der Rottal-Gletscher den Berg und im Osten erstreckt sich der Weißmies-Gletscher.

Was den Gipfel so populär machte und worauf die häufigen Besteigungen zurückzuführen sind, ist der relativ leichte Normalanstieg und die ausgedehnte Fernsicht: bei klarem Wetter soll man sogar die Spitzen des Mailänder Domes und einen Teil der oberitalienischen Seen im Blickfeld haben. Die meisten Besteigungen erfolgen heute über den Hohlaub-Gletscher. Man quert dann unter der Westwand — bei guten Firnverhältnissen können sichere Steigeisengeher direkt durch die Westflanke den Gipfel erreichen — den Trift-Gletscher und gewinnt so den oberen Teil des Triftgrates. Der früher übliche Normalanstieg verlief über den Trift-Gletscher, doch infolge seiner Zerrissenheit ist der erstgenannte Aufstieg empfehlenswerter. Auch für den Skibergsteiger. — Als schönster und interessantester Weißmies-Aufstieg wird von Kennern der (allerdings sehr lange) Nordgrat bezeichnet.

Das Weißmies ist ein außerordentlich vielseitiger Berg, denn neben großzügigen Eisanstiegen gibt es dort auch reizvolle Felswege, wobei allerdings zu berücksichtigen ist, daß dieser Fels nicht mit dem gesunden Granit der Montblanc-Gruppe oder des Bergell verglichen werden kann. Zu den erwähnten Routen gibt es auch noch zahlreiche Varianten, die jedoch überwiegend von geringem bergsteigerischen Interesse sind und wenig begangen werden.

Ein relativ leichter Gipfel, das Weißmies. Ein Gipfel, der bis kurz unter seinen höchsten Punkt mit Skiern bestiegen werden kann, was der Freiburger Alfred von Martin und der Dresdener Hermann Rumpelt schon am 25. März 1910 anläßlich der ersten winterlichen Besteigung deutlich unter Beweis stellten.

Trotzdem setzt eine Besteigung des Berges die im Hochgebirge zum Gelingen einer Tour notwendige Erfahrung und natürlich auch das dementsprechende Können voraus, denn im Grunde genommen gibt es überhaupt keinen unschwierigen Berg, wie es auch keinen vor abgehenden Lawinen hundertprozentig sicheren Hang gibt. Das beweisen Jahr für Jahr die traurigen Zahlen der Unfallstatistiken.

TOURISTISCHE ANGABEN

Hütten

Weißmieshütte und *Laggin-Biwak* siehe Lagginhorn (Seite 121).
Almageller Alp, 2194 m, privat, 30 Schlafplätze; am gleichnamigen Bach; geöffnet von Juni bis September. Von Saas-Almagell, 1672 m, gute 1¹/₄ Stunden.

Tourenmöglichkeiten

Hohlaub-Gletscher — Triftgrat (Normalanstieg)

1300 m, I, kombiniert, 4—5 Stunden von der Weißmieshütte.
Von der Hütte zuerst in Richtung Lagginjoch ansteigen. Dann rechtshaltend über den Felsrücken und den Trift-Gletscher. In der Folge steil hinauf zum Grat, der den Trift- und Meligg-Gletscher trennt. Weiter über den Triftgrat zum Gipfel.

Skiaufstieg

Wie beim Normalanstieg. Das Steilstück zum Grat ist oftmals nur zu Fuß möglich.

Triftgrat (Südwestgrat)

500 m, I, 2—3 Stunden.
Von der Almageller Alp nördlich durch das Steintäli und rechtshaltend hinauf zu P 3503; 3¹/₂ Stunden. Hier beginnt der eigentliche, etwa 2 km lange Grat.

Von Südosten

750 m, I, kombiniert, 2¹/₂ Stunden.
Von der Almageller Alp in 2¹/₂ Stunden auf das Zwischenbergjoch, 3267 m. Von hier zuerst durch die Ostseite, dann über den Gipfelgrat zum höchsten Punkt.

Am Weißmies-Nordgrat, einem der großzügigsten Anstiege an diesem Berg.

Auch diese Aufnahme wurde während einer Begehung des Weißmies-Nordgrates belichtet; eine große Walliser Führe in Firn und Fels (III. Grad).

Die Geschichte des Berges

Als man Ende August 1855 im Saastal vor den Holzhäusern der Führer von der Erstbesteigung des Weißmies sprach, schwang kein freundlicher Ton in den Stimmen der Einheimischen mit, denn es waren Führerlose, die das makellose Weiß der Gipfelgruppe als erste betraten. Wohl war Peter Josef Zurbriggen ein Walliser, doch Notar von Beruf und nach Meinung der schon damals sehr von sich eingenommenen Führer nicht dazu prädestiniert, einen solchen Berg ohne einen der ihren zu erobern. Ganz zu schweigen von Zurbriggens Begleiter, dem Züricher Jakob Christian Heusser. Es dauerte nicht lange, da stieg eine Führerpartie zur Almageller Alp auf und folgte den Spuren der beiden über den Triftgrat, um festzustellen, ob sie auch tatsächlich auf dem höchsten Punkt waren. — Sie waren es.
Ein harter Schlag für die Saaser Führergilde, zumal auch bei der nächsten Erstbegehung — sie erfolgte am 20. August 1873 vom Weißmiessattel aus durch J. A. Peebles, J. Oakley Maund, H. Noel Malan, Johann Jaun, Ulrich Huggler und Josef Dorsaz — keiner von ihnen beteiligt war.
Langsam begann man sich auch für die dem Saastal abgewandte Ostflanke zu interessieren, und am 17. August 1876 fanden die Amerikanerin Jackson, ihr Mann sowie die Führer Peter Schlegel, Ulrich Rubi und Jean Martin durch die brüchige, ständig vom Eisschlag bedrohte Wand einen Durchstieg. Eine in ihrer Linienführung idealere Durchstiegsmöglichkeit entdeckten Antonio Dorsaz und Ettore Allegra am 24. August 1901, die dreißig Jahre später von dem Ehepaar Murray und den Führern Oskar und Alfred Supersaxo begradigt wurde.
Oskar Supersaxo war es auch, der eine ideale Anstiegsmöglichkeit von Nordosten auf den Nordgrat ausfindig machte und sie später mit E. R. Blanchet und Kaspar Mooser im Abstieg beging. Das war am 25. Juli 1928. Zwei Jahre später wurde diese Route von der Seilschaft Krusemann/Matievic auch im Aufstieg bewältigt. Aber bleiben wir noch kurze Zeit im vorigen Jahrhundert: Als außergewöhnlich konnte die Bezwingung der 500 Meter hohen Südwand bezeichnet werden. Im Krachen des Steinschlags kämpften sich Claude und Herbert Wilson mit den Führern Aloys Burgener und Josef

Nordgrat

530 m, II—III+, 6—8 Stunden. Von der Weißmieshütte in 2½ Stunden zum Lagginjoch, 3495 m. Über Platten zur Schlüsselstelle, der 15 m hohen „Großen Platte“, die auf der Westseite direkt erklettert wird (Haken). Weiter über den Grat zum Gipfel.

Nordostflanke-Nordgrat

700 m, II, kombiniert, 5—6 Stunden vom Laggin-Biwak.

Südwand

500 m, III—IV, kombiniert, am Ausstieg eine senkrechte Eiswand, 5—7 Stunden von der Almageller Alp.

Westwand

600 m, bis 45 Grad, 5—6 Stunden von der Weißmieshütte; schöne Eisfahrt im Frühsommer.

Direkte Ostwand

1000 m, III, bis 50 Grad, 8 Stunden ab Laggin-Biwak (Zeit der Erstbegeher).

Abstieg

Über den Normalanstieg in 2½ Stunden zur Weißmieshütte; zum Laggin-Biwak über Nordgrat-Nordostwand in 3 Stunden.

KARTEN/FÜHRER

Landeskarte der Schweiz 1:50 000 Blatt Visp (274), Blatt Mischabel (284).
Königer/Weh, Walliser Alpen.
SAC, Walliser Alpen, Band IV.

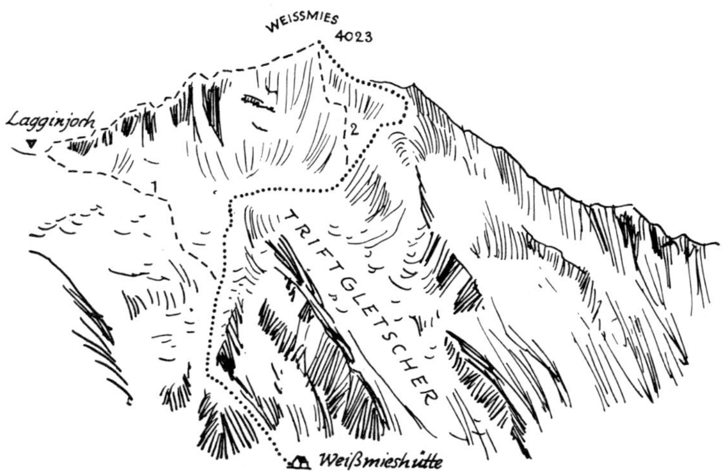

ANSTIEGSSKIZZE:

Weißmies mit Normalroute (punktiert), Westwand (2) und Nordgrat (1).

Die Weißmies-Westflanke. Ganz rechts ist die Spur des Normalanstieges zu erkennen.

Furrer am 7. August 1882 zum Südwestgrat durch, den sie hundert Meter unterhalb des Gipfels erreichten.
Eine der großartigsten Neufahrten konnte Johann Peter Zurbrücken, Besitzer des Hotels Monte Moro in Saas-Grund, am 25. August 1884 auf sein Konto buchen: Zusammen mit Theodor Andenmatten und dem englischen Ehepaar Paine eroberte er den Nordgrat — ohne einen Haken zu schlagen.
Und zum Schluß sei noch auf die Direkte Ostwandführe hingewiesen, am 19. Juli 1967 von den Schweizern M. Brandt, J. Braun, G. Paratte und Régis Theytaz durch die 1000 Meter hohe, bis zu 50 Grad geneigte Wand gelegt.
Es gibt kein lohnendes Neuland mehr zu erobern. Aber auch der, welcher einen der Anstiege an diesem schönen Berg wiederholt, wird den ganzen Reiz und die Faszination dieses Gipfels neu erleben und auskosten.

Breithorn 4165 m

Zwei Stunden über dem Theodulpaß

Es gibt mehrere Breithörner im Alpenraum, aber nur ein Zermatter Breithorn. Nicht allein der Höhe wegen — es ist das höchste in Europa, das im Pamir hat 6841 Meter —, auch der massigen, wohl etwas gedrungenen, aber als Ganzes gesehen mächtigen Gestalt und der verschiedenen, sehr interessanten Anstiege wegen. Seine mächtige Nordwand ist vom Rotenboden oder Gornergrat aus besonders eindrucksvoll.
Seit der Erstellung einer Seilbahn von Breuil auf die Testa Grigia und dem Bau eines Gasthauses auf dieser Felsinsel im Eismeer ist das Breithorn einer der am häufigsten bestiegenen Viertausender im Wallis. Wie es allerdings auf dem Gipfel aussehen wird, wenn die geplante Seilbahn auf das Klein-Matterhorn fertiggestellt ist, kann vorläufig nur geahnt werden. Der Normalanstieg (Skiroute) über den Breithornpaß und die darüber ansetzende Südwestflanke bietet keine nennenswerten Schwierigkeiten und kann von jedem geübten Westalpengeher bewältigt werden.
Ansonsten ist es schwierig, den lohnendsten Anstieg zu nennen, denn jede der größeren Routen hat ihren eigenen Reiz. Ob man nun den Spuren von Geoffrey Winthorp Young auf dem klassischen, sogenannten „Young-Grat" durch die Nordabstürze des Ostgipfels folgt, über den abwechslungsreichen Triftjegrat dem Hauptgipfel zustrebt, auf dem landschaftlich eindrucksvollen 2¹/₂ Kilometer langen Grenzgrat (Schweiz/Italien) fünf Viertausender überschreitet oder gar den Spuren von Erich Vanis durch das 650 Meter hohe, bis zu 70 Grad steile Nordostcouloir des Westlichen Breithornzwillings folgt.
Ein großes Plus an diesem Gipfel ist der relativ harmlose Abstieg, der dem Aufstiegsweg (Normalanstieg) der Erstbesteiger (Henri Maynard, Joseph Marie Couttet, Jean Gras, Jean-Baptiste und Jean-Jacques Erin; 13. August 1813) durch die Südwestflanke folgt. Auch vom Grenzgrat gibt es günstige und nicht allzu schwierige Abstiegsmöglichkeiten auf die Südseite.
Wer von einer Überschreitung des Grenzgrates absieht — der Grat kann auch von Nordwesten nach Südosten begangen werden (Biwakschachtel an der Schwarzfluh), wobei nur geringfügige Gegenanstiege bewältigt werden müssen (doch ist die umgekehrte Richtung empfehlenswerter, weil man so den größten Teil des Firngrates hinter sich bringt, ehe der Firn weich und damit gefährlich wird) — und auf fünf weitere Gipfel über der Viertausendmeter-Grenze verzichtet, kann beim Aufstieg von der Gandegg- bzw. der Theodulhütte oder von der Testa Grigia, vom Breithornplateau in ¹/₂ Stunde das 3888 Meter hohe Klein-Matterhorn mitnehmen. Und obwohl dieser Gipfel mit dem großen Namensvetter nicht viel gemeinsam hat — nur von der Station Rotenboden aus gesehen gleicht er mit etwas Phantasie dem Matterhorn —, bildet seine Besteigung auf dem Weg zum Breithorn einen lohnenswerten Abstecher.

TOURISTISCHE ANGABEN

Hütten

Gandegghütte, 3029 m, privat, 30 Schlafplätze; kurz vor dem südlichen Ende der „Leichenbretter" zwischen Oberem und Unterem Theodulgletscher; im Sommer bewirtschaftet. Von Zermatt, 1616 m, 4 Stunden, von der Station Rotenboden, 2819 m, der Gornergratbahn 2¹/₂ Stunden, vom Trockenen Steg, 2939 m (Seilbahn), ¹/₂ Stunde.

Theodulhütte, 3317 m, CAI, 65 Schlafplätze; auf einem Felssporn nördlich des gleichnamigen Passes; ganzjährig geöffnet. Von der Gandegghütte 1¹/₂ Stunden, von der Testa Grigia ¹/₄ Stunde.

Hotel Pian Rosa, 3480 m, privat, 16 Schlafplätze; auf der Testa Grigia. Seilbahn von Breuil (¹/₂ Stunde Fahrzeit), von der Theodul-Hütte ¹/₂ Stunde.

Biwak Cesare e Giorgio, 3700 m, CAI, 6 Schlafplätze; westlich des Schwarztores auf einem Felssporn. Von der Mezzalama-Hütte 3 Stunden, von der Testa Grigia 2¹/₂ Stunden.

Mezzalama-Hütte siehe Pollux (Seite 138).

Tourenmöglichkeiten

Südwestflanke (Normalanstieg)
350 m, I, 1 Stunde.
Von der Gandegghütte in 3¹/₂ Stunden zum Breithornpaß, 3831 m. Von hier über die Firnhänge zum Gipfel.
Vom Theodulpaß 2¹/₂ Stunden, von der Testa Grigia 2 Stunden.

Der Untere Theodulgletscher und darüber die massige Gestalt des Zermatter Breithorn.

Die politische Gletscherspalte

„Bei einer Besteigung des Breithorns", schreibt der Münchner Walter Schmidkunz in seinem köstlichen alpinen Anekdotenbüchlein „Zwischen Himmel und Erde", das heute leider kaum mehr Beachtung findet, „die Quintino Sella, der bekannte italienische Staatsmann und spätere Minister, der berühmte Mineraloge und Alpinist und Begründer des Italienischen Alpenclub, im Jahre 1854 unternahm, war sein Begleiter der Graf Paar, damals österreichischer Gesandter bei der sardischen Regierung. Man weiß, wie gerade in diesem Jahr die Beziehungen zwischen den beiden Staaten von Krieg zu Krieg immer lockerer und gefährdeter wurden. Sella und Graf Paar waren über die Politik hinaus durch ihr beiderseitiges Interesse an geologischen Dingen und durch ihre Liebe zu den Bergen in besonderer Freundschaft verbunden.

Auf jener Tour ereignet sich das Unglück, daß Graf Paar und der Führer in eine tiefe Gletscherspalte stürzten. Sella hatte geistesgegenwärtig sofort den Bergstock, der damals meist noch den Pickel vertrat, in den Firn gestoßen, konnte so die beiden Eingebrochenen am gespannten Seil halten und rettete ihnen dadurch wohl das Leben. Sellas Lage war zwar eine äußerst kritische, denn wenn der Stock nachgegeben hätte, so wäre die Katastrophe wohl unvermeidlich gewesen. Nach vielen Anstrengungen gelang es, die beiden aus dem Abgrund zu ziehen; da soll nun Sella dem Graf Paar, der ihm in bewegten Worten für die Rettung seines Lebens dankte, mit einem bedeutungsvollen Lächeln geantwortet haben, es sei der Stock gewesen, der ihm das Leben gerettet hätte, und er werde ihn hoch in Ehren halten, ‚denn wäre er nicht gewesen', fügte Sella hinzu, ‚hätte vielleicht das deutsche Vaterland über die meuchlerische Hinterlist der Welschen Zeter und Mordio geschrien'".

Südsüdwestflanke

400 m, 45 Grad, 2 Stunden vom Breithornpaß. Die Route verläuft rechts des Normalanstieges.

Triftjegrat

1000 m, II—III, kombiniert, 6 bis 8 Stunden von der Gandegghütte.

Young-Grat

650 m, III+, kombiniert, bis 55 Grad, von der Gandegghütte 6 bis 8 Stunden.

Ostsüdostgrat (Grenzgrat)

400 m, II—III, kombiniert, 8 bis 10 Stunden von der Biwakschachtel an der Schwarzfluh.

Nordwestwand

1000 m, bis 55 Grad, 7—9 Stunden.

Nordwand

1200 m, bis 55 Grad, 8—10 Stunden.

Nordostcouloir

650 m, bis 70 Grad, kombiniert, 6—8 Stunden.

Abstieg

Vom Hauptgipfel in 2½ Stunden zur Gandegghütte, 1 Stunde zur Testa Grigia. Außerdem Abstiegsmöglichkeiten vom Grenzgrat auf die italienische (Süd-)Seite.

KARTEN/FÜHRER

Landeskarte der Schweiz 1:25 000 Blatt Zermatt (1348).
Königer/Weh, Walliser Alpen.
SAC, Walliser Alpen, Band III.

ANSTIEGSSKIZZE:

Die italienische Seite des Breithornes mit der Normalführe (punktiert) sowie den Zustiegen (1 und 2) zum Grenzgrat, der das Breithorn mit der Schwarzfluh verbindet.

Castor 4226 m

Schönste Skitour im Monte-Rosa-Stock

TOURISTISCHE ANGABEN

HÜTTEN

Quintino-Sella-Hütte, 3587 m, CAI, 70 Schlafplätze; nördlich der Punta Perazzi am Felik-Gletscher; bewirtschaftet vom 10. Juli bis 20. September. Von Gressoney-la-Trinité, 1627 m, mit Sessellift bis Colle Betaforca, dann 3 Stunden (teilweise drahtseilversichert), von Fiéry, 1878 m, 5 Stunden.

Monte-Rosa-Hütte siehe Lyskamm (Seite 141).

Mezzalama-Hütte siehe Pollux (Seite 138).

Biwak Cesare e Giorgio siehe Breithorn (Seite 130).

TOURENMÖGLICHKEITEN

Südostgrat (Normalanstieg)

170 m, I, 1$^1/_4$ Stunden.
Von der Monte-Rosa-Hütte in 4—6 Stunden, von der Quintino-Sella-Hütte in 1$^1/_2$ Stunden, von der Mezzalama-Hütte in 3—4 Stunden zum Felikjoch, 4061 m. Von hier über den Firngrat zum Gipfel. — Von der Monte-Rosa-Hütte kommend, ist es möglich, schon unterhalb des Joches rechtshaltend zum Gipfel anzusteigen.

Skiaufstieg

Wie beim Normalanstieg in das Felikjoch (Skidepot). Dann zu Fuß über den Südostgrat. Die Schwierigkeit dieser großartigen Tour besteht im Wegfinden durch den Zwillingsgletscher.

Westflanke

400 m, I, 1$^1/_2$ Stunden.
Von der Monte-Rosa-Hütte in 4 Stunden, ebenso von der Mezzalama-Hütte, von der Biwakschachtel in 1 Stunde zum Zwillingsjoch,

Der Castor, 950 Meter Luftlinie südöstlich des Pollux und von diesem durch das 400 Meter tiefere Zwillingsjoch getrennt, ist der höhere und formschönere, folglich auch häufiger bestiegene Gipfel der Zwillinge. Seine höchste Spitze — in aperem Zustand ein Felsgipfel — ist genau auf der Grenze zwischen Italien und der Schweiz. Außerdem bildet sein Südostgrat den direkten Grenzverlauf, wodurch sich für ihn der Name „Grenzgrat" eingebürgert hat. In ihm erhebt sich mit dem 4176 Meter hohen Südostgipfel ein weiterer, über 4000 Meter hoher Punkt. In diesem Zusammenhang wäre noch die in den neuen Karten als Felikhorn bezeichnete Firnkuppe beim Felikjoch zu nennen. Reiht man dann noch den 4205 Meter hohen Nordwestgipfel mit ein, so wären am Castor vier Viertausender zu holen. Es sind aber mit Ausnahme des Hauptgipfels nur Rückfallkuppen im Massiv des Berges.

Zwischen den gewaltigen Bauten des Breithorns (nordwestlich) und Lyskamms (östlich) und den damit verbundenen großzügigen Tourenmöglichkeiten verlieren natürlich die Zwillinge an touristischer Bedeutung, obwohl der Castorgipfel das Breithorn um sechzig Meter überragt. Auch für Skibergsteiger ist dort ein hervorzuhebendes Betätigungsfeld, denn der Gipfel erhielt schon am 5. März 1913 durch Hans Kämmerer, Alfred von Martin, Karl Planck und Heinz von Roncador seinen ersten Winterbesuch, bei dem aber nur teilweise Skier benützt wurden. Ihr Aufstieg verlief vom Felikjoch über den Südostgrat, der bei guten Verhältnissen keine Schwierigkeiten aufweist, lediglich im obersten Teil (gegen Süden) stark verwächtet ist. Über diesen Grat erfolgte am 23. August 1861 auch die Erstbesteigung durch William Mathews und F. W. Jacomb in Begleitung des großen Chamoniarden Michel Croz. Er bezwang vier Jahre später, am 14. Juli 1865, das Matterhorn — und stürzte beim Abstieg über die Nordwand in den Tod. Das Seil war gerissen.

Der Aufstieg vom nordwestlich eingelagerten Zwillingsjoch wird überwiegend nur im Rahmen einer Überschreitung vom Pollux her oder auch umgekehrt gemacht.

Geht man von der Mezzalama- oder Quintino-Sella-Hütte den Berg an, so empfiehlt sich als günstigste Route der Südwestgrat. Man sollte ihn aber erst ab dem Colle del Castore begehen, denn der untere Felsaufbau ist wesentlich schwieriger als der obere Gratteil, auf dem der Firn dominiert.

Eiskletterer finden in der Nordwand oder auf der Nordostrippe das richtige für ihren Geschmack: interessante, nicht übermäßig lange und objektiv sichere Anstiege.

Kurz gesagt: wenn der Gipfel auch im Reigen der mächtigeren umstehenden Riesen fast verschwindet, so hat er doch mannigfache Möglichkeiten für die bergsteigerische Entfaltung.

Castor (links) und Pollux (rechts)
von Nordosten.

Oskar Erich Meyer (1883—1940) wird von vielen als einziger alpiner Dichter im wahren Sine dieses Wortes bezeichnet und stellte laut Karl Ziak „die stärkste Verinnerlichung des alpinen Erlebens dar". Was dieser Mann 1914 in „Bilder aus dem Hochgebirge" (Österreichische Alpenzeitung) über die Besteigung eines so verhältnismäßig unbedeutenden Berges wie den Castor geschrieben hat, sollte man als Bergsteiger gelesen haben:

„Über den Schutt der Moräne huscht der Laterne irrendes Leuchten. Lockere Erde rieselt die Hänge hinab, dann kollert ein Stein in die Tiefe und endet mit dumpfem Fall — irgendwo im Dunkel. Stille der Sternennacht. Nur die Nägel knirschen über das hartgefrorene Eis. Alle Bäche schlafen noch. Dunkle Schlünde gähnen aus dem dumpfen Silberweiß. Ein leises Klirren wie klingender Stahl: Ein Eiszapfen zerschellt im Grund einer Spalte.

Der Morgen ist fahl und kalt. Die Atemzüge des Windes hauchen über das schimmernde Eis. Unsere gerade eilende Spur schleicht im Zickzack durch lauernde Klüfte. Schneezungen schieben ihr dumpfes Weiß über das Silbergrau des Gletschers. Jäher steigen die Hänge auf. Klaffende Risse durchkreuzen sie rings. Dann sind wir eingeschlossen von gähnenden Riesengräben. Schiefe Türme und zackige Mauern wachsen aus dem zerborstenen Grund. Der helle Schlag des Pickels führt uns über jähe Wand in die gläserne Pracht einer Spalte hinab. Jenseits meißeln wir uns die schmale Leiter wieder zum Licht hinauf.

Schmale Brücken leiten uns über die lauernde Tiefe, zwischen alternden Türmen hindurch, die bald in der Glut eines Mittags sterben, hinauf in das leuchtende Weiß der obersten Firne. Leise schwankt das Seil im Takt unserer Schritte. Himmelhoch über uns hängen und gleißen die Firngebilde des Lyskammes. Unaufhaltsam kriecht unsere Spur die Hänge hinan, fliegt unser Sehnen zur Höhe, wo die Kante des Schnees das Blau des Himmels begrenzt.

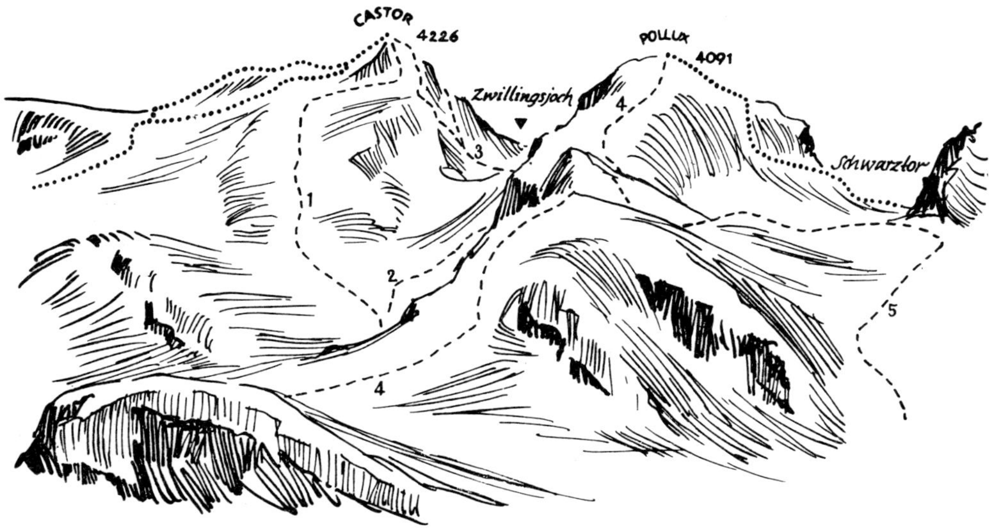

3848 m. Vom Sattel durch die Flanke zum Südwestgrat, den man kurz unterhalb des Gipfels erreicht.

Nordwestgrat

400 m, I—II, 1½ Stunden.
Vom Zwillingsjoch über den Firngrat zum Vorgipfel und weiter in ¼ Stunde zum Hauptgipfel.

Südwestgrat

250 m, II, kombiniert, 1½ Stunden.
Von der Sella-Hütte in 2½ Stunden, von der Mezzalama-Hütte in 3½ Stunden zum Colle del Castore, 3980 m. Anfangs auf dem überwiegend firnigen Grat, am Schluß über eine plattige Unterbrechungsstelle zum Gipfel.

Nordwand

600 m, 45—50 Grad, 3—5 Stunden.
Von der obersten Mulde des Schwärzegletschers linkshaltend in die Wand und den jeweiligen Verhältnissen entsprechend zum Gipfel.

Nordostrippe

350 m, bis 45 Grad, 2½ Stunden.
Auf dem Weg zum Felikjoch quert man bei etwa 3850 m nach rechts zur Rippe, die zum Nordwestgipfel führt.

Abstieg

Entweder über den Südostgrat in 40 Minuten zum Felikjoch oder in ¾ Stunden durch die Westflanke zum Zwillingsjoch.

KARTEN/FÜHRER

Landeskarte der Schweiz 1:50 000 Blatt Mischabel (284), Blatt Gressoney (294).
Königer/Weh, Walliser Alpen.
SAC, Walliser Alpen, Band III.

ANSTIEGSSKIZZE:

Die Zwillinge von Norden mit den jeweiligen Normalführen (punktiert), der Castor-Nordwand (1), des Zuganges zum Zwillingsjoch (2), dem Nordwestgrat (3), dem Pollux-Nordgrat (4) und dem Zugang zum Schwarztor.

Aufstieg in dem zum Teil wild-
zerrissenen Zwillingsgletscher ins Zwillingsjoch zwischen Castor und Pollux.

Winterkalt weht es über das Felikjoch. Aber die ganze Herrlichkeit eines leicht geschwungenen Grates, aus lauter leuchtendem Firn getürmt, leitet und lockt noch höher empor.

Dämmernde Tiefen rechts und links. Tastend stellt sich Fuß vor Fuß, hebt uns die silberne Schneide über die Welt, führt uns auf immer schmalerer Bahn der Erfüllung zu. Und eh' unsere Herzen zu hoffen wagen, leuchtet vor uns die kleine Kuppel, im Wind von Kristall um Kristall überworfen, neigt sich die Brücke sanfter und breiter zu uns herab, gibt uns freundlich den Zutritt frei. Dann stehen unsere dunklen Schatten steil in lauter Licht."

Pollux 4091 m

Kleiner Zwilling im Schatten des großen

Der Pollux, über dessen Gipfel die schweizerisch/italienische Grenze verläuft, erhebt sich in der Breithorn-Lyskamm-Kette und stellt in keiner Weise das dar, was man sich im allgemeinen von der Gestalt eines Viertausenders erhofft. Zusammen mit dem fast 200 Meter höheren und auch in seiner Gesamtheit imposanteren Castor, bildet er die sogenannten „Zwillinge", die gleich Zuckerhüten dem langgezogenen Sattel zwischen Lyskamm und Schwarztor entragen.
Die Schalbetterfluh trennt den Schwärze- vom Zwillingsgletscher. Diese Felswand beherrscht das Zwillingsjoch und setzt sich auf dem italienischen Gebiet fort. Sie läuft in einen Felsgrat aus, der auf 3795 m im Gletscher untertaucht. Der Grat gipfelt im P 3980 und schwingt sich dann im Firn zum Gipfel auf. Die Grenzgrate des Pollux sind im Vergleich zu den Nachbarbergen in keiner Weise ausgeprägt, so daß die Grenze durch die Flanken verläuft und nicht exakt festzustellen ist.
Die Italiener nennen den Berg „Polluce". Seine Südabstürze erheben sich über dem Abschluß des Vallon di Verra, jenes weltentlegenen Tales, das die Fortsetzung der Täler von Ayas und Challaht — sie münden bei Verrès in das Aostatal — bilden. Seit es westlich des Schwarztores, auf einem Felssporn der Schwarzfluh, eine Biwakschachtel gibt, wird der Pollux von der italienischen Seite her wesentlich häufiger bestiegen. Trotzdem kommen aber noch immer die meisten Besteiger von Zermatt bzw. der Monte-Rosa-Hütte, zumal die Gornergratbahn ein gutes Stück des Hüttenaufstieges erspart.
Der großzügigste Anstieg auf den Pollux ist der Nordgrat. Ganz gleich, ob man ihn nun von seinem Anfang bei der Schwärze aus begeht (dann ist er etwa 4 Kilometer lang und weist einen Höhenunterschied von 1200 Meter auf), oder ob man erst bei dem Sattel P 3294 mit der Besteigung beginnt. Das wissen allerdings nur wenige, so daß die meisten Seilschaften vom Zwillingsjoch aus gehen, wo im Winter oder Frühsommer auch die Skier zurückgelassen werden. Der Aufstieg über den zerrissenen Schwärzegletscher zum Schwarztor ist weniger zu empfehlen, da sehr viel Zeit vergehen kann, bis man einen Weg durch den Gletscher findet. Bei günstigen Verhältnissen allerdings ist es der kürzeste Zugang von der Station Rotenboden der Gornergratbahn.
Im großen und ganzen wird der Pollux seltener bestiegen als der Castor. Wohl aber im Rahmen einer Überschreitung zum Castor; dann benützt man am günstigsten den Südwestgrat als erste Etappe, steigt über den Südostgrat zum Zwillingsjoch ab und geht weiter zum Castor.
Doch wer schon einmal oben steht im Zwillingsjoch, der sollte es sich nicht entgehen lassen, beide Gipfel mitzunehmen. So leicht und vor allem in so kurzer Zeit ist es nur selten möglich, zwei Viertausender zu besteigen!

TOURISTISCHE ANGABEN

Hütten

Mezzalama-Hütte, 3004 m, CAI, 24 Schlafplätze; südwestlich des Schwarztores auf dem Moränensporn von Lambronecca; bewartet vom 15. Juli bis 30. Oktober. Von Fiéry, 1878 m, 3½ Stunden.

Monte-Rosa-Hütte siehe Lyskamm (Seite 141).

Biwak Cesare e Giorgio siehe Breithorn (Seite 130).

Tourenmöglichkeiten

Südwestgrat

350 m, I, kombiniert, 1½ Stunden. Von der Station Rotenboden, 2819 m, der Gornergratbahn über den zerrissenen Schwärzegletscher in 4—5 Stunden, von der Monte-Rosa-Hütte in 3—4 Stunden, von der Mezzalama-Hütte in 3½ Stunden, von der Biwakschachtel in ½ Stunde zum Schwarztor, 3733 m.
Vom Sattel linkshaltend zum Firnhang zwischen dem mächtigen Bollwerk (links) und dem Westgratverlauf. Bald wird der verfirnte Gipfelgrat erreicht. Bei schlechten Eisverhältnissen kann man auch rechts des felsigen Gratausläufers ansteigen.

Skiaufstieg

Wie beim Normalanstieg (Südwestgrat) zum Schwarztor (Skidepot) und weiter zum Gipfel. Eine großzügige und anspruchsvolle Skitour ist die Überschreitung von Castor und Pollux (Zwillingsgletscher — Felikjoch — Castor — Zwillingsjoch — Pollux — Schwarztor — Schwärzegletscher — Monte-Rosa-Hütte oder umgekehrt).

Südostgrat

250 m, I, 3/4 Stunden.
Von der Monte-Rosa-Hütte oder von der Mezzalama-Hütte in 4 Stunden, von der Biwakschachtel in 1 Stunde zum Zwillingsjoch, 3848 m. Entweder vom Joch direkt über brüchige Felsen, oder links im Firn und später kombiniert zum Gipfel.

Nordgrat

800 m, bis 45 Grad, 4—6 Stunden.
Von der Monte-Rosa-Hütte auf das erste Plateau des Zwillingsgletschers und rechts zu einem Couloir, das durch die Schalbetterfluh, einem langgezogenen Felsgürtel, auf den Sattel führt; 2 Stunden. Von hier im Firn weiter zum Gipfel.
Der Grat kann (wesentlich schwieriger) auch erreicht werden, wenn man auf dem Zwillingsgletscher etwa in 3400 m nach rechts (östlich) geht und durch ein Couloir aufsteigt.
Die Route der Erstbegeher, die am untersten Ausläufer des Grates ihren Ursprung hat, wird kaum noch begangen.

Abstieg

Am besten über den Zwillingsgletscher in 3 Stunden zur Monte-Rosa-Hütte oder in der gleichen Zeit zur Mezzalama-Hütte.

KARTEN/FÜHRER

Landeskarte der Schweiz 1:50 000 Blatt Mischabel (284), Gressoney (294).
Königer/Weh, Walliser Alpen.
SAC, Walliser Alpen, Band III.

Berühmte Alpinisten am Pollux

So unbedeutend der Pollux im Vergleich zu den meisten anderen Viertausendern des Wallis ist, so bedeutende Männer haben sich im Laufe der Jahre an ihm gemessen.
Der Genfer Jules Jacot stand mit Peter Taugwalder Vater, der sich schon 1862 mitten im Winter als Erstbesteiger des Matterhorns versucht hatte, und mit Josef Maria Perren am 1. August 1864 als erster Mensch auf dem Gipfel des Pollux. Sie bestiegen ihn vom Schwarztor aus, das schon am 18. August 1845 von dem erfolgreichen Dolomiten-Bergsteiger John Ball aus London und dem Führer Gabriel Zumtaugwald überschritten worden war. Erst viele Jahre später, am 31. Juli 1863, sah das Zwillingsjoch die ersten Menschen in seinem Firn stehen: Stephan Winkworth und das Führergespann Croz/Bennen.
Den großzügigsten Anstieg auf den Pollux, den Nordgrat — das kann nicht oft genug herausgehoben werden —, meisterte der englische Captain John Percy Farrar am 18. August 1910 mit seinem Landsmann R. W. Lloyd und dem Führer Josef Pollinger. Farrar, dem 1893 mit dem Brüderpaar Maquignaz die erste Wiederholung des Peutereygrates auf den Montblanc gelang und der unter anderem neben der Äußeren Ölgrubenspitze in den Ötztalern auch den Wetterhorn-Nordgrat (1898) und den Ebnefluh-Nordgrat erstbeging, war eine der herausragendsten Persönlichkeiten seiner Zeit. Diese Neutour am Pollux war das letzte große Unternehmen des Londoners; er starb am 18. Februar 1929 in seiner Heimatstadt.
Der gesamte Nordgrat wurde eine Beute des Engländers George Ingle Finch — er wagte sich vier Jahre später als erster in die Nordabstürze der Dent d'Hérens („Finchterrasse") — und seines Führers Max Liniger am 28. Juli 1919. Sie waren von der Schwärze direkt angestiegen und blieben auf dem teilweise sehr breiten Firnrücken bis zum Gipfel, wobei sie im oberen Teil den Spuren von Farrar folgten.
Vollkommen unbedeutend und auch nur höchst selten wiederholt ist der Zustieg der Schweizer Führer Adolf Aufdenblatten und Gabriel Zumtaugwald mit Marino Lusy durch die Schalbetterfluh zum Nordgrat am 21. Juni 1926.
Alfred v. Martin, Arzt in Freiburg (Breisgau) und ein leidenschaftlicher Verfechter des Skibergsteigens — er hatte schon das Weißmies und den Alphubel im Winter bestiegen — stapfte am 7. März 1913 mit seinem bewährten Seilkameraden Karl Planck auf den Pollux. Und zwar vom Schwarztor aus, wo sie die Skier zurückgelassen hatten.
Karl Blodig über seine Besteigung im August 1901 mit Hans Wödl: „So bedenklich steil der Südostabfall des Pollux, besonders vom Castor aus betrachtet, sich darstellt, so harmlos erweist er sich, sobald man ihm an den Leib rückt. Erst im oberen Drittel, etwa 60 Meter unter der Spitze, erscheint ein Ausweichen in die Südostflanke geraten, wenn man, wie es bei unserer Besteigung der Fall war, mit Neuschnee bedeckte Firnhalden antrifft; ist der Firnhang gegen Norden aber gut gangbar, dann kann man die steilsten Felspartien auf ihm, im Sinne des Anstieges rechts, umgehen. Eine Platte oberhalb eines ziemlich engen Kamines war es, die uns das erste Hindernis — und es blieb auch das einzige — entgegensetzte. Nach einigen fruchtlosen Versuchen schwangen wir uns mit gegenseitiger Unterstützung hinauf, Pickel

und Rucksäcke folgten am Seile. Über einen ziemlich steilen Firnhang stiegen wir dann zur Spitze des 4091 Meter hohen Pollux hinan."

Ungenannt wird aber die Zahl jener bleiben, die schon auf dem gratähnlichen Gipfel standen, denn es waren natürlich nicht nur Berühmtheiten der alpinen Geschichte. Es waren — und sind es heute noch, zum überwiegenden Teil sogar — die Ruhigen. Noch in der Nacht verlassen sie die Hütte, streben dem Gipfel entgegen, stehen dann nach Stunden der Anstrengung hoch oben im Licht — und steigen wieder ab, dem Tal, der Großstadt entgegen, wo jene Stunden auf den Gipfeln noch intensiver nachklingen, als sie es in Wirklichkeit waren.

Der Pollux. Rechts das Schwarztor, von dem die Normalführe links zum Südwestgrat und über ihn zum Gipfel hochführt.

Lyskamm 4527 m

Der „Menschenfresser"

TOURISTISCHE ANGABEN

HÜTTEN

Monte-Rosa-Hütte, 2795 m, SAC, 100 Schlafplätze; am westlichen Rand des Plattje über dem Grenzgletscher; bewirtschaftet von Ende Juni bis Mitte September und im Frühjahr. Von der Station Rotenboden der Gornergratbahn, 2819 m, 2 Stunden.

Gnifetti-Hütte, 3611 m, CAI, 100 Schlafplätze; auf einem Felssporn zwischen Lysgletscher und Garstelet-Gletscher; von Ende Juni bis Ende September bewirtschaftet. Von der Punta Indren, 3260 m (Seilbahn von Alagna), 1½ Stunden. Zu Fuß von Alagna, 1190 m, 7½ Stunden, von Gressoney, 1624 m, 7 Stunden.

Quintino-Sella-Hütte siehe Castor (Seite 133).

TOURENMÖGLICHKEITEN

Hauptgipfel
Südostgrat (Normalanstieg)
350 m, II, 3—4 Stunden.
Von der Monte-Rosa-Hütte in 5 Stunden, von der Gnifetti-Hütte in 1¾ Stunden zum Lysjoch, 4153 m, wo Skibergsteiger ihre Skier zurücklassen. Von hier über den teilweise stark überwächteten Grat zum Gipfel.

Skiaufstieg
Siehe Südostgrat zum Hauptgipfel sowie Westgipfel-Südwestgrat.

Westgrat
550 m, II, kombiniert, 3—4 Stunden.
Von der Sella-Hütte in 2½ Stunden zum Einstieg und über den Grat (Cresta Perazzi) zum Grenzgrat und über ihn zum Hauptgipfel.

Nordostwand
700 m, bis 55 Grad, 5—7 Stunden.

In nicht ganz fünf Kilometer Länge erstreckt sich das gewaltige Massiv des Lyskamms zwischen Lysjoch im Osten und Felikjoch im Westen. Ein großer Berg, eine gewaltige Festung aus Eis und Fels, deren Besteigung in das Tourenbuch jedes ernsthaften Westalpengehers gehört.

Erregend und abenteuerlich ist die Ansicht von Norden. Von dort führen auch die schwierigsten Routen auf die beiden Gipfel, in denen der Lyskamm kulminiert: Westgipfel, 4481 Meter, und Ost- bzw. Hauptgipfel, 4527 Meter. Die meisten Besteiger wählen den Weg über den Südostgrat vom Lysjoch aus zum Hauptgipfel. Wenn früher die Monte-Rosa-Hütte als günstigster Ausgangspunkt galt, so gehen seit Fertigstellung der Seilbahn von Alagna zur Punta Indren auf der italienischen Seite des Massivs viele Seilschaften von der Gnifetti-Hütte den Berg an. Dadurch bekommt der Normalanstieg, zeitlich gesehen, durchaus ostalpinen Charakter (5 bis 6 Stunden). Hat man die Sella-Hütte als Stützpunkt gewählt, empfiehlt sich besonders der Westgrat des Hauptgipfels und der Südwestgrat (ab Felikjoch) des Westgipfels, an den die Überschreitung zum Hauptgipfel angehängt werden kann. Dieser genau 1 Kilometer lange, gefährlich überwächtete und kühn geschwungene Verbindungsgrat hat dem Lyskamm den Beinamen „Menschenfresser" gebracht, weil dort schon zahlreiche Seilschaften abstürzten, obwohl er keine ausgesprochenen technischen Schwierigkeiten bietet. Seine erste Begehung erfolgte im Zusammenhang mit der Erstbesteigung des Westgipfels am 16. August 1864 durch die Engländer Sir Leslie Stephen und Edward N. Buxton mit den Führern Jakob Anderegg und Franz Biner. Zu diesem Zeitpunkt war aber der Hauptgipfel schon bestiegen, denn seine Eroberung fällt in das Jahr 1861, als am 19. August eine Expedition von acht englischen Bergsteigern und sechs Schweizer Führern den Gipfel über den Südostgrat aufsteigend bezwangen.

Für qualifizierte Eismänner sind die aus dem Grenzgletscher aufragenden Nord- und Nordostabstürze begehrte Ziele. Direkt auf dem Hauptgipfel endet die Klucker-Führe aus dem Jahre 1890. Links von ihr hat Willo Welzenbach eine Variante gefunden, und noch ein Stück weiter links verläuft die am 19. August 1967 von Max Fischer und Franz Wilde erstmals begangene Route (etwa 55 Grad, in der Wandmitte ein Eisabbruch mit 68 Grad), die weniger steinschlaggefährdet ist als die erstgenannten Wege.

Sehr direkt und vor allem sehr sicher ist die Hiebeler-Pokorski-Route durch die Nordwand des Westgipfels; Durchschnittsneigung: 59 Grad. Nicht ideal in der Linienführung ist die Blanchet-Mooser-Führe auf den Grenzgrat östlich des Westgipfels. Außerdem gibt es noch zwei selbständige Routen vom Grenzgletscher zum Westgipfel: die Nordostwand-Führe von Kurt Diemberger und Wolfgang Stefan sowie den Nordostpfeiler, der auch felstechnische Schwierigkeiten (A1 und A2) bietet.

Der Anblick

Oskar Erich Meyer

Es ist ein Seltsames um den Berg, das ihn von allen den anderen scheidet. Da ist zuerst die Gestalt. Aus dem Lysjoch links und dem Felikjoch rechts steigen seine weißen Grate auf, steigen zu Höhen, die — Montblanc, Monte Rosa und den Dom ausgenommen — alle Gipfel der Alpen unter sich lassen. Und diese beiden, weit voneinander entfernten Grate laufen in keiner Spitze zusammen. Als wollten sie die schwindelnde Höhe nicht zu einem Punkt tragen, um ersterbend wieder abzusinken, schweben sie als eines Daches Kante weithin durch den Raum. So wohnt in keinem Berge der Alpen so sehr das lotrechte Streben des gotischen Baus und zugleich der getragene Fries des griechischen Tempels.
Und dann ist die Wand, zwischen den Graten und unter dem Dach. Kaum lugt in flachen Rippen der Fels durch das Eis. Geschlossen dehnt sich die Wand in ihren ungeheuren Maßen, reckt sich in schwindelnder Steilheit auf, ob wir sie von der Seite oder von vorn her sehen.
Und schließlich die Farbe. Weiß wächst die Wand aus weißem Grund, weiß sind die Grate und weiß ist das Dach, heller als des Himmels Bläue und reiner als das Licht. Drum ist des Berges Schönheit so überirdisch wie keine um Zermatt.
Doch neben der Schönheit des Berges wohnt die Seele des Menschen, der ihn sieht, das Grauen: Die Erinnerung an die, die der Berg erschlug. Wohl gibt es kaum einen großen Gipfel um Zermatt, dessen Name nicht auf einem Stein im Friedhof drunten stünde. Dort stürzte einer im Fels, hier riß das Seil, dort verschlang den anderen die Gletscherkluft, hier vernichteten Kälte und Sturm. Von alledem weiß der Lyskamm nichts. Er tötete anders. Nur zwei-, dreimal, seit ihm Menschen nahten. Aber aus diesem Griff ließ er keinen heraus, sie starben nicht an seinem Fuß, auf seinen Hängen oder Graten — von seines Daches First warf er sie in den Grund, alle zugleich, die das Seil verband.

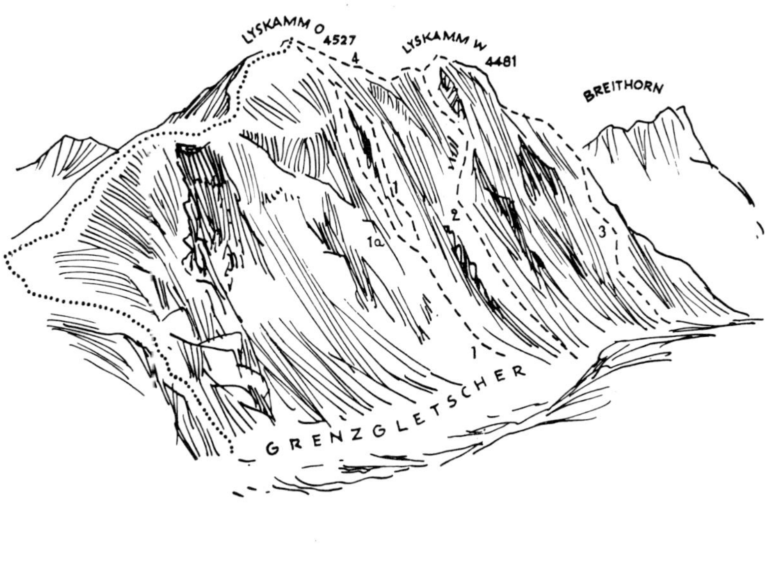

Südostwand
350 m, III, kombiniert, 7 Stunden von der Gnifetti-Hütte.

Südgrat
250 m, I—II, kombiniert, 5 Stunden von der Gnifetti-Hütte, 6 Stunden von der Sella-Hütte.

Abstieg
Über den Südostgrat in 4—5 Stunden zur Monte-Rosa-Hütte oder in 2½—3 Stunden zur Gnifetti-Hütte.

Westgipfel
Südwestgrat (Normalanstieg)
420 m, I, 2½—3 Stunden.
Von der Monte-Rosa-Hütte in 4 bis 5 Stunden, von der Sella-Hütte in 1½ Stunden zum Felikjoch, 4061 m; Skidepot. Über den Grat, zuweilen auf der Schweizer Seite zum Westgipfel.

Nordwestwand (Thomson-Klucker)
1100 m, III, bis 50 Grad, 6 bis 8 Stunden.

Dir. Nordwand (Hiebeler-Pokorski)
1000 m, 59 Grad Durchschnittsneigung, 13—18 Stunden.

Nordostwand (Blanchet-Mooser)
1000 m, bis 55 Grad, 5—8 Stunden.

Nordostwand (Diemberger-Stefan)
1000 m, bis 55 Grad, 8—10 Stunden.
Zu dieser Route gibt es einen direkten Einstieg (Hiebeler-Groß), der die objektiv gefährlichen Passagen meidet.

ANSTIEGSSKIZZE:
Die leichteste Route (punktiert) zum Haupt-(Ost-)gipfel hat im Lysjoch ihren Ursprung und führt dann weiter über den Südostgrat; 1a = Nordostwand (Welzenbach-Variante), 1 = Nordostwand (Klucker-Führe), 2 = Nordostwand (Blanchet-Mooser-Führe), 3 = Nordwestwand (Lendorff-Führe), 4 = Grenzgrat.

Über dem Grenzgletscher bäumen sich die eisigen Nordostabstürze des Lyskamm auf.

Das sind seine Wächten.
Tagtäglich wirkt der Wind an ihnen. Heftet Kristall um Kristall an die schmale Kante des Daches, daß weiße Balkone, meterweit in die Leere gebaut, über der Tiefe hängen. Aus der Steile der weißen Wand wölben die Wächten sich sanfter nach Süden, wölben sich weiter in die Luft hinaus, bis Himmelsglut und Erdenschwere ein Stück in die Tiefe reißen. Und zweimal, dreimal war es der Mensch, der, mit den Gefährten zum Tode verbunden, das letzte Gramm in die Wächtenschale trug, das sie zum Sinken brachte. Dann brauste eine Lawine von Eis mit verlorenen Leibern zu Tal. So tötet der Lyskamm. Er warnt nicht. Er erschlägt wie der Blitz.
Das ist das Grauen, das um seine Grate schwebt. Ein Grauen, aus Menschenleid geboren und schließlich zur Schönheit verklärt. Die Toten erhöhen den Berg. Ihr Untergang hebt seine Grate heller ins Licht, läßt die Ehrfurcht demütiger knien.
Sieh, wie blank seine Grate ins Blau des Himmels ragen! Wie rein seiner Hoheit Schleier ist — gewebt um die Erde erhabnes Gerüst aus schimmerndem Schnee und leuchtend vom Leide der Menschenseele . .

Eislawine in den Nordabstürzen des Lyskamms.

Abstieg

Über den Südwestgrat in 3 bis 4 Stunden zur Monte-Rosa-Hütte oder in 2½ Stunden zur Sella-Hütte.

KARTEN/FÜHRER

Landeskarte der Schweiz 1:50 000 Blatt Mischabel (284), Blatt Gressoney (294).
Königer/Weh, Walliser Alpen.
SAC, Walliser Alpen, Band III.

Monte Rosa 4634 m

Das gewaltigste Massiv der Schweizer Alpen

Zur Namensgebung im Monte-Rosa-Stock

Im Gegensatz zu den meisten anderen Viertausendern steht die Nomenklatur des Monte-Rosa-Massivs im engen Zusammenhang mit jenen Bergsteigern, die als erste einen der Gipfel betraten, einen Jochübergang erkundeten oder sich topographisch und kartographisch verdient gemacht haben.
Die höchste Spitze, die höchste Erhebung der Schweiz, die Dufourspitze, hat ihren Namen von Guillaume Henri Dufour (1787 bis 1875), einem Eidgenossen, der 1847, im Sonderbundkrieg, den Sonderbund der sieben ultramontanen Kantone aufhob — er war Oberbefehlshaber der Schweizer Truppen — und außerdem den ersten, aus 25 Blättern (1:100 000) bestehenden topographischen Atlas herausgab, die sogenannte Dufourkarte.
Die Punta Giordani wurde vermutlich von dem Arzt Dr. Pietro Giordani als Alleingänger am 23. Juli 1801 über den Südostgrat oder -hang erstmals bestiegen; die Vincent-Pyramide nachweislich von Johann Nikolaus Vincent, dem Eigentümer der Goldminen des Monte Rosa, am 5. August 1819 mit zwei Mineuren und einem Gemsjäger.
Ebenso verhält es sich mit der Ludwigshöhe, erstbestiegen von dem österreichischen Topographen Ludwig von Welden mit Gehilfen am 25. August 1822, und der Punta Gnifetti (Signalkuppe), die der Pfarrer Giovanni Gnifetti mit sieben Gefährten eroberte. Der unternehmungslustige Priester aus Alagna setzte auch als erster seinen Fuß auf den Colle Gnifetti.
Die Zumsteinspitze wird in diesem Zusammenhang gleichfalls ihrem Namen gerecht, denn sie wurde

Neben dem Montblanc ist der Monte Rosa der mächtigste Bergstock unserer Alpen. Zwischen Col d'Olen und Lysjoch bzw. Jägerhorn erstreckt sich dieses riesige Massiv, in dem sich einschließlich des unbedeutenden „Balmenhorns" zehn Viertausender erheben, deren Durchschnittshöhe bei 4400 Meter liegt.
Der Name ist von den Gletschern (Schweizer und Italienischer Monte-Rosa-Gletscher) auf die Berge gestiegen. Diese Gletscher nähren vier Flüsse, von denen aber nur die Visp ihren Lauf auf Schweizer Boden nimmt, während Lys, Sesia und Anza italienisch sind. Italienisch sind auch etwa Dreiviertel des ganzen Stockes. Dieser Teil ist der wildeste und findet in der Ostwand des Monte Rosa seinen absoluten Höhepunkt. Im Gegensatz dazu ist die Schweizer Seite des Berges weniger steil und abschreckend. Das ist auch der Grund, weshalb die meisten Besteigungen von dort erfolgen, denn für den bergsteigerischen Normalverbraucher kommen die Macugnaga-Abstürze nicht in Frage.
Bedingt durch die Zusammengezogenheit der Gipfel, werden sie häufig überschritten, wobei keine größeren Höhenunterschiede bewältigt werden müssen. Dieses in der Regel zwei Tage dauernde Unternehmen hat es zu einem klassischen Ruf gebracht. Selbst dem Skibergsteiger, dem Begeher der Haute Route, eröffnet sich dort ein ideales Gelände, das allen Ansprüchen gerecht wird. Auf der Schweizer Seite bietet sich die Monte-Rosa- (Bétemps-)Hütte als Stützpunkt an, für die Ostwand steht die Marinelli-Hütte zur Verfügung; besteigt man die Signalkuppe von Osten oder Südosten, nächtigt man am besten in der Resegotti-Hütte, und für den Zugang zum Lysjoch oder für Besteigungen der Punta Giordani und der Vincent-Pyramide wählt man die Gnifetti-Hütte. Fehlen darf bei dieser Aufzählung nicht die Margherita-Hütte auf der Signalkuppe, die höchste Hütte der Alpen. Man kann sie jedoch nicht als Stützpunkt im allgemeinen Sinne betrachten, sie ist lediglich Zwischenstation bei Überschreitungen und eine wertvolle Unterkunft bei Wetterstürzen. In diesem Zusammenhang sei auch noch auf die Biwakschachtel auf dem Gipfel des Jägerhorns hingewiesen. Durch sie kann der nächtliche Aufstieg (bei einer Begehung des Nordend-Nordostgrates) vermieden werden, denn vom Biwak ist man in 1/2 Stunde Abstieg im Jägerjoch. Mit dem Nordostgrat kann auch eine gesamte Überschreitung des Stockes verbunden werden. Allerdings erfordert der Grat die Beherrschung der oberen Schwierigkeitsgrade und nimmt 7 bis 9 Stunden Kletterzeit in Anspruch. Einfacher ist folgende Überschreitung:
1. Tag: Nordend (Normalanstieg) — Dufourspitze — Zumsteinspitze — Signalkuppe (Übernachtung in der Margherita-Hütte).
2. Tag: Signalkuppe — Parrotspitze — Ludwigshöhe — Schwarzhorn — Vincent-Pyramide — Punta Giordani — Gnifetti-Hütte.

am 1. August 1820 von Joseph Zumstein in Begleitung mehrerer Führer und Träger bestiegen.

Die Parrotspitze erhielt ihren Namen zu Ehren des deutschen Arztes und Physikers Johann Jakob Friedrich Wilhelm Parrot; das Nordend, weil es den nördlichsten Punkt des Monte-Rosa-Stockes markiert.

Achille Ratti, der spätere Papst Pius XI., der nach einer Durchsteigung der Monte-Rosa-Ostwand am 31. Juli 1889 als erster mit seiseinen Führern den Grenzsattel betrat, ist namentlich allerdings nicht mit dem Massiv verbunden. Auch Christian Ranggetiner nicht, der erstmals den Silbersattel betrat — aber ein Österreicher war.

Der italienischen Königin Margherita, einer leidenschaftlichen Bergsteigerin, wurde die 1893 vom CAI mit Unterstützung des italienischen Königshauses auf der Signalkuppe errichtete Hütte gewidmet.

Das Marinelli-Couloir ist mit dem Tod des Italieners Damiano Marinelli verbunden, der 1881 beim Versuch der vierten Durchsteigung in der Rinne mit seinen Begleitern von einer Eislawine erschlagen wurde.

Darüber hinaus, wie könnte es bei einem die Talschaften beherrschenden Berg schon anders sein, weben sich zahlreiche Sagen um den Titanen. Mit einer dieser Geschichten ist der „Entdeckungsfels" verbunden: Vor der Besteigung des Monte Rosa ging in den italienischen Tälern die Sage, daß jenseits der Eisberge ein „Thal der Glückseligkeit, ein Paradies verborgen" sei. Als dann Vincent 1778 gelegentlich seiner Ersteigungsversuche zum Lysjoch gelangte und von der kleinen Felsinsel ins Mattertal hinabschaute, glaubte er, dies sei jenes Paradies der Sage. Seitdem hat der „Entdeckungsfels" seinen Namen.

Der zentrale Monte-Rosa-Stock. Die beiden höchsten Spitzen sind Nordend (links) und Dufourspitze (rechts), dazwischen der Silbersattel. Unten der Gorner-Gletscher.

Von der Gnifetti-Hütte besteht die Möglichkeit, über das Lysjoch wieder auf die Schweizer Seite und damit zur Monte-Rosa-Hütte zu gelangen.

Schließlich noch ein Tip für Skitouristen, die im Frühjahr zur Monte-Rosa-Hütte aufsteigen: Von der Station Rotenboden fährt man ab zu P 2775 und noch etwa 400 Meter weiter in östliche Richtung, worauf es durch einen Steilhang auf den Gornergletscher geht. Auf ihm taleinwärts, dann südöstlich zum Grenzgletscher und leicht ansteigend bis in Höhe der Hütte, die nach einer Linksquerung erreicht wird. — Der Sommerweg ist in der Regel erst ab Juni begehbar.

Dialog am Monte Rosa

Als Karl Blodig am 12. August 1901 mit Hans Wödl der Dufourspitze entgegenstieg, waren die Wetterverhältnisse denkbar schlecht: „Ein heftiger Südweststurm schleuderte uns beinahe von dem meist vereisten und dick mit Neuschnee bedeckten Felsgrat herab, während besonders heftige Windstöße uns wie mit Schaufeln mit den aufgepeitschten Schneemassen überschütteten."

Nach neunstündigem Aufstieg betraten sie den höchsten Punkt der Walliser Alpen. Dort trafen sie den berühmten Führer Matthias Zurbriggen mit einem englischen Touristen. Zurbriggen, schon 55 Jahre alt, war immer noch aktiv und rechtfertigte auch seinen Ruf, den ihm die Erstbesteigung des Aconcagua und die Eroberungen des Mount Cook, des Mount Haidinger und anderer Gipfel auf Neuseeland eingebracht hatten. Zurbriggen war einer der bekanntesten — und teuersten Führer seiner Zeit.

„Herr Doktor, heute haben Sie mal wieder gute Arbeit getan." Mit diesen, etwas höhnisch gesprochenen Worten begrüßte der Führer den Führerlosen. Blodig antwortete ihm unwirsch, daß er das selbst wisse. „Nun, nun, Herr Doktor", sagte Zurbriggen, „man wird doch ein Wort der Anerkennung sagen dürfen; sehen Sie Herr Doktor, ich hab' ja Weib und Kind zu Hause, und wenn ich so jemand vorangehen sehe, wie Sie heute, dann denke ich immer, mit so einem Herrn möchte ich mal gehen, nicht immer mit solchen Leuten, wie dem dort, dem man die Füße an die richtigen Stellen hinsetzen muß, und von dem man nie genau weiß, wann er einen aus einer Stufe herausreißt, aber mit Ihnen, da möchte ich mal eine recht schwere Partie machen." „Mein lieber Zurbriggen", antwortete Blodig, „das wird nicht gut gehen; denn erstens gehe ich nicht mit Führern, da ich immer vorausgehe, und das wollen die Führer nicht haben; zweitens kann ich einen so kostbaren Führer, wie Sie sind, nicht bezahlen. Der Anzug, den Sie tragen, ist teuerster schottischer Stoff, den Sie von irgendeiner Lady erhalten haben; Ihre Pfeife, mit dem herrlichen Beschlage, haben Sie sicher von einem Lord bekommen, Ihre schöne goldene Uhrenkette hat Ihnen gewiß ein Prinz verehrt. Sie sehen, daß ich mir so etwas nicht leisten kann." „Aber Herr Doktor", warf Zurbriggen ein, „das hat gar nichts zu sagen, wir machen zusammen eine recht schwere Tour, zum Beispiel Dent-Blanche-Nordgrat, und am Abend werden Sie mir sagen, wieviele hundert oder tausend Franken ich Ihnen zu zahlen habe." Jetzt kochte Blodig; langsam und „jedes Wort wie eine Kugel in ein „Becken" fallen lassend: „Mein lieber Herr Zurbriggen, Sie sind ein ebenso ausgezeichneter Führer als unverschämter Protz!"

Dufourspitze 4634 m

Höchster Gipfel des Monte-Rosa-Stockes

Am 28. Januar 1863 erhielt die höchste Erhebung des Monte-Rosa-Stockes und damit der Walliser Alpen und des ganzen Schweizerlandes ihren heutigen Namen.
Die Spitze befindet sich genau 180 Meter westlich des schweizerisch/italienischen Grenzverlaufes. Unmittelbar auf dem Grat und damit auf der Grenze erhebt sich der 4596 Meter hohe Grenzgipfel. Er und auch die weiter westlich aufragenden 4618 und 4632 Meter hohen Spitzen sind keine selbständigen Gipfel, auch wenn letzterer Erhebung der Name Ostgipfel zugesprochen wird bzw. die 4618 Meter hohe Spitze irrtümlicherweise schon als Grenzgipfel bezeichnet wurde.
Außer dem Normalanstieg über den „Sattel“ — kurz unterhalb Skidepot — und weiter über den Westgrat, für den es mehrere Varianten gibt, wäre noch der Grat aus dem Silbersattel und der aus dem Grenzsattel als Aufstieg zu erwähnen.
Fels-Genußspechten sei verraten, daß der ziemlich unbekannte Südwestgrat, auch Cresta Rey genannt (zur Erinnerung an den Drittbesteiger der Dufourspitze, Guido Rey), ein lohnender Felsweg ist: die „Direttissima alla Dufour“, wie die Italiener den unmittelbar beim Gipfel endenden Grat bezeichnen.
Und last not least gibt es an diesem prächtigen Massiv noch eine fast 2000 Meter hohe Eisflanke, auf die noch ausführlich eingegangen wird.

Die Ersten auf der Dufourspitze

Zu den hoffnungsvollsten Anwärtern für die erste Besteigung der höchsten Spitze des Monte Rosa zählte um die Mitte des vorigen Jahrhunderts der Walliser Führer Matthäus Zumtaugwald. Und als er dann am 12. August 1847 mit seinen Kollegen Johannes Brantschen, Josef Moser und Josef Taugwalder die Touristen Victor Puiseux und Edouard Oridinaire auf den Silbersattel führte, zweifelte niemand mehr im Tal von Zermatt am endgültigen Erfolg des mittelgroßen, kräftig gebauten Führers.
Günstig kam für Zumtaugwald das Angebot von Professor Melchior Ulrich, der Anfang August 1848 mit seinem Leibführer Johann Madutz nach Zermatt kam, um den Monte Rosa zu erobern. Da Zumtaugwald bereits den Zugang auf den Silbersattel kannte, schien die restliche Besteigung kein Problem mehr zu sein. Das meinte der Professor. Zumtaugwald war schon etwas zurückhaltender, denn er kannte den Grat, der zum Gipfel zieht; Madutz sagte vorläufig überhaupt nichts, er wollte sich das Ganze erst einmal aus der Nähe ansehen.
Am 12. August 1848 erreichte die Seilschaft nach einem Biwak auf dem Gornergletscher den Silbersattel. Hier tobte ein solcher Sturm, daß Ulrich

TOURISTISCHE ANGABEN

Hütten

Monte-Rosa-Hütte, 2795 m, SAC, 100 Schlafplätze; am westlichen Rand des Plattje über dem Grenzgletscher; bewirtschaftet von Ende Juni bis Mitte September und im Frühjahr. Von der Station Rotenboden der Gornergratbahn, 2819 m, 2 bis 3 Stunden (Markierungsstangen).

Marinelli-Hütte, 3036 m, CAI, 6 Schlafplätze; in der Ostflanke des Monte Rosa; nicht bewartet (Schlüssel in Macugnaga). Vom Hotel Belvédère, 1827 m (Seilbahn von Macugnaga), 4 Stunden.

Gnifetti-Hütte, 3611 m, CAI, 80 Schlafplätze; auf einem Felssporn zwischen Lysgletscher und Garstelet-Gletscher; von Ende Juni bis Ende September bewirtschaftet. Von der Punta Indren, 3260 m (Seilbahn von Alagna-Valsesia), 1½ Stunden. Zu Fuß von Alagna-Valsesia, 1190 m, 7½ Stunden, von Gressoney, 1624 m, 7 Stunden (mit Zuhilfenahme eines Sesselliftes 4 Stunden).

Tourenmöglichkeiten

Westgrat (Normalanstieg)

280 m, II, kombiniert, 1 Stunde.
Von der Monte-Rosa-Hütte über den gleichnamigen Gletscher zur „Satteldohle“ und rechtshaltend zum Sattel, 4359 m (Skidepot unterhalb der Mulde); 5—6 Stunden. Zuerst im Firn, dann über einen waagrechten Felsgrat und schließlich durch einen Kamin zur höchsten Spitze.

Der Mond über dem Gipfel des Nordend, rechts die Dufourspitze und dazwischen der Silbersattel.

keinen Schritt mehr weiterging. Auch Zumtaugwald hatte die Lust verloren, nur Madutz gab sich mit dem bisher Erreichten nicht zufrieden. Er wollte den Gipfel.
Schließlich erklärte sich dann Zumtaugwald doch bereit, weiter aufzusteigen, bereute das aber schon nach wenigen Minuten, denn die Schwierigkeiten schienen sein Können zu überschreiten. Madutz kletterte aber unverzagt höher, und so blieb dem Walliser nichts anderes übrig, als nachzusteigen.
Auf dem Zacken des Grenzgipfels war es aber mit Zumtaugwald aus. Er erklärte Madutz, lieber hier sterben zu wollen, als über den schauerlichen Grat wieder abzusteigen, obwohl sie erst 80 Meter über dem Sattel waren. Unvermindert tobte der Sturm um den Berg. Ratlos stand Madutz neben seinem Kollegen, der anfänglich nur noch vom Sterben sprach, bis er sich dann endlich von Madutz ans Seil nehmen ließ und mit ihm zum Silbersattel abstieg.
Einige Jahre lang wollte Zumtaugwald nichts mehr vom Monte Rosa wissen. Zu sehr bohrte in ihm die Blamage vom Grenzgipfel, die sich natürlich im Tal herumgesprochen hatte.
Erst sieben Jahre später, 1855, es war wieder August, ging er den Monte Rosa neuerlich an. Aber nicht vom Silbersattel aus. Am 1. August stapfte er mit seinem Bruder Johann und mit Ulrich Lauener sowie dem englischen Brüderpaar I. G. und Christopher Smyth, Charles Hudson, John Birkbeck und E. J. Stephenson über den Monte-Rosa-Gletscher. In seinem oberen Teil hielten sie sich rechts und kamen so auf den „Sattel". Von hier wurde der Westgrat bis zur höchsten Spitze verfolgt.
So kam Matthäus Zumtaugwald doch noch zu seinem Gipfel und hatte damit den heute üblichen Normalanstieg eröffnet.

Skiaufstieg

Wie beim Normalanstieg.

Südostgrat

200 m, II, kombiniert, 3 Stunden. Von der Monte-Rosa-Hütte in 5 bis 6 Stunden zum Grenzsattel, 4452 m. Nun über den Grenzgipfel und weiter zum Hauptgipfel.

Südwestgrat

450 m, II—III, kombiniert, 4 Stunden.
Von der Monte-Rosa-Hütte in 4½ Stunden auf dem Weg zum Grenzsattel zum Einstieg, von der Gnifetti-Hütte über das Lysjoch in 4 Stunden. Im Eis zum Felsgrat, der direkt überklettert wird.

Ostwand

1600 m, bis 50 Grad, kombiniert, 6—16 Stunden.
Durch diese Wand verlaufen vier Hauptrouten, zu denen es verschiedene Varianten gibt. Die Wand darf nur von fähigen Hochalpinisten angegangen werden und ist objektiv gefährlich.

Abstieg

Über den Westgrat in 3—4 Stunden zur Monte-Rosa-Hütte.

KARTEN/FÜHRER

Landeskarte der Schweiz 1:50 000 Blatt Mischabel (284), Gressoney (294).
Königer/Weh, Walliser Alpen.
SAC, Walliser Alpen, Band III.

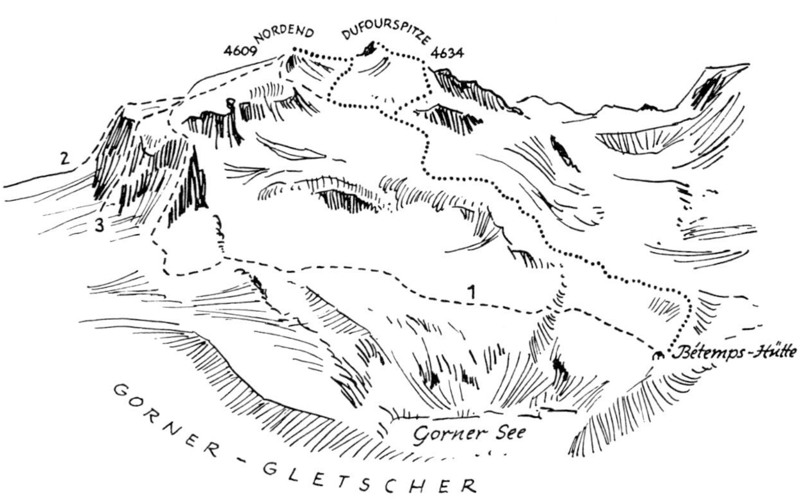

ANSTIEGSSKIZZE:
Die gewöhnlichen Aufstiege (punktiert) zur Dufourspitze und zum Nordend. 1 = Nordend-Nordwestbollwerk, 2 = Nordostgrat, 3 = Nordpfeiler.

Durch die höchste Eismauer der Alpen, die Monte-Rosa-Ostwand, führen von der Signalkuppe (links) bis zum Nordend (rechts) zahlreiche Anstiege, die fast ausschließlich objektiv gefährlich sind.

Nordend 4609 m

Mächtigster Wandabsturz der Alpen

Bedingt durch seine Lage, wie der Name schon sagt, am nördlichen Ende des Monte-Rosa-Stockes, wird der Gipfel vergleichsweise weniger bestiegen als die Zumsteinspitze oder die Signalkuppe, ganz zu schweigen von der Dufourspitze, obwohl Nordend und Dufourspitze ohne weiteres an einem Tag zu machen sind. In der Ostwand ist die Brioschi-Imseng-Führe zu nennen. Sie ist weniger gefährlich als die klassische Ostwandroute und wesentlich abwechslungsreicher. Die anderen Führen, wie der „Cresta del Poeta" oder der „Canale della Solitudine" — beide wurden von dem italienischen Künstler und Alleingänger Ettore Zaporelli eröffnet — sind nicht lohnend. Schließlich sei noch auf den Nordpfeiler hingewiesen bzw. auf die Route der Schweizer Vogt, Perren, Petrig vom August 1969. Sie erhielt noch im gleichen Monat, vom 21. bis 23. August, eine Variante durch eine polnische Seilschaft.

Seit der Errichtung einer Biwakschachtel auf dem Jägerhorn wird auch der überaus schwierige Nordostgrat häufiger begangen. Es ist das felstechnisch schwierigste Unternehmen am Monte Rosa. Als Normalanstieg gilt der im Silbersattel fußende Südwestgrat. Über ihn erreichten auch die Erstbesteiger, T. F. und Edward Buxton und J. J. Conwell aus England sowie der Chamoniarde Michel Payot am 26. August 1861 den Gipfel.

Weniger begangen werden dagegen das Nordwestbollwerk, die Westwand und fast überhaupt nie die 900 Meter hohe Nordwand, zumal letztere stark ausgeapert ist und heute schwieriger sein dürfte als im Jahre 1939, in dem sie Augusto Pala eroberte. Die eigentliche Wandhöhe beträgt allerdings nur etwa 500 Meter, dann steht man auf dem Hochfirn des Nordwestbollwerkes.

Die Ostwand

Man nennt sie auch Macugnaga-Wand, jene fast 2000 Meter hohe Ostflanke des Monte Rosa zwischen Signalkuppe und Nordend — der mächtigste Wandabsturz der Alpen.

Wer einmal aus dem Tälli, der Verlängerung des Saaser Tales, hinaufstieg zum Monte-Moro-Paß und sich dann dem im Südwesten aufragenden Bauwerk aus Fels und Eis gegenübersah, der wird klein, weil er sieht wie groß die Natur ist. Von hier wirkt natürlich noch die täuschende Wirkung der Draufsicht und läßt die Wand noch steiler erscheinen, als sie es in Wirklichkeit ist, wenn auch fast 10 Kilometer (Luftlinie) Entfernung dazwischen liegen. Wer die Wand von der Zamboni-Hütte aus sieht oder auf Belvédère der Seilbahn entsteigt — von hier wirkt sie verkürzt — kann ihre Größe nur ahnen. Um sie kennenzulernen, muß man sie selbst durchsteigen. Dann pflichtet man Alexander Burgener bei — ihm gelang am 1. September 1911 mit seinem Vetter Heinrich Burgener und dem Düsseldorfer Dr. Otto Stein

TOURISTISCHE ANGABEN

HÜTTEN

Biwak Gallarate, 3969 m, CAI, 9 Schlafplätze; auf dem Gipfel des Jägerhorns. Von der Monte-Rosa-Hütte über das Jägerjoch 6 bis 7 Stunden, von Macugnaga über den „Jägerrücken" 9 Stunden.

Monte-Rosa-Hütte und *Marinelli-Hütte* siehe Dufourspitze (S. 148).

TOURENMÖGLICHKEITEN

Südwestgrat (Normalanstieg)
100 m, I, kombiniert, 1 Stunde.
Von der Monte-Rosa-Hütte in 5 bis 6 Stunden über den gleichnamigen Gletscher zum Silbersattel, 4517 m (Skidepot). Von dort am besten links (westlich) des Firngrates und am Schluß im Fels zum Gipfel.

Skiaufstieg
Wie beim Normalanstieg.

Nordwestbollwerk
1400 m, II+, kombiniert, 6 Stunden.
Von der Monte-Rosa-Hütte in $2^1/_2$ Stunden zum Einstieg bei P 3212. Die Schwierigkeiten konzentrieren sich auf die ersten 500 m. Dann geht es über die Firnhochfläche unschwierig zum Gipfel. Das Ende der Schwierigkeiten kann wesentlich leichter auch von Südwesten erreicht werden.

Westwand
500 m, bis 55 Grad, 3—4 Stunden.
Von der Monte-Rosa-Hütte in $3^1/_2$ Stunden zum Einstieg in Gipfelfallinie. Vom Bergschrund weg leicht rechtshaltend hinauf zum Südwestgrat.

Nordostgrat
700 m, IV—V, kombiniert, 7 bis 10 Stunden.
Von der Monte-Rosa-Hütte in 4 bis 5 Stunden, vom Biwak Gallarate in $^1/_2$ Stunde (absteigend) zum

Jägerjoch, 3910 m. Die unteren 450 m bergen die Hauptschwierigkeiten. Ab P 4352 geht es unschwierig im Firn zum Gipfel.

Ostwand

1600 m, II+, kombiniert, 8 bis 12 Stunden.
Von der Marinelli-Hütte fast immer gerade hinauf zum Nordostgrat, den man 20 Minuten unterhalb des Gipfels erreicht.

Nordwand

900 m, bis 55 Grad, kombiniert, 4 — 8 Stunden.
Der Einstieg, unmittelbar westlich von P 3703, wird am günstigsten vom Biwak auf dem Jägerhorn in 1 Stunde (absteigend) erreicht.

Nordpfeiler

700 m, V+, A1; technisch schwierigster Anstieg am Nordend.

Abstieg

Über den Südwestgrat in 3 bis 4 Stunden zur Monte-Rosa-Hütte.

KARTEN/FÜHRER

Wie Dufourspitze (Seite 148).

ANSTIEGSSKIZZE:

Die wichtigsten Gipfel der Monte-Rosa-Gruppe mit den jeweiligen Normalaufstiegen bzw. dem Zugang zum Grenzsattel.

der erste Abstieg —, der zu Eleonore Noll-Hasenclever einmal sagte: „Wenn Sie alles in den Alpen gemacht hätten und kennten die Monte-Rosa-Ostwand nicht, so würden Sie unsere Berge nicht kennen!“

Freilich besagt der Ausspruch des größten Führers seiner Zeit noch lange nicht, daß nur der als Alpenkenner bezeichnet werden kann, der die Ostwand in seinem Tourenbuch stehen hat. Burgener wollte vermutlich damit zum Ausdruck bringen, daß diese Wand der Höhepunkt eines Bergsteigerlebens sein kann.

Wenn auch die erste Durchsteigung in das Jahr 1872 fällt — bereits 1787 versuchte sich der italienische Graf Morozzo — und von dem Brüderpaar Richard und William Pendlebury, Charles Taylor, dem Schweizer Ferdinand Imseng, dem Tiroler Gabriel Spechtenhauser und dem Italiener Giovanni Oberto vollbracht wurde — also schon damals eine „Europäische Seilschaft“ —, so dürfen die Schwierigkeiten und in der Hauptsache die Gefahren nicht unterschätzt werden. Es gibt heute wohl eine Biwakschachtel vor dem Beginn der Schwierigkeiten — die Errichtung einer solchen in der Wand wurde 1965 abgelehnt —, die gigantische Flanke wurde schon von Frauen, von Alleingängern und im Winter durchstiegen. Das alles ändert aber nichts an der Tatsache, daß auch heute noch Eislawinen durch das Marinelli-Couloir krachen und man nur an wenigen Stellen in der Wand vor Lawinen geschützt ist.

Zwischen 6 und 16 Stunden liegen die Durchsteigungszeiten, denn man ist, wie bei den meisten Westalpenfahrten, sehr von den jeweils vorherrschenden Verhältnissen abhängig. Die meisten Seilschaften verlassen die Marinelli-Hütte kurz nach Mitternacht, denn das gefürchtete Marinelli-Couloir und der Imseng-Rücken können auch ohne Laterne begangen werden. Voraussetzung ist natürlich eine kalte Nacht. Denn sobald sich die Wärme bemerkbar macht, wird die Wand lebendig — gefährlich lebendig. Manchmal sogar tödlich.

Trotz der zahlreichen Varianten wird hauptsächlich die Originalroute begangen. Man sollte sie auf keinen Fall unterschätzen, wenn sie auch keine ausgesprochen technischen Schwierigkeiten bietet. Und man sollte auch daran denken (wenn man auf der Dufourspitze aussteigt), daß es zur Monte-Rosa-Hütte noch 3 bis 4 Stunden Abstieg sind.

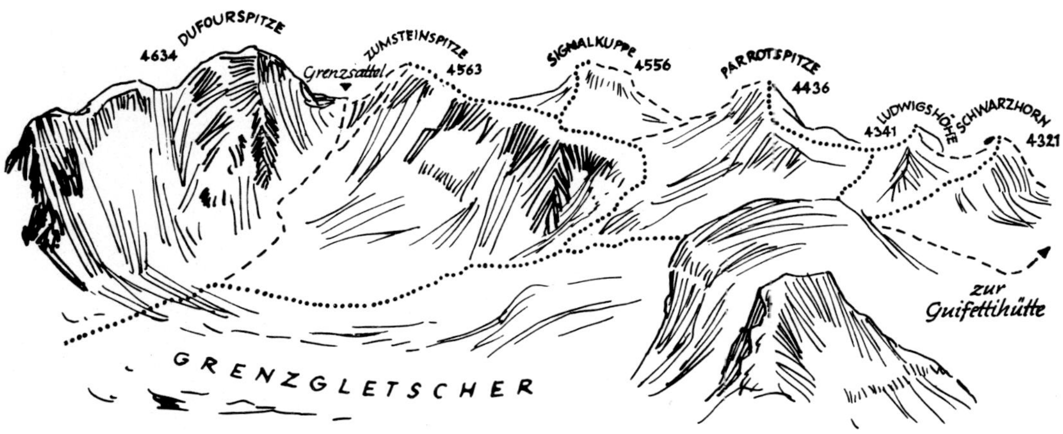

Ein luftiges Heim, hingestellt auf eine riesige Eiskruste: die Capanna Regina Margherita am Gipfel der Signalkuppe.

REGINA

Zumsteinspitze 4563 m

Ein Gipfel zum „Mitnehmen"

Dieser nach seinem Erstbesteiger Joseph Zumstein (mit Molinatti, Johann Niklaus, Joseph Vincent sowie einigen Führern und Trägern am 1. August 1820) benannte Gipfel hat vom Colle Gnifetti aus gesehen keinen ausgeprägten Gipfelcharakter, obwohl er sich nur 270 Meter nordwestlich desselben erhebt. Etwas eindrucksvoller erscheint er vom obersten Becken des Grenzgletschers. Hier zeigt er sich mit seiner Westflanke, deren Erstdurchsteigung dem Lausanner Musiker Blanchet mit seinem Leibführer Kaspar Mooser und mit Josef Aufdenblatten gelang.
Der Südostgrat, über den sich Zumstein und Gefährten dem Gipfel näherten, der heutige Normalanstieg, ist, abgesehen von den Wächten, harmlos. Ebenso der im Grenzsattel fußende Nordgrat, erstmals im Abstieg von Karl Blodig und Christian Ranggetiner am 28. Juli 1882 begangen.
Von Osten wurde die Zumsteinspitze vermutlich noch nie direkt bestiegen. Allerdings mündet im Colle Gnifetti, genauer gesagt rechts oberhalb seines tiefsten Punktes, eine Ostwandroute, die am 4. September 1893 von Luigi Vaccarone und Guido Rey mit den Führern Matthias Zurbriggen, Ludwig Burgener und Casimir Thérisod erstbegangen wurde (Zeit für Wiederholer ab Marinelli-Hütte: 8—11 Stunden). Dieser Anstieg wird jedoch auf Grund seines nicht besonders idealen Verlaufes nur selten begangen. Das gilt auch für die von Ettore Zaporelli am 19. August 1934 im Alleingang eröffnete Führe vom Monte-Rosa-Gletscher direkt zum Colle Gnifetti (Stein- und Eisschlag).
Auch der östlich des Gipfels eingelagerte Grenzsattel wurde schon durch die Ostwand erreicht und überschritten. Erstmals am 31. Juli 1889 von Achille Ratti, dem späteren Papst Pius XI. mit den Führern Luigi Grasselli, Josef Gradin und A. Proment. Später, vom 15. bis 16. August 1925, fanden dann Alberto und Amato Bich mit Jean-Baptiste und Camille Maquignaz zu dieser Route eine objektiv gefährliche Variante, deren Wiederholung nicht empfohlen werden kann.
Als selbständige Bergfahrt wird der Gipfel nur selten besucht, weil man fast immer einen der umstehenden Viertausender noch mitnimmt, wenn man schon einmal in dieser Höhe ist. Selbst die Begeher der Haute Route, vorausgesetzt sie bringen noch die Kraft auf, besteigen, wenn sie schon einmal auf dem Colle Gnifetti sind, noch die Signalkuppe. Die Margherita-Hütte hat auch einen Winterraum, für den aber die Mitnahme des Schlafsackes (neben dem Kocher) ratsam ist. Dieser lohnende Abstecher ist natürlich nicht mehr möglich, wenn man die großartige Skitour von Argentière bei Chamonix bis Saas-Fee (etwa 180 km) in zwei Tagen und sechs Stunden durchrast, wie es die österreichischen Heeres-Sportlehrer und Bergführer Robert Kittl und Ernst Pühringer im Frühsommer 1968 taten — mit Speziallanglaufski und pro Mann 8 kg schweren Rucksäcken.

TOURISTISCHE ANGABEN

Hütten

Siehe Dufourspitze (Seite 148).

Tourenmöglichkeiten

Südostgrat (Normalanstieg)
110 m, I, 30—40 Minuten.
Von der Monte-Rosa-Hütte in 4 bis 5 Stunden, von der Margherita-Hütte in 1/4 Stunde zum Colle Gnifetti, 4454 m. Von hier auf der Schweizer Seite zum Gipfel.

Skiaufstieg
Wie beim Normalanstieg.

Nordgrat
110 m, I+, kombiniert, 3/4 Stunden.
Von der Monte-Rosa-Hütte in 4 bis 5 Stunden auf den Grenzsattel, 4452 m, und direkt über den Grat zum Gipfel.

Westwand
300 m, bis 50 Grad, kombiniert, 3—5 Stunden.
Von der Monte-Rosa-Hütte in 4 Stunden zum Einstieg. Der Routenverlauf wird von einem gewundenen Couloir vorgeschrieben.

Abstieg
Entweder über den Südostgrat oder den Nordgrat in 3—4 Stunden zur Monte-Rosa-Hütte.

Karten/Führer

Wie Dufourspitze (Seite 148).

Signalkuppe 4556 m

Höchstgelegene Hütte der Alpen

TOURISTISCHE ANGABEN

HÜTTEN

Zamboni-Hütte, Resegotti-Hütte, siehe Schwarzhorn (Seite 161).

Monte-Rosa-Hütte, Gnifetti-Hütte und *Valsesia-Hütte* siehe Parrotspitze (Seite 158).

TOURENMÖGLICHKEITEN

Westflanke (Normalanstieg)
400 m, I, 1½ Stunden.
Von der Monte-Rosa-Hütte in 4 bis 5 Stunden zu den Südwestausläufern der Zumsteinspitze. Von hier im Bogen nach Nordosten und hinauf zum Gipfel.
Von der Gnifetti-Hütte über das Lysjoch, 4153 m, 3—4 Stunden.
Von der Valsesia-Hütte über den Parrotspitze-Ostgrat 7—9 Stunden.

Skiaufstieg
Wie beim Normalanstieg.

Südwestgrat
250 m, I+, kombiniert, 1 Stunde.
Von der Monte-Rosa-Hütte in 5 Stunden zum Sesiajoch, 4299 m.
Vom Joch über den Wächtengrat und einige Felsen zum Gipfel.

Südostwand
900 m, IV—V+, kombiniert, von der Resegotti-Hütte 9—15 Stunden.

Ostgrat
800 m, II—III, kombiniert, 5 bis 7 Stunden.
Von der Resegotti-Hütte in ½ Stde. zum Colle Signal, 3769 m. Nun anfangs auf der Südseite, dann über den Grat.

Nordostwand
1400 m. Der schwierigste Anstieg am Monte Rosa; etwa 20 Stunden von der Zamboni-Hütte.

Abstieg
Durch die Westflanke in 3 bis 4 Stunden zur Monte-Rosa-Hütte.

KARTEN/FÜHRER

Wie Dufourspitze (Seite 148).

Auf dem Gipfel der Signalkuppe enden drei Grate — wenn man die vom Colle Gnifetti und vom Sesiajoch aufstrebenden Firnrücken als solche bezeichnen kann — und vereinigen sich in diesem neben der Dufourspitze orographisch wichtigsten Punkt des ganzen Stockes.
Naturgegeben verlaufen über die Grate auch Anstiege, wobei der vom Colle Gnifetti meistens nur im Rahmen einer Überschreitung begangen wird, weil der Normalanstieg durch die Westflanke führt und erst wenige Meter vor dem Gipfel in den Grat einmündet.
Der Name des Berges ist einesteils auf einen großen, einzelstehenden, einem Steinmann ähnlichen Gendarm („Signal") im Felsgrat unmittelbar nordöstlich des höchsten Punktes zurückzuführen, zum anderen (Punta Gnifetti) auf seinen Erstbesteiger, den Pfarrer Giovanni Gnifetti aus Alagna, der den Gipfel am 9. August 1842 in Begleitung von Giuseppe Farinetti, Christoph Ferraris, Christopher Grober sowie Johann und Jakob Giordani und zwei Trägern eroberte. Eine aufsehenerregende Tat für die damalige Zeit.
Während der Südwestgrat eine untergeordnete Rolle spielt, muß dem Ostgrat, auch Topham-Grat, so benannt nach seinem Erstbegeher H. W. Topham (am 28. Juli 1887 mit Alois Supersaxo und einem Träger), eine Sonderstellung eingeräumt werden, denn es ist ohne Zweifel die abwechslungsreichste und interessanteste Aufstiegsmöglichkeit. Allerdings ist damit der lange Zugang zur Resegotti-Hütte verbunden. In diesem Zusammenhang muß auf den großen Vorteil der Signalkuppe gegenüber den anderen Gipfeln hingewiesen werden: Die Margherita-Hütte auf dem Gipfel. Dadurch hat man beim Ostgrat sowohl am Beginn wie auch am Ende der Kletterei eine Unterkunftsmöglichkeit.
Außer den angeführten Touren gibt es noch zwei zum Teil extrem schwierige und auch gefährliche Routen durch die Südostwand und die Nordostwand. Zwei Abbrüche, die sich an Wildheit in nichts nachstehen. Die Erstdurchsteiger der Südostwand schafften die Wand nur bis kurz unterhalb des Gipfels aus eigenen Kräften. Das letzte Stück, eine Steilstufe, wurden sie von oben gesichert. Diesen Aufschwung bewältigten Gianni Albertini und Sergio Matteoda am 21. August 1923 in freier Kletterei. Dabei wurde auch der untere Teil der Route begradigt.
Am 17. Juli 1931 vertraten Jacques Lagarde und Lucien Devies würdig die französische Schule, indem sie die Nordostwand im Krachen niedergehender Eis- und Steinlawinen bezwangen. Sie hatte bis zu Beginn des Sommers 1969 erst sechs Wiederholungen. Da wagte sich der Italiener Alessandro Gogna im Alleingang an sie heran. In der Nacht vom 16. auf 17. Juli verließ er die Zamboni-Hütte und stand nachmittags gegen 3 Uhr im Wüten eines Schneesturmes auf der Signalkuppe. Gogna schätzte die Eissteilheit auf 60 Grad und sprach von enormen objektiven Gefahren.

Parrotspitze 4436 m

Eiskuppe über dem Grenzgletscher

Wie die meisten Viertausender der Gruppe erhebt sich auch die Parrotspitze unmittelbar auf der schweizerisch/italienischen Grenze. Und auch sie hat ihre „zahme“ Seite auf Schweizer Boden, denn die Ostabstürze sind wesentlich steiler und schwieriger. Heute vertraut man sich bei einer Besteigung über den Grenzgletscher meist ab dem Piodejoch dem Weg der Erstbesteiger (R. S. Macdonald, F. C. Crove und M. Woodmass mit Melchior Anderegg und Peter Perren am 16. August 1863) an, die allerdings vom Lysjoch her kamen.
Wer von Italien aus der Spitze aufs Haupt steigen will, dem bietet sich die Canzio-Gugliermina-Lampugnani-Führe durch die Südostflanke an, ein interessanter und verhältnismäßig sicherer Anstieg. Allerdings sollte er im Frühsommer begangen werden, denn bei schlechtem Eis kann der obere Wandteil zum Problem werden. Dagegen werden die beiden Südwanddurchstiege (Mittel-Route: Giulia Della Giulio, Franco Barchietto, Carlo Ciossani, Giovanni Antonioli; 14. August 1940; Via degli Alpini: Arnaldo Adami, Ferdinand Gaspard, Abel Pession; 5. September 1940) fast nie wiederholt.
Eine kurze, rassige Eisfahrt bietet die Nordwand. Wer also in Richtung Sesiajoch aufsteigt und sich mit den Steigeisen einiges zutraut, kann den Weiteraufstieg durch die Nordwand abkürzen. Untergeordnet ist der P 4340 westlich des höchsten Punktes. Auf Rückfallkuppen kann in diesem mächtigen Bergstock nicht eingegangen werden.

Über den Monte Rosa

Im Sommer 1902 überschritt Karl Blodig mit Freunden in zwei Tagen sämtliche Gipfel des Monte-Rosa-Stockes. Aus seinem umfangreichen Erlebnisbericht ein Auszug des Abschnittes Signalkuppe (Margherita-Hütte) — Parrotspitze am zweiten Tag des Unternehmens: „Ein Viertel vor fünf Uhr hielt ich es nicht mehr auf meinem Lager aus. Ich vermummte mich bis zur Unkenntlichkeit und hatte das Glück, die Sonne als strahlenlose Kugel zwischen Ortler und Cevedale hervorkommen zu sehen. Vorher beobachtete ich nur im Westen den Erdschatten, der mit seiner höchsten Stelle gerade über dem Montblanc prangte. Dieser selbst durchlief vom matten Weiß bis zum glühendsten Rot alle Grade der betreffenden Farbenreihe. Wenige Schritte neben mir befand sich eine große Wächte, von der herrliche Eiszapfen herabhingen. Die eine Seite war von der aufgehenden Sonne hellrot gefärbt, gegen Abend hin war sie mit einem duftigen Blau übergossen, daneben glühte der Eisdom der Parrotspitze, flimmerte die Riesenwand des Nordends. Die Fülle der Gesichte überwältigte mich derart, daß ich vor Lust und Wonne laut aufjauchzte. Da wir auf die übrigen Viertausender

TOURISTISCHE ANGABEN

Hütten

Valsesia-Hütte, 3212 m, CAI, 10 Schlafplätze; südöstlich der Parrotspitze auf der großen Felsinsel zwischen Sesia-Gletscher und Piode-Gletscher; Schlüssel in Alagna. Von dort 6—7 Stunden.

Monte-Rosa-Hütte und *Gnifetti-Hütte* siehe Dufourspitze (S. 148).
Margherita-Hütte und *Resegotti-Hütte* siehe Schwarzhorn (S. 161).

Tourenmöglichkeiten

Westgrat (Normalanstieg)
150 m, I, kombiniert, 1/2 Stunde.
Von der Monte-Rosa-Hütte in 4 bis 5 Stunden zum Piodejoch, 4285 m, von der Valsesia-Hütte 5—7 Stunden (objektiv gefährlich). Vom Joch über den Grat zum Gipfel.

Skiaufstieg
Wie beim Normalanstieg.

Nordostgrat
150 m, I, 1/2 Stunde.
Von der Monte-Rosa-Hütte in 5 Stunden auf das Sesiajoch, 4299 m; der Zugang von der italienischen Seite kann nicht empfohlen werden. Vom Joch folgt man dem Firngrat zum Gipfel.

Nordwand
100 m, bis 50 Grad, 1—2 Stunden.
Von der Monte-Rosa-Hütte in 4 1/2 Stunden zum Einstieg direkt in Gipfelfallinie.

Südostflanke
800 m, II+, kombiniert, 4—7 Stunden.
Von der Valsesia-Hütte in 2 1/2 Stunden auf die oberen Firnfelder des Piodegletschers. Von hier leicht rechtshaltend hinauf zum Nordostgrat, den man weiter zum Gipfel verfolgt. Der obere Wandteil, der Beginn des sogenannten „Eisschildes“, kann auch von der Resegotti-Hütte erreicht werden.

Zumsteinspitze und Grenzgipfel vom Nordend.

mehr oder weniger hinabgehen konnten, setzte ich unseren Abmarsch erst auf sechs Uhr fest. In etwas mehr als einer halben Stunde liefen wir, vom Orkane fast umgeblasen, zum Sesiajoch hinab, und nach der gleichen Spanne Zeit standen wir auf der mächtigen Eiskuppe der Parrotspitze. Auf Wunsch Comptons bildeten wir mit unseren Körpern und Mänteln einen lebenden Schirm, um ihm die Möglichkeit zur Anfertigung einer Zeichnung der südlichen Monte-Rosa-Gruppe zu geben. Dann verließen mich mit Ausnahme meines treuen Gefährten Horten die Freunde und suchten die tieferen Gegenden auf. Eine Viertelstunde lang mußte ich meines Freundes wegen mit dem Eispickel arbeiten, dann standen wir im Piodejoch."

Ludwigshöhe 4341 m

Firngipfel über drei Gletschern

Es würde sich nicht lohnen, die vier oder fünf Anstiegsmöglichkeiten auf die Ludwigshöhe im einzelnen zu beschreiben, da es bei ihnen (bei gutem Wetter) keine Orientierungsschwierigkeiten gibt. Zum anderen wird dieser Gipfel fast ausschließlich nur bei Überschreitungen bestiegen.
Als Stützpunkte kommen die Gnifetti-Hütte, die Monte-Rosa-Hütte, die Valsesia-Hütte und die Margherita-Hütte in Frage. Bei der auf der Schweizer Landeskarte erwähnten „Capanna Balmenhorn“ auf den oberen Firnfeldern des Lysgletschers handelt es sich lediglich um eine alte Militärbaracke (4176 m, 3 Schlafplätze und Decken), die aber keine Hütte im eigentlichen Sinne ist. Am leichtesten ist eine Besteigung der Ludwigshöhe von dem nicht sehr stark ausgeprägten Lysjoch im Nordwestgrat des Berges. Man erreicht es von der Gnifetti-Hütte in 3 Stunden bzw. von der Monte-Rosa-Hütte in 4 bis 6 Stunden. Und von dort sind es dann nur noch 15 Minuten auf den Gipfel.
Auch der Aufstieg über das zwischen Ludwigshöhe und Schwarzhorn eingelagerte Zurbriggenjoch, 4279 Meter — es wurde am 11. September 1898 erstmals von dem Brüderpaar G. F. und G. B. Gugliermina mit Matthias Zurbriggen und Clemens Imseng betreten und überschritten — wird zuweilen unternommen. Allerdings sollte man das Joch von der Gnifetti-Hütte aus angehen (1½ Stunden), denn der Zugang von der Valsesia-Hütte ist nicht nur wesentlich länger (5 bis 6 Stunden), sondern auch schwieriger und gefährlich.
In diesem Zusammenhang wäre noch das Piodejoch, 4285 Meter (4 bis 5 Stunden von der Monte-Rosa-Hütte) zu erwähnen, von dem es 10 Minuten zum Gipfel sind. Dieses Joch ist auf der Landeskarte der Schweiz nicht erwähnt; die italienische Karte bezeichnet es als Colle Ippolita o delle Piode.
Den steilsten Absturz weist die Ludwigshöhe zum Piodegletscher (Südosten) hin auf. Und wenn auch durch diese Wand eine sehr schwierige Route zieht — am 24. Juli 1949 von Adolfo Vecchietti und Olivio Raiteri eröffnet —, so wird diese kaum beachtet, weil es am Monte Rosa weniger schwierige, dafür um so lohnendere Führen gibt.
Der Gipfel selbst, in seiner Firstzone aus Firn bestehend, bildet die Wasserscheide zwischen Gorner-, Lys- und Piodegletscher. Sein höchster Punkt liegt auf dem Grenzverlauf Schweiz/Italien. Der Gipfelstock weist in seinem nordwestlich als breiter Firnrücken abfallenden Grat noch einen über 4000 Meter hohen Punkt auf (4260 Meter). Südlich desselben befindet sich das bereits erwähnte Lysjoch, der beste Übergang von der Gnifetti-Hütte zur Monte-Rosa-Hütte und Ausgangspunkt für eine Besteigung der Ludwigshöhe über den unschwierigen Nordwestrücken.
Für den Abstieg kommen außer der Südostwand sämtliche angeführten Aufstiegsrouten in Frage. Ausschlaggebend ist dafür der jeweilige Stützpunkt oder die geplante Fortsetzung der Tour.

TOURISTISCHE ANGABEN

Parrotspitze
(Fortsetzung von Seite 158).

Südwand (Mittel-Route)

600 m, IV—V, kombiniert, von der Valsesia-Hütte 13—16 Stunden; objektiv gefährlich.

„Via degli Alpini“

600 m, IV—V, kombiniert, von der Valsesia-Hütte 11—13 Stunden.
Über den Piodegletscher zur Basis des Sporns 3706. Zuerst im Fels zu kleinem Schneefleck, den man westlich quert zum unteren Ende einer markanten Platte, die nach 35 m bei einer Terrasse endet. Rechtshaltend zu weiteren Platten und in eine Verschneidung, nach der die Schwierigkeiten zu Ende sind. Über den obersten Teil des Sporns (Firn) direkt zum Gipfel.

Abstieg

Entweder über den West- oder Nordostgrat in 3 Stunden zur Monte-Rosa-Hütte.

KARTEN/FÜHRER

Landeskarte der Schweiz 1:50 000 Blatt Mischabel (284), Gressoney (294).
Königer/Weh, Walliser Alpen.
SAC, Walliser Alpen, Band III.

Vincent-Pyramide 4215 m
Punta Giordani 4046 m
Schwarzhorn 4322 m

TOURISTISCHE ANGABEN

Schwarzhorn

HÜTTEN

Resegotti-Hütte, 3624 m, CAI, 8 Schlafplätze; etwa 800 m östlich des Colle Signal; Schlüssel in Alagna bzw. Macugnaga. Von Alagna, 1190 m, 7—8 Stunden, von der Zamboni-Hütte 7 Stunden.

Margherita-Hütte, 4556 m, CAI, 25 Schlafplätze; auf der Signalkuppe.

Zamboni-Hütte, 2065 m, privat, 38 Schlafplätze; auf der Alp Pedriola; bewirtschaftet von Mitte Juli bis Mitte September. Vom Hotel Belvédère, 1827 m (Seilbahn von Macugnaga), 1 Stunde, von Macugnaga 2¹/₄ Stunden.

Gnifetti-Hütte siehe Dufourspitze (Seite 148).

Valsesia-Hütte siehe Parrotspitze (Seite 158).

TOURENMÖGLICHKEITEN

Südrücken

250 m, I, 1 Stunde.
Von der Gnifetti-Hütte in 1¹/₂ bis 2 Stunden zum Vincent-Joch, 4087 m, und unschwierig zum Gipfel.

Nordwestflanke

50 m, I, ¹/₄ Stunde.
Von der Gnifetti-Hütte in 1¹/₂ Stunden zum Zurbriggenjoch, 4279 m, und rechts der Felsen zum höchsten Punkt.

Skiaufstieg

Wie bei der Nordwestflanke.

Südwand

500 m, V; brüchig und objektiv gefährlich. Zwei Anstiege; 10 bis 15 Stunden von der Valsesia-Hütte.

Abstieg

Über den Südrücken in 1¹/₂ Stunden zur Gnifetti-Hütte.

KARTEN/FÜHRER

Wie Dufourspitze (Seite 148).

Wie sämtliche Gipfel des vom Hauptkamm in Südrichtung abzweigenden Kammes steht auch die Vincent-Pyramide im Schatten ihrer großen Brüder. Wohl wird ihr Gipfel bei der Überschreitung Punta Giordani — Ludwigshöhe — Dufourspitze — Nordend berührt, doch wird dieser lange Weg nicht allzu oft begangen. Die meisten Überschreitungen folgen nämlich dem Hauptkamm.

Als Stützpunkt kommt eigentlich nur die Gnifetti-Hütte in Frage. Und von dort hat der Berg, was die Anstiegswege betrifft, durchaus nicht westalpinen Charakter. So sind es zum Beispiel über den Südgrat — er schwingt sich zwischen Garstelet- und Indren-Gletscher auf — etwas mehr als 2 Stunden. Auf dieser Route, am 22. Juli 1882 von Costantini Perazzi, P. Maquignaz und A. Welf eröffnet, erfolgen die meisten Besteigungen. Auch der Aufstieg zum Colle Vincent und weiter über den Nordgrat, den die Gebrüder Schlagintweit mit dem Führer Peter Beck am 15. September 1851 fanden, nimmt nicht viel mehr Zeit in Anspruch.

Die Vertreter der etwas schärferen Richtung finden in der 550 Meter hohen Nordwestflanke (Emanuele Andreis, A. Rostagni; 15. August 1929) oder in der fast gleichhohen Südwestwand ihr Betätigungsfeld. Diese Touren nehmen ebenfalls nur 2 bzw. 4 Stunden in Anspruch.

Die Vincent-Pyramide ist der südlichste Gipfel des Monte-Rosa-Stockes, denn die sich südöstlich erhebende Punta Giordani ist nicht mehr als eine Schulter im Südostgrat des Berges.

Abgesehen davon bilden diese beiden Gipfel schlechthin die idealen Vorbereitungsziele für größere Unternehmungen, schon allein der kurzen Besteigungszeiten wegen, die man, soweit Lust vorhanden, natürlich ausdehnen kann, indem man einen oder mehrere Gipfel mit in die Tour einbaut, oder, wie schon erwähnt, bei der Punta Giordani beginnt und in der Folge sämtliche Viertausender des Massives überschreitet.

Der lohnendste Anstieg auf die Punta Giordani sieht die Valsesia-Hütte als Stützpunkt vor, führt also von Norden auf den Gipfel. Vom Colletto dell' Aqua sind es nicht ganz 2 Stunden durch die Südwestflanke, und wenn man von der Vincent-Pyramide über den Südostgrat absteigt, betritt man nach einer ³/₄ Stunde die höchste Erhebung der Punta Giordani.

Der Arzt Dr. Pietro Giordani soll als Alleingänger den Gipfel am 23. Juli 1801 erobert haben. Das wurde aber schon verschiedentlich bezweifelt. Die erste nachweisliche Besteigung gelang am 13. September 1872 den Italienern Giuseppe Guglielmina und G. Farinetti. Der Zeitraum zwischen vermutlicher und tatsächlicher Besteigung zeigt, daß die Punta Giordani selbst in jener Epoche, da sich die Bergsteiger hauptsächlich auf Erstbesteigungen konzentrierten, nicht allzu sehr beachtet wurde — das ist bis in unsere Zeit auch so geblieben.

Das von italienischen Bergsteigern Corno-Nero genannte Schwarzhorn erhebt sich 215 Meter südwestlich der Ludwigshöhe und ist selbst mit seiner Basis vollkommen auf italienischem Gebiet. Die erste Besteigung dieses touristisch nicht besonders interessanten Gipfels und zugleich die erste Überschreitung erfolgte am 18. August 1873 durch Marco Maglionini und Albert de Rothschild mit den Führern Peter und Nikolaus Knubel, Eduard Cupelin und drei Trägern.

Auch das Schwarzhorn ist, wie die meisten anderen Gipfel des Monte-Rosa-Stockes, nur im Rahmen einer Überschreitung von Bedeutung, lediglich, daß der Gipfel zur Akklimatisierung von der Gnifetti-Hütte aus ab und zu bestiegen wird. Nimmt man noch die Ludwigshöhe mit, das Balmenhorn und die Vincent-Pyramide, ist man etwa 6 Stunden unterwegs und hat vier Viertausender in der Tasche.

Blick vom Nordend (teilweise im Vordergrund) auf Dufourspitze (hinten) und Signalkuppe sowie in den obersten Teil der Monte-Rosa-Ostwand.

Die Vincent-Pyramide ist einer ▶ der vom Monte-Rosa-Hauptkamm in südliche Richtung abzweigenden Gipfel, die meist (zur Akklimatisation) von der Gnifetti-Hütte aus erstiegen werden.

Die Montblanc-Gruppe

Im Schatten des Weißen Berges

TOURISTISCHE ANGABEN

Am Rande der Montblanc-Gruppe buhlen hauptsächlich zwei Orte um die Gunst des Touristen: Chamonix und Courmayeur. Der eine auf französischer Seite, der andere in Italien. Es scheint allerdings fast so, als würde Chamonix dieses Rennen gewinnen, denn von dort, aus dem Tal der Arve, führen mehr Seilbahnen zu hochgelegenen Tourenstützpunkten als von Italien aus. Wohl führt auch von Entrèves (4 km nördlich von Courmayeur) eine Seilbahn hinauf zur Aiguille du Midi, doch das ist die einzige ihrer Art.
Große Bedeutung für den Tourismus hat der Montblanc-Tunnel. Er beginnt in Entrèves und endet in Les Pèlerins, einem Vorort von Chamonix. Seine Länge beträgt 11 km, die Fahrbahnbreite 7 m, die größte Höhe 5,98 m; die Gesamtbaukosten beliefen sich auf 130 Millionen DM. Der Tunnel kann das ganze Jahr hindurch befahren werden und verkürzt die Strecken von Italien in die Westschweiz bzw. nach Mittel- und Nordfrankreich während der Sperrung der Hochalpenpässe (Oktober bis Juni) recht erheblich. Dem Besucher der Montblancberge gibt die „Galeria del Monte Bianco“ Gelegenheit, verhältnismäßig schnell von der französischen auf die italienische Seite zu wechseln oder umgekehrt. Es ist nämlich nicht möglich, den für Touren günstigsten Talort zu nennen, da jede Seite der Montblanc-Gruppe ihre eigenen Reize und Vorteile hat.

Die drei großen Grate des Montblanc. Von links: Brouillardgrat, Innominatagrat, Peutereygrat. Zwischen den Graten: Brouillardgletscher und Freneygletscher.

In dieser Gruppe, deren Teilgebiete auf französischem, italienischem und schweizerischem Boden liegen, die aber überwiegend zu Frankreich gehört, erleben die Alpen ihren großartigen Höhepunkt. Nicht allein deshalb, weil sich dort auch ihr höchster Gipfel aufschwingt, der 4807 Meter hohe Montblanc, sondern auch infolge ihrer Wildheit, hervorgerufen durch mächtige Fels- und Eisabstürze. Sie sind so vielseitig, die Berge des Montblancgebietes, wie keine andere westalpine Gruppe.
Der Felsgeher findet hier ein Betätigungsfeld, wie es die Berner oder Walliser Alpen nicht annähernd bieten können. Aber auch an großen Eiswänden herrscht kein Mangel, und ebenso findet der Freund hochalpiner Wanderungen das richtige für sein Leistungsvermögen.
Die wichtigsten Talorte sind Chamonix auf der französischen und Courmayeur bzw. Entrèves auf der italienischen Seite. Die Täler, in denen diese Ortschaften liegen (Chamonix im Arvetal, Entrèves zwischen Val Veni und Val Ferret) bilden die natürlichen Grenzen im Westen und im Osten. Die Fortsetzung der Ostgrenze und zugleich die nördliche Grenze wird vom Val d'Entremont dargestellt, das eine Linie zwischen der Montblanc-Gruppe und den Walliser Alpen zieht. Weniger naturgegeben und ausgeprägt ist die Südbegrenzung. Sie verläuft in der südwestlichen Verlängerung des Val Veni über den Col de la Seigne, folgt dem obersten Val des Glaciers bis Les Glaciers, bzw. Les Chapieux, führt dann über den Col du Bonhomme nach Les Contamines und stößt nach St. Gervais auf das Arvetal.
Zur Erschließung der Montblanc-Gruppe für die breite Masse der Touristen hat die Seilbahn von Chamonix über die Aiguille du Midi nach Entrèves erheblich beigetragen. Ihr ist es auch zu verdanken, daß die weiten Gletscherfelder des Vallée Blanche und des Géant-Gletschers dem Skilauf erschlossen wurden. Besonders ist die in einer großartigen Landschaftsszenerie verlaufende Abfahrt von der Aiguille du Midi durch das Vallée Blanche nach Montenvers zu nennen. Damit sind wir schon bei der nächsten künstlichen Aufstiegshilfe, der Bahn von Chamonix nach Montenvers zu Füßen der Dru-Westwand und der Grands-Charmoz-Nordwand.
Alpinistisch ebenso bedeutend und für den Skiläufer sehr interessant, ist die Seilbahn auf die Aiguille des Grands Montets. Sie verkürzt den Anstieg zur Argentière-Hütte erheblich, was auch für Begeher der Haute Route von Wichtigkeit ist. Erwähnt muß auch werden, daß der Aufstieg zur Gôuter-Hütte durch eine Seil- bzw. Zahnradbahn erleichtert wird.
Beschwerlicher ist in dieser Hinsicht die italienische Seite des Gebietes. Wohl bietet sich auch dort die Seilbahn zur Turiner Hütte an und die Fortsetzung zur Aiguille du Midi. Das ist aber auch die einzige derartige Möglichkeit.

Droites 4000 m

Schwierigste kombinierte Route der Alpen

Wer einmal im Argentière-Kessel stand, wer einmal von der Argentière-Hütte aus seinen Blick entlang der vor ihm aufragenden Nordwände gleiten ließ, der wird dieses Bild nie mehr vergessen können. Es ist ohne Zweifel einer der großartigsten Anblicke im gesamten Alpenraum. Zwischen 700 und 1100 Meter hoch sind die eisgepanzerten Mauern des fast zehn Kilometer langen Walles von der Aiguille Verte über die Aiguille de Triolet zum Mont Dolent, die von ihren Durchsteigern überdurchschnittliches Können sowohl im Fels als auch im Eis verlangen. Als schwierigste Wand dieser Kette südlich des Argentière-Beckens gilt die Nordwand der Droites — 1060 Meter hoch. Sie gilt, obwohl sie Ende des Sommer 1972 schon fast zwei Dutzend Durchsteigungen hatte, noch immer als schwierigste kombinierte Wand der Alpen. Zwischenzeitlich ist sie auch schon im Alleingang (Reinhold Messner, 1969, 8½ Stunden) und im Winter (Hans Müller, Hansjörg Müller, Hans Berger, 1971) bewältigt worden.
Das ist die sogenannte „Argentière-Wand" der Droites. Weniger steil und abschreckend zeigt sich der Berg von Süden, vom Talèfre-Gletscher aus. Nach dieser Seite entsendet der Gipfelgrat drei markante Felspfeiler: Ostpfeiler, Zentralpfeiler, Westpfeiler. Es ist also nicht verwunderlich, daß die Erstbesteigung über die Südseite erfolgte, zumal es seit 1865 schon die Couvercle-Hütte gab. — Am 7. August 1876 standen die Engländer Thomas Middlemore und J. Oakley Maund in Begleitung der Führer Henry Cordier, Johann Jaun und Andreas Maurer als erste Menschen auf dem Hauptgipfel. Ihr Aufstieg erfolgte über den oberen Teil des Ostpfeilers. Der etwas niedrigere, 3984 Meter hohe Westgipfel, wurde am 15. August 1905 von E. Fontaine mit den Führern Jean Ravanel und Léon Tourier erobert. Eine weitere nennenswerte Erhebung im Westgrat ist die 3948 Meter hohe Tour des Droites westlich des Westgipfels.
Das großzügigste Unternehmen — abgesehen von den nordseitigen Anstiegen — ist eine Überschreitung des Berges von Ost nach West (5 bis 6 Stunden) oder umgekehrt, wobei jedoch erstere Möglichkeit empfehlenswerter ist. Wenn die Nord- und Nordostabstürze nur den fähigsten Alpinisten vorbehalten sind, so bietet die Südseite auch weniger geübten Bergsteigern ein lohnendes Betätigungsfeld. Allerdings muß in diesem Zusammenhang auch gesagt werden, daß der Fels größtenteils brüchig ist und die Anstiege ohne Ausnahme klettertechnische Fähigkeiten erfordern.
Mit der Droites beginnt der Reigen der Viertausender im riesigen Kranz der Alpen. Und gerade an diesem Berg wird uns deutlich vor Augen geführt, daß nicht die Gipfelhöhe ausschlaggebend ist für die Schwierigkeit. Lediglich die etwas dünnere Luft und die Intensität von Wetterstürzen stellen bei diesen Gipfeln zusätzliche Anforderungen an das Leistungsvermögen des Besteigers

TOURISTISCHE ANGABEN

Hütten

Argentière-Hütte, 2771 m, CAF, 80 Schlafplätze; am rechten Ufer des gleichnamigen Gletschers; im Sommer bewartet. Von Argentière, 1258 m, über das Hotel Lognan (Seite 176) 5¼ Stunden; von der Montets-Bergstation, 3275 m, 1½ Stunden.

Couvercle-Hütte, 2687 m, CAF, 120 Schlafplätze, südlich der Aiguille Verte; im Sommer bewartet. Von Montenvers, 1909 m (Bahn von Chamonix), nicht ganz 4 Stunden.

Tourenmöglichkeiten

Östlicher Südpfeiler (Normalanstieg)

600 m, III—, 3—4 Stunden, kombiniert.
Von der Couvercle-Hütte über den Talèfre-Gletscher zum Firncouloir, das zum Grat des Pfeilers führt; 2—3 Stunden. Über ihn linkshaltend zum Ost(Haupt-)gipfel.

Ostgrat

300 m, III, kombiniert, 3½ Stunden.
Von der Couvercle-Hütte in 4 bis 5 Stunden zum Col des Droites, 3733 m, und über den 500 m langen Grat zum Hauptgipfel.

Droites von Nordosten. Rechts die Nordwand, in der Mitte der Nordostpfeiler, links die Nordostwand mit dem „Bergland-Pfeiler".

Die Argentière-Wand

Als erste wagten sich die Franzosen Bobi Arsandaux und Jacques Lagarde in den düsteren Abbruch und raubten ihm am 31. Juli 1930 in $11^{1}/_{2}$stündiger Kletterzeit seine Unberührtheit. Ihr Anstieg durch das steile Firncouloir der Nordostwand zählt auch heute noch zu den großen Unternehmungen im Montblancgebiet. Der Erstbegehung waren 16 Versuche Lagardes vorausgegangen.
Sieben Jahre später, vom 20. bis 21. Juli 1937, bezwangen Fernand Tournier und Christian Authenac den Nordostpfeiler, benützten aber im unteren Teil die Lagarde-Führe. Anläßlich der Zweitbegehung durch Edouard Frendo und M. Fourastier am 11. August 1937 wurde der Nordostpfeiler — er hatte Ende des Sommers 1972 etwa 20 Begehungen — in 13 Stunden erstmals direkt begangen. Als erste Dame auf dieser großzügigen Route haben Chronisten die Schweizerin S. d'Albertas vermerkt. Sie war dort vom 29. bis 30. Juli 1942 mit Raymond Lambert und André Roch erfolgreich.
Die nächste Neufahrt fällt in das Jahr 1952. Der Pariser Roger Salson holte sich mit Jean Couzy vom 14. bis 15. Juli in 14 Stunden Kletterzeit den ausgeprägten Nordpfeiler des Westgipfels.

Im Sommer 1951 durchstieg Philippe Corneau mit Michel Bastien die Nordwand der Aiguille du Triolet. Es war eine der ersten Wiederholungen dieser prächtigen Eiswand. Für Corneau war es aber zugleich auch die erste Bekanntschaft mit der Droites-Nordwand, von der ihm Bastien sagte, daß sie noch undurchstiegen sei. — Vier Jahre später eroberte er diese scheinbar haltlose, überwiegend aus Eis bestehende Mauer — in sechs Tagen mit seinem Landsmann Maurice Davaille.
Während die Zweitdurchsteiger (Axt/Groß, 1962) ebenso wie die Drittdurchsteiger (Bodin/Lascar, 1966) noch jeweils $2^{1}/_{2}$ Tage benötigten, rechnet man heute nur noch mit einem Biwak.
Das letzte große Problem, der mittlere Wandpfeiler der Nordostwand, wurde am 25. Juli 1969 durch Erich Lackner und Reinhold Messner gelöst.

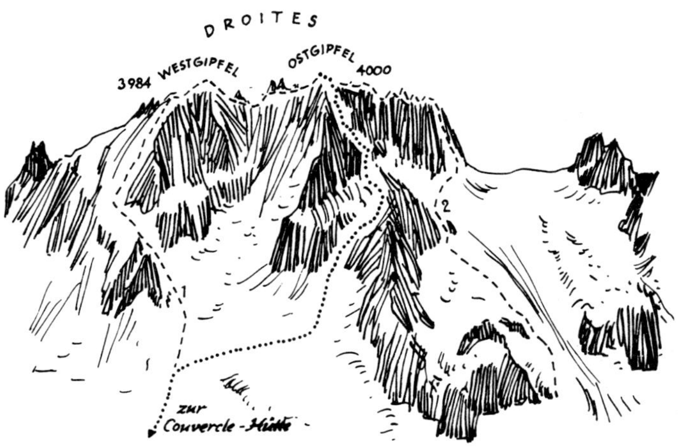

Südwestwand

700 m, III, kombiniert, 7—8 Stunden von der Couvercle-Hütte; selten begangen.

Nordostwand

1000 m, IV, bis 57 Grad, 8 bis 12 Stunden.

Nordostpfeiler

1200 m, V—VI, bis 60 Grad, 12—15 Stunden.

Nordwand

1060 m, 60,5 Grad Durchschnittsneigung. Die Route endet auf dem Grat zwischen Ost- und Westgipfel.

Westgrat
(Normalanstieg zum Westgipfel)

200 m, II, kombiniert, 3—4 Stunden.
Von der Couvercle-Hütte über den Talèfre-Gletscher und durch ein Firncouloir in die östliche Scharte des Col de l'Aiguille Verte, 3800 m; 3—4 Stunden. Nun über den Grat zum Westgipfel.

Südwestwand

700 m, II, kombiniert, 6—7 Stunden ab Couvercle-Hütte; nicht zu empfehlen.

„Berglandpfeiler"

1000 m (Pfeilerhöhe 950 m) kombiniert, IV—V, 12 Stunden.

Nordpfeiler

1000 m, V, kombiniert, 14 bis 16 Stunden.

Abstieg

In 3—4 Stunden vom Hauptgipfel über den Ostpfeiler zur Hütte.

KARTEN/FÜHRER

Carte Vallot 1:50 000 Massif du Mont-Blanc.
Königer/Schubert/Werner, Mont-Blanc-Gruppe.
CAF, La Chaine du Mont-Blanc, Band III.

ANSTIEGSSKIZZE:

Über den Östlichen Südpfeiler verläuft der leichteste Anstieg auf den Haupt-(Ost-)gipfel der Droites; 1 = Westgrat zum Westgipfel, 2 = Hauptgipfel-Ostgrat.

Aiguille du Jardin 4035 m

Verborgenes Kleinod für extreme Felsgeher

TOURISTISCHE ANGABEN

HÜTTEN

Argentière-Hütte und *Couvercle-Hütte* siehe Droites (Seite 166).

TOURENMÖGLICHKEITEN

Ostgrat (Normalanstieg)

450 m, II—IV, kombiniert, im unteren Teil Steinschlaggefahr, 4 bis 6 Stunden.
Von der Couvercle-Hütte in 2½ Stunden zum Beginn des vom Col de l'Aiguille Verte herabziehenden Firncouloirs. Bei guten Verhältnissen im Couloir, sonst rechts über die Felsrippe ansteigen. Etwa in ¾ Höhe links in die Felsen und durch eine Rinne zum Ostgrat, der auf den Gipfel führt.

Nordwestgrat

50 m, III, kombiniert, 2 Stunden.
Von der Couvercle-Hütte zum Beginn der „Charletrinne" und durch sie hinauf (bis 53 Grad) zum Col Armand Charlet, 3989 m; 6 Stunden. Nun über den Grat zum Gipfel.
Man kann auch vor Erreichen des Sattels rechtshaltend in den Felsen ansteigen (III), um den Grat zu gewinnen.

Die Aiguille du Jardin ist einer der jüngsten Viertausender, denn sie wurde vor der Jahrhundertwende überhaupt nicht beachtet und auch nicht bestiegen. Man gliederte den Gipfel in das Massiv der Aiguille Verte ein. Und das auch mit Recht, vorausgesetzt man betrachtet ihn von Nordosten, also von der Argentièreseite, denn von dort gesehen entragt er dem Massiv nur unmerklich.
Erst nach der Jahrhundertwende — die erste Besteigung erfolgte am 1. August 1904 durch E. Fontaine mit den Führern Jean Ravanel und Léon Tournier — erscheint die Aiguille du Jardin im Montblanc-Führer von Carl Diener als selbständiger Viertausender. Man hatte nämlich ihre Südseite entdeckt, und vom Talèfre-Gletscher aus betrachtet muß dem Berg auch Selbständigkeit zugesprochen werden. Ganz deutlich trennt ihn nämlich der Col Armand Charlet im Westen und der Col de l'Aiguille Verte im Osten von den umstehenden Gipfeln und hebt ihn aus dem langen, in südöstliche Richtung verlaufenden Grat.
An der Aiguille du Jardin gibt es aber noch einen weiteren, über 4000 Meter hohen Gipfel, die Pointe Eveline, 4026 Meter. Sie entragt dem Nordwestgrat und kann bei einer Begehung desselben erklettert werden. Allerdings setzt das die Beherrschung des IV. Schwierigkeitsgrades voraus.
Was den Namen des Berges, die Aiguille, betrifft, so wird der Gipfel dieser Bezeichnung in keiner Weise gerecht. Sein Aufbau ist nämlich mehr in die Breite gezogen — von Süden gesehen —, hat also mit einer Nadel überhaupt nichts gemeinsam.
Naturgegebenerweise erfolgte die Erstbesteigung auch vom Talèfre-Gletscher aus, und zwar durch die Südostwand. Bei diesem Unternehmen bzw. der anschließenden Überschreitung zur Grande Rocheuse wurde auch der Nordwestgrat erstmals begangen und damit der Col Armand Charlet — er erinnert an den großartigen französischen Bergführer und Eisgeher — von Menschen betreten.
Die Nordseite des Berges blieb bis zu Beginn des Sommers 1932 unberührt. Dann herrschte aber dort Hochbetrieb, denn am 22. Juli stiegen Paul Dillemann, Armand Charlet und Jules Simond vom Argentière-Gletscher hinauf zum Col Armand Charlet, und fünf Tage später bewältigte Karl Blodig diese Tour als Alleingänger im Auf- und Abstieg. Es war der erste Abstieg durch eine nordseitige Flanke dieser Kette.
In jüngster Zeit, in den Sommern 1964 und 1967, gewann auch die 400 Meter hohe Südwand in extremen Kletterkreisen an Bedeutung, als dort von französischen Seilschaften zwei zum Teil äußerst schwierige Felsführen (Südpfeiler und Mittelpfeiler) eröffnet wurden. Außerdem gibt es seit 5. November 1969 eine Route über den Nordostpfeiler, die der Führer-Aspirant Georges Nominé als Alleingänger in 5½ Stunden eröffnete.

Die Charpouaseite der Aiguille Verte (Eisspitze). Rechts vom Gipfel das „Whymper-Couloir“, links davon der Moinegrat. Die Gipfel rechts der Aiguille Verte: Grande Rocheuse und Aiguille du Jardin, ganz rechts die Droites. Links der Aiguille Verte die Petit Dru und die Grand Dru.

Allein in der Nordostwand

Als der Bregenzer Augenarzt Karl Blodig am 27. Juli 1932 um 6.25 Uhr den Bergschrund der Eisrinne überwand, die sich steil hinaufzieht zum Col Armand Charlet, war er 73 Jahre alt. In der Regel ein Alter, in dem nur noch ganz wenige in den Bergen wandern, ganz davon zu schweigen, als Alleingänger eine fast 900 Meter hohe Eisrinne angehen, die ihrer Meinung nach noch nie durchstiegen worden war. — Das war Karl Blodig, der gebürtige Wiener, der mit 8 Jahren schon auf seinem ersten Gipfel gestanden war — als Alleingänger. Dazwischen liegen 65 Jahre alpinistische Tätigkeit und die Besteigung sämtlicher Alpenviertausender.

„Nach der Überschreitung des Bergschrundes", schreibt Blodig in seinem Erlebnisbericht „Grande Rocheuse und Aiguille du Jardin" sehr anschaulich, „wurde die Neigung der Firnschlucht rasch größer. Ich ließ meinen Pickel über dem Bergschrunde stehen und nahm nun die Eisaxt zur Hand. War ich schon vorher ein und das andere Mal in leichtem Zickzack aufgestiegen, so mußte ich die Kehren nun ziemlich flach anlegen. Endlich zog ich es vor, seitlich hinaufzugehen und wechselte meiner Knöchel halber öfters nach rechts und links ab".

Zwölfzacker, ohne die heute keine Eistour mehr durchgeführt wird, kannte man damals noch nicht. Und trotzdem gelten gerade die dreißiger Jahre als die große Zeit der Eiswände.

Nach neunstündiger Eisarbeit hatte Blodig die Rinne geschafft und ruhte sich im Col Armand Charlet auf seinem Biwaksack sitzend aus: „Meine Finger waren so kalt und steif, daß es mir nicht gelang, die Büchse mit den eingekochten Pfirsichen zu öffnen; stundenlang hatte ich mich auf diesen Genuß gefreut, und nun hatte ich das Nachsehen!"

An diesem Tag bestieg Blodig noch die Grande Rocheuse, biwakierte auf dem Gipfel, stieg am nächsten Tag wieder zum Col ab und zur Aiguille du Jardin an, bewältigte deren Nordwestgrat auch im Abstieg und stand um 8 Uhr schon wieder im Col. Und zu was er sich nun entschloß, hätten ihm seine besten Freunde nicht zugetraut: Er machte sich an den Abstieg durch die Eisrinne.

Südostwand

600 m, IV, kombiniert, 3—4 Stunden.
Wie beim Ostgrat zum Beginn des Couloirs. Links davon ist der Einstieg. Die Route verläuft ganz leicht rechtshaltend und stößt nach einem 200 m hohen Couloir und einem Kamin auf die Ostgrat-Führe.

Südpfeiler (Roter Pfeiler)

400 m, IV—V mit Stellen V+ und VI, 7 Stunden.
Vom Beginn der „Charletrinne" rechts ansteigen zum Firnfeld am Fuße des Südpfeilers. Die Route verläuft von rechts unten nach links oben und endet nach der Pointe Eveline auf dem Nordwestgrat.

Südwand-Mittelpfeiler

400 m, V, 6—7 Stunden.
Einstieg auf dem rechten Rand des Firnfeldes (siehe Südpfeiler).

Nordostwand

850 m, bis 54 Grad, 9 Stunden von der Argentière-Hütte.
Diese Eisroute benützt die markante Rinne, die der Col Armand Charlet ins Argentière-Becken entsendet.

Nordostpfeiler

850 m. Weitere Angaben fehlen.

Pointe Eveline

Der Turm wird im Nordwestgrat nördlich umgangen und dann durch die Ostseite in ¾ Stunden erklettert (IV).

Abstieg

Am besten über den Normalanstieg. Nur bei sehr guten Verhältnissen durch die „Charletrinne".

KARTEN/FÜHRER

Carte Vallot 1:50 000 Massif du Mont-Blanc.
Königer/Schubert/Werner, Mont-Blanc-Gruppe.
CAF, La Chaine du Mont-Blanc, Band III.

ANSTIEGSSKIZZE:

Die Normalroute auf die Aiguille Verte („Whymper-Couloir"), die Aiguille du Jardin (Ostgrat) und auf die Grande Rocheuse (Südpfeiler). Zwischen Grande Rocheuse und Aiguille du Jardin ist die „Charletrinne" eingelagert.

Grande Rocheuse 4102 m

Spät entdeckter Viertausender

TOURISTISCHE ANGABEN

HÜTTEN

Couvercle-Hütte und *Argentière-Hütte* siehe Droites (Seite 166).

TOURENMÖGLICHKEITEN

Südpfeiler

550 m, II—III, kombiniert, 5 bis 7 Stunden.

Von der Couvercle-Hütte in 2 Stunden zu der vom Col Armand Charlet herabziehenden Eisrinne. Linkshaltend auf den Pfeiler und auf ihm zum höchsten Punkt.

Der obere Teil des Südpfeilers (Weg der Erstbesteiger) kann auch aus dem „Whymper-Couloir" rechts ansteigend erreicht werden.

Westgrat

50 m, III+, kombiniert, 3/4 Stunden.

Von der Couvercle-Hütte über den Talèfre-Gletscher und durch das „Whymper-Couloir" (bis 58 Grad) zum Col de la Grande Rocheuse, 4051 m; 5—7 Stunden. Weiter über den Westgrat zum Gipfel.

Ostgrat

100 m, II+, 1 1/2 Stunden.

Von der Couvercle-Hütte zum Beginn der „Charletrinne" und durch sie (bis 53 Grad) in einen kleinen Sattel westlich des Col Armand Charlet (etwa 4000 m); 6 Stunden. Hier betritt man den felsigen Ostgrat. In der Folge über zwei steilere Absätze und zuletzt im Firn auf den Gipfel.

Nordostpfeiler

1200 m, V, kombiniert, 16 bis 18 Stunden.

Von der Argentière-Hütte südwestlich über den Argentière-Gletscher

Wie die Aiguille du Jardin, wurde auch die Grande Rocheuse erst nach der Jahrhundertwende als selbständiger Viertausender „entdeckt". Und zwar von Carl Diener, der die beiden Gipfel als Rückfallkuppen im gewaltigen Massiv der Aiguille Verte bezeichnete.

Im Vergleich zur benachbarten Aiguille du Jardin ist die Grande Rocheuse weniger ausgeprägt, sowohl von Süden als auch von Norden gesehen. Nur der Gipfelaufbau bildet einen kompakten Block, der durch den Col de la Grande Rocheuse von der Aiguille Verte und den Col Armand Charlet von der Aiguille du Jardin getrennt wird.

Seine Erstbesteigung am 17. September 1865 durch R. Fowler, Michel Ducroz und Michel Balmat erfolgte über den Südpfeiler. Anläßlich dieser Eroberung wurde auch der Westgrat erstmals begangen — im Abstieg zum Col de la Grande Rocheuse. Erst am 8. September 1926 wurde der Südpfeiler in seiner gesamten Länge überklettert: Georges Charlet und Charles Bozon führten Frau Carmichael und ihre Tochter über den Pfeiler zum Gipfel und eröffneten damit die interessanteste Felstour an der Grande Rocheuse.

Die meisten Besteigungen erfolgen von Süden, vom Talèfre-Gletscher bzw. von der Couvercle-Hütte aus. Manchmal auch im Rahmen einer Überschreitung Aiguille du Jardin — Aiguille Verte; aber häufiger im Zusammenhang mit einer Besteigung der Aiguille Verte durch das „Whymper-Couloir", denn vom Col de la Grande Rocheuse sind es nur noch 3/4 Stunden zum Gipfel.

Als der Schweizer Silvain Saudan aus Martigny am 12. Juni 1968 durch die „Charletrinne" aufstieg und den Gipfelstock überkletterte, hatte er Kurzski im Rucksack. Am Col de la Grande Rocheuse schnallte er sich die Skier an, musterte das steil in die Tiefe fallende „Whymper-Couloir" (47 Grad Durchschnittsneigung), fand die Verhältnisse für sein Vorhaben günstig — und fuhr durch das 550 Meter hohe Couloir in 85 Minuten hinunter zum Talèfre-Gletscher. Das war ohne Zweifel eines der kühnsten Abenteuer auf dem Gebiet der Steilabfahrten, wie man sie zum Beispiel in den Ostalpen in Form der Pallavicini-Rinne am Großglockner kennt, die schon zweimal mit Skiern befahren wurde.

Der Argentièreabbruch, die Nordostwand, wird in Bergsteigerkreisen kaum beachtet, weil sich daneben verlockend das Couloir Couturier der Aiguille-Verte-Nordostwand anbietet. Selbst der ausgeprägte, 1200 Meter hohe Nordostpfeiler wird ganz selten einmal überklettert. Und die den Pfeiler links begrenzende Eisrinne ist vollkommen in Vergessenheit geraten. Ihre erstmalige Durchsteigung Ende August 1895 durch Valère A. Fynn und Pierre Goudet war zugleich die erste führerlose Neufahrt in der langen Reihe von Erstbegehungen durch die sich über dem Argentière-Gletscher aufbäumenden Wandabstürze. — Die Grande Rocheuse kann nun einmal nicht über den Schatten springen, den die Aiguille Verte auf sie wirft. Der Berg gehört zu jenen, die weniger das Ziel selbständiger Touren sind, sondern die „mitgenommen" werden, wie man so schön sagt. Man hüte sich jedoch, das auf die leichte Schulter zu nehmen, denn es könnte leicht ins Auge gehen. Besonders der Westgrat erfordert, wenn man ihn im Abstieg begeht, eine hundertprozentige Beherrschung der Abseiltechnik. So überflüssig das zu klingen scheint, so gefährlich ist es vor allem bei Wetterstürzen, wenn man diese Art der Seiltechnik nicht perfekt beherrscht.

Vater und Sohn

Als Josef Ravanel, seiner roten Gesichtsfarbe wegen „Le Rouge" genannt, an einem unfreundlichen Abend im Juli des Jahres 1931 den Neuankömmlingen in der von ihm und seiner Frau geführten Couvercle-Hütte die Hände schüttelte, begrüßte der große Bergführer einen alten Bekannten: Karl Blodig. In seiner Begleitung waren noch sein Sohn Erich und Karl Buck. Sie waren gekommen, um die Grande Rocheuse zu besteigen.
Während der nächsten Tage war das Wetter schlecht. In der damals noch wesentlich kleineren, hoffnungslos überfüllten Hütte standen sich die Bergsteiger auf den Füßen herum, diskutierten, erzählten sich persönliche Erlebnisse und sprachen vor allem über die Seilschaften, die sich zur Zeit an den Grandes Jorasses belauerten und auf ihre Chance warteten, die Nordwand zu erobern.
Bei der ersten Wetterbesserung verließen Blodig und seine Gefährten die Hütte. Erich fieberte schon auf seinen ersten Viertausender. Ihm konnte es nicht schnell genug gehen. Auch dem Vater, bekannt wegen seiner raschen Gangart in den Westalpen. Nur Buck schnaufte verzweifelt beim Aufstieg über den Talèfre-Gletscher, denn er schleppte eine gewichtige Plattenkamera mit. Das „Whymper-Couloir" kam Blodig „recht mäßig vor", wenn nur „der jede Viertelstunde schlechter werdende Schnee nicht gewesen wäre".
Als sie den Col de la Grande Rocheuse betraten, war es 10.30 Uhr. Der Himmel bezog sich langsam mit schmutziggrauen Wolken. Nur noch fünfzig Höhenmeter trennten sie vom Gipfel, nicht mehr ganz 1 Stunde Kletterzeit. Aber Karl Blodig verzichtete angesichts des nahenden Wettersturzes auf eine Fortsetzung der Tour. Also wieder durch das Couloir absteigen! Dieser Entschluß fiel ihnen wohl schwer, doch es war das einzige Richtige in einer derartigen Situation.
Erich Blodig stieg als letzter am Seil ab. Eine verantwortungsvolle Aufgabe. Der Vater war auch dementsprechend stolz auf seinen Sohn: „Ich hätte nicht gedacht, daß mir mein Sprößling noch etwas Neues im Eis und Schnee zeigen könnte!" Als dann aber im unteren Teil der Rinne Erich plötzlich abrutschte und beinahe auch seinen Vater und Buck mitgerissen hätte, übernahm der alte Routinier wieder das Kommando, das heißt die Stelle des letzten in der Seilschaft.
Spät in der Nacht, kurz nach 1.30 Uhr, kamen sie wieder zur Hütte. „Le Rouge" trat ihnen schon unter der Türe entgegen und „umarmte" Karl Blodig „ein um das andere Mal". Es war das letztemal, daß sich die beiden Männer sahen, denn 1932 starb Josef Ravanel plötzlich und unerwartet in Chamonix.

in 2 Stunden zum Beginn des ausgeprägten Pfeilers.
Der Einstieg erfolgt entweder links oder rechts des Pfeilers, den man nur im ersten Teil direkt überklettert. Dann westlich und am Schluß östlich des Rückens hinauf zum Col de la Grande Rocheuse. Weiter über den Westgrat.

Nordostwand

1100 m. Durch die Nordostwand des Col Armand Charlet führen zwei Anstiege, die sehr schwierig sind (bis 54 Grad und kombiniert) und nur selten begangen werden. Für die Goudet-Fynn-Route — sie vereinigt sich im oberen Teil mit dem Nordostpfeiler — rechnet man mit 12 bis 14 Stunden Kletterzeit, während Wiederholer der Dillemann-Route 8 bis 10 Stunden in ihr Tourenprogramm einplanen sollten.

Abstieg

Bei schlechten Verhältnissen im „Whymper-Couloir" ist es empfehlenswert, im oberen Teil über den Südpfeiler abzusteigen und erst weiter unten das dort weniger steile Couloir zu benützen.

KARTEN/FÜHRER

Carte Vallot 1:50 000 Massif du Mont-Blanc.
Königer/Schubert/Werner, Mont-Blanc-Gruppe.
CAF, La Chaine du Mont-Blanc, Band III.

Aiguille Verte von Nordosten. Links das Couloir Couturier, rechts die Nordabstürze. Links des Gipfels der Aiguille Verte die Grande Rocheuse und die Aiguille du Jardin.

Aiguille Verte 4121 m

Die „grüne Nadel" mit den gewaltigen Eisflanken

Mit dem gewaltigen Massiv des Montblanc und dem Koloß der Grandes Jorasses ist die Aiguille Verte einschließlich ihrer Trabanten der mächtigste Bergstock innerhalb der Montblanc-Gruppe. Umgeben von vier zum Teil wilden Gletschern (Talèfre-, Charpoua-, Nant-Blanc- und Argentière-Gletscher), aus denen ihre Wände und Grate steil aufragen, bildet sie den Beginn der acht Kilometer langen Kette von Nordwänden südlich des Argentière-Kessels. Ein Berg, der von allen Seiten schwierig zu besteigen ist. Aber ein Gipfel, der für denjenigen, der den Schwierigkeiten gewachsen ist, ein erstrebenswertes Ziel ist. Kurz: ein stolzer, mächtiger und dem Anschein nach unnahbarer Berg.

Meistens wird der Gipfel über den klassischen Moinegrat erklettert. Vor allem im Spätsommer, denn zu dieser Jahreszeit ist das „Whymper-Couloir" in der Regel zu gefährlich und schon bedenklich blank. Diese Eisrinne ist nicht, wie verschiedentlich angenommen wird, der Aufstiegsweg von Edward Whymper anläßlich der Erstbesteigung am 29. Juli 1865 mit den Führern Christian Almer und Franz Biner, sondern die Abstiegsroute. Whymper verfolgte nämlich bei seinem Aufstieg das Couloir nur ein kurzes Stück im unteren Teil und stieg dann linkshaltend dem Gipfel entgegen. Zwei Wochen später eroberte der Engländer das Matterhorn!

Wesentlich schwieriger sind die Anstiege durch die Nord- und Nordostwand sowie durch die Nant-Blanc-Flanke (Nordwestwand). Letztere ist der wildeste und schwierigste Wandabsturz der Aiguille Verte und seine Direktroute ist nur den Besten vorbehalten.

Wer dann auf dem Gipfel steht und noch genügend Zeit zur Verfügung hat bzw. noch auf einen weiteren Viertausender „scharf" ist, dem bietet sich westlich des höchsten Punktes und mit diesem durch einen Firngrat verbunden die Pointe Croux, 4023 Meter, an. Man sollte aber nicht vergessen, daß beim Rückweg die 100 Höhenmeter auch wieder im Aufstieg bewältigt werden müssen.

Idealster Stützpunkt ist die Couvercle-Hütte. Wenn es auch von der Charpoua-Hütte aus möglich ist, den Moinegrat anzugehen, so ist der Zugang über den Talèfre-Gletscher auf alle Fälle jenem über den Charpoua-Gletscher vorzuziehen. Auch des Abstieges wegen; denn wenn die Firnverhältnisse gut sind, ist das „Whymper-Couloir" kein Problem. Außerdem hat die Couvercle-Hütte den Vorteil, daß noch weitere Viertausender in der Runde stehen.

Für die Nordseite kommt nur die Argentière-Hütte in Frage. Dabei muß dann allerdings das Gepäck mitgetragen werden, da man nach Beendigung der Fahrt nicht mehr auf die Hütte zurückkommt, außer man nimmt einen nochmaligen Hüttenaufstieg bzw. die Seilbahnfahrt in Kauf, was aber sehr umständlich und langwierig ist.

TOURISTISCHE ANGABEN

Hütten

Charpoua-Hütte, 2841 m, privat, 25 Schlafplätze; auf dem Felssporn, der in den Charpoua-Gletscher hineinragt; immer offen. Von Montenvers, 1909 m (Bahn von Chamonix), 4 Stunden.

Hotel Lognan, 2023 m, privat; am linken Ufer des unteren Argentière-Gletschers; im Sommer bewirtschaftet. Von Argentière, 1258 m, 3 1/4 Stunden; von der Seilbahnstation Croix de Lognan, 1965 m, 1/4 Stunde.

Couvercle-Hütte und *Argentière-Hütte* siehe Droites (Seite 166).

Tourenmöglichkeiten

Südwestgrat (Moinegrat)
500 m, II—III, kombiniert, 6—7 Stunden.
Von der Couvercle-Hütte nordwestlich über den Talèfre-Gletscher, dann links ansteigen und wieder rechtshaltend zum Grat nordöstlich des Cardinal in eine Scharte; 2 Stunden. Nun über den Grat zum Gipfel.
Der Grat kann auch, westlich de. Cardinal, von der Charpoua-Hütte aus erreicht werden; 7 Stunden.
Bei guten Firnverhältnissen kann außerdem durch das „Whymper-Couloir" aufgestiegen werden.

Nordostwand (Couloir Couturier)
900 m, bis 55 Grad, 6—8 Stunden. Von der Argentière-Hütte in 2 1/2 Stunden, von der Montets-Bergstation, 3297 m, 3/4 Stunden zum Einstieg. Durch das Couloir zum Gipfel.

Über dem Charpouagletscher (auf dem linken Felssporn die Hütte) erhebt sich die Aiguille Verte.
Nach links: Pointe Crux, Aiguilles Sans Nom und der Zacken des Pic Sans Nom.

Die Nordwand

Genau betrachtet gliedert sich diese Wand in die eigentliche Nordwand und die Nordostwand, zwei imposante, sofort ins Auge stechende Eisrinnen, die von einem breiten Felspfeiler getrennt werden.
Die erste Durchsteigung der Nordwand, am 31. Juli 1876 durch Henry Cordier, Thomas Middlemore, Joan Oakley Maund, Jakob Anderegg, Johann Jaun und Andreas Maurer, gehört zu den glanzvollsten Leistungen in der Geschichte des historischen Alpinismus, denn die 900 Meter hohe Eisrine steilt sich bis zu 56 Grad auf.
Häufiger wird dagegen das Couloir Couturier in der Nordostwand begangen; es ist nicht ganz so steil. Der Amerikaner Bradford Washburn wagte sich am 2. September 1929 mit den Führern Georges Charlet, André Devouassoux und Alfred Couttet als erster in die Rinne, verließ sie aber schon nach etwa 350 Meter wieder rechtshaltend zu den Felsen und stieg von dort gerade hinauf zum Gipfel. In seiner ganzen Länge wurde das Couloir erst am 1. Juli 1932 von Marcel Couturier in Begleitung der Führer Armand Charlet und Jules Simond durchstiegen. Es ist heute der beliebteste Anstieg aus dem Argentière-Kessel.
Bereits extrem schwierig ist die Contamine-Führe durch das spitze Felsdreieck, das die Nordostwand vom Couloir Cordier trennt.
Aber die Nordwand ist nicht nur Schauplatz erfolgreicher Unternehmungen, in ihr ereignete sich auch das größte alpine Unglück der letzten Jahrzehnte — am 7. Juli 1964. Vierzehn französische Bergsteiger, unter ihnen Ski-As Charles Bozon und Himalayamann Jean Bouvier, wurden etwa 50 bis 60 Meter unterhalb des Gipfels in dem 45 Grad geneigten Gelände von einem abgehenden Schneebrett in die Tiefe gerissen, nachdem sie über den Montetsgrat aufgestiegen waren.
Vierzehn erfahrene Männer — es handelte sich ausschließlich um Hochgebirgs-Führer und -Anwärter — verunglückten in einem relativ unschwierigen Gelände. Wie kann so etwas überhaupt passieren?

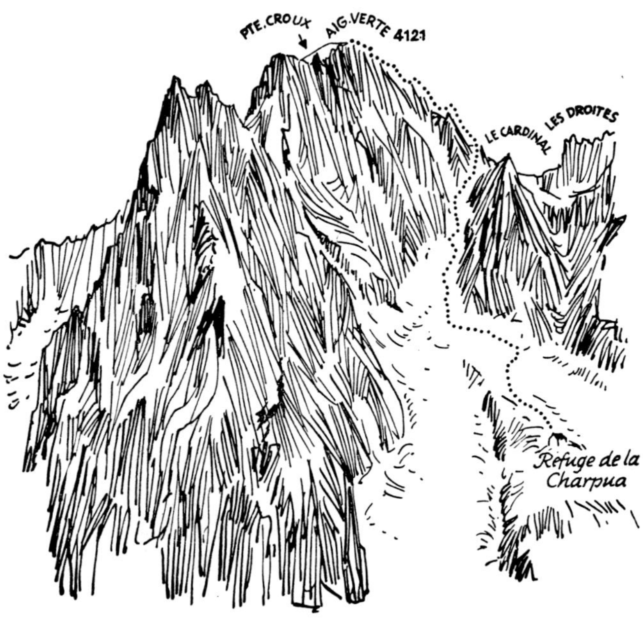

Nordwand (Couloir Cordier)
900 m, bis 56 Grad, 8—10 Stunden.

Nordwestwand (Nant-Blanc-Flanke)
1000 m, III—IV, bis 60 Grad, kombiniert, 9—11 Stunden.
Durch diese Flanke verlaufen drei Anstiege, von denen lediglich die Direktführe häufiger wiederholt wird. Man erreicht den Einstieg von Montenvers, 1909 m, über die Felsinseln des sogenannten „Rognon-Biwaks" in 5 Stunden.

Nordwestgrat (Montetsgrat)
900 m, IV, kombiniert, 10 bis 12 Stunden.

Südwestwand
600 m, II—III, kombiniert, 7 bis 8 Stunden von der Charpoua-Hütte.

Abstieg
Bei guten Eisverhältnissen über den Ostgrat und durch das „Whymper-Couloir", sonst über den Moinegrat. Außerdem ist es möglich, über den oberen Teil des Grande-Rocheuse-Südpfeilers abzusteigen, um das „Whymper-Couloir" erst im unteren Teil zu betreten.

KARTEN/FÜHRER

Carte Vallot 1:50 000 Massif du Mont-Blanc.
Königer/Schubert/Werner, Mont-Blanc-Gruppe.
CAF, La Chaine du Mont-Blanc, Band III.

ANSTIEGSSKIZZE:

Der übliche Anstieg von der Charpoua-Hütte aus auf die Aiguille Verte über den Moinegrat.

Skibergsteiger am Beginn der Haute Route mit Blick auf die Nordabstürze der Aiguille Verte. Links ihres Eisgipfels die Spitze der Grande Rocheuse und im Anschluß nach links die Aiguille du Jardin.

Dent du Géant 4013 m

Der Riesen-Zahn über dem Riesen-Gletscher

Wenn man oben steht auf dem Gipfel der Aiguille du Midi, sich sattgesehen hat an der gewaltigen Eisburg des Montblanc und den Blick nach Südosten abschweifen läßt, so entdeckt man den kühn aufragenden, leicht geneigten und mit Granitplatten gepanzerten Felsobelisk des Dent du Géant, einer der eigenwilligsten Alpengipfel. Freilich erscheint er von dem erwähnten Standpunkt aus — er ist noch fünf Kilometer entfernt — nicht so imposant, als wenn man über den Tacul-Gletscher ansteigend an seiner herausfordernden Nordwand vorbeikommt. Selbst von den kleinen Gondeln der Seilbahn zur Pointe Helbronner kann man sich noch keine richtige Vorstellung der zweigipfeligen Felsnadel machen.

Eine Besteigung des „Riesen-Zahns“, wie der Berg seiner Form wegen heißt, über die Normalführe, wird, wie der obere Teil des Hörnligrates am Matterhorn, durch fixierte Seile enorm erleichtert. Ansonsten müßte man den V. Schwierigkeitsgrad beherrschen.

Der Dent du Géant dürfte einer der am bequemsten zu erreichenden Viertausender im Montblancgebiet sein und wird auch dementsprechend oft bestiegen, vor allem, um sich für höhere Gipfel zu akklimatisieren.

Ein gezähmter Berg, könnte man sagen, und für die Südwestwand trifft das auch zu. Doch es gibt noch andere Anstiege. Rassige Felsführen, wie die Südwandroute der Österreicher Herbert Burgasser und Rudolf Leiß vom 28. Juli 1935 sowie einen neuen Anstieg in der Südwand, der den Italienern Franco Girodo und Aldo Bonino 1970 mit Hilfe von 50 Haken gelang. Die Ostwand wurde am 30. August 1950 von den Italienern Arturo Ottoz und Sergio Viotto auf einer extrem schwierigen Route erobert.

Häufig wird der Gipfel auch vor oder (besser) nach einer Überschreitung des Rochefortgrates erklettert, was eine ideale Kombination aus festem Granit und leuchtendem Firn ergibt.

Aber auch die Besteigung des einer massigen Basis entspringenden „Zahnes“ allein kann einen Tag ausfüllen; wenn man sich Zeit läßt, einmal etwas länger schläft, auf dem „Frühstücksplatz“ vor der Querung in die Südwestwand dem Namen des reizenden Plätzchens auch gerecht wird und deftig Brotzeit macht, oder — das ist allerdings nur für nach Sechsern hungrige Stürmer gedacht — die Ost- und Südwand begeht, was immerhin fast vierhundert Klettermeter im Aufstieg entspricht.

Es kann auch vorkommen, daß man nicht auf den höchsten Gipfelblock kann, weil schon einige Seilschaften oben sitzen, oder daß man auf der Pointe Sella warten muß, bis der Hauptgipfel, die Pointe Graham, frei wird. Wenn allerdings dann noch ein Gewitter aufkommt, sollte man sich so schnell wie möglich von den Gipfeln entfernen, denn das Loch im Kopf der Madonnenstatue auf der Pointe Graham spricht eine sehr deutliche Sprache.

TOURISTISCHE ANGABEN

Hütten

Turiner Hütte, 3323 m, CAI, 200 Schlafplätze; südlich und etwas unterhalb des Col du Géant; ganzjährig bewirtschaftet. Von Courmayeur, 1226 m, gute 6 Stunden, von der Requin-Hütte 4—5 Stunden. Am schnellsten mit der Seilbahn von Entrèves, 1306 m (Italien) oder von Chamonix, 1037 m (Frankreich).

Requin-Hütte, 2516 m, CAF, 118 Schlafplätze; am Südostfuß des Dent du Requin; im Sommer bewirtschaftet. Von Montenvers, 1909 m (Bahn von Chamonix), 3½ Stunden.

Tourenmöglichkeiten

Südwestwand (Normalanstieg)

250 m, II—III, 2 Stunden.
Von der Turiner Hütte über den Col du Géant, 3359 m, und rechtshaltend in eine Firnbucht. Von ihrem Ende über den Sockel des Berges hinauf zum „Frühstücksplatz“ an der Basis der Felsnadel; 2½ Stunden.
Nach zwei Seillängen, am sogenannten „Mummery-Platz“, beginnen die fixierten Seile.

Nordgrat

280 m, III—IV, 3—4 Stunden.
Vom „Frühstücksplatz“ in 2½ Stunden zur oberen Schulter des

Grates. Von hier teilweise rechts des Grates, teilweise auf ihm in die Scharte zwischen Haupt- und Nordgipfel.

Südwand

160 m, V und A 1, 3—5 Stunden. Der Einstieg befindet sich rechts des „Frühstücksplatzes". Die Route endet in der Scharte zwischen den Gipfeln.

Neue Südwand

200 m, V+, A 3, 4—5 Stunden. Die Route verläuft links der alten Südwandführe.

Ostwand

140 m, VI und A 3, 3—4 Stunden.

Abstieg

Über die Südwestwand. Bis zur Turiner Hütte 3 Stunden.

KARTEN/FÜHRER

Landeskarte der Schweiz 1:50 000 Blatt Courmayeur (292).
Königer/Schubert/Werner, Mont-Blanc-Gruppe.
CAF, La Chaine du Mont-Blanc, Band II.

ANSTIEGSSKIZZE:

Der Dent du Géant mit dem üblichen Aufstieg von der Turiner Hütte über den Col du Géant und durch die Südwestwand.

Der Riesen-Zahn unter Kanonenbeschuß

Seit 1875 die Italiener Leopardi, Genoli und Stagna mit den Führern Emile Rey und J. L. Lanier am Dent du Géant bis zum heutigen „Place Mummery" (am Beginn der Fixseile) vorgedrungen waren — 1871 hatte sich schon der Engländer Whitwell mit den Führern Christian und Ulrich Lauener versucht —, erregte dieser faszinierende Gipfel die Gemüter im Tal von Chamonix und auch drüben in Courmayeur. Als dann fünf Jahre später auch der erfolggewohnte Engländer Albert Frederick Mummery, 30, Nationalökonom und Gerbereibesitzer in Dover, mit Alexander Burgener aus Eisten im Saastal nichts ausrichtete, blies man zum Großangriff, zumal Mummery auch noch die herausfordernden Worte „absolutely inaccessible by fair means" (Absolut unzugänglich mit fairen Mitteln) sprach.
Bei diesem Angriff dachte man jedoch nicht an die herkömmlichen Mittel, sondern an die Möglichkeit, mittels eines Wurfapparates ein Seil zwischen den beiden Gipfeln durchzuschießen, um es auf der anderen Seite zu befestigen. Der geistige Vater dieses Vorhabens war ein Italiener namens Bertinetti. Er konnte für seinen Plan noch einige italienische und englische Bergsteiger gewinnen und schleppte mit ihnen die Lafette und weitere notwendige Utensilien auf den Firngrat unterhalb der Ostwand. Der erste Schuß verfehlte sein Ziel. Auch der zweite. Erst beim dritten Abfeuern flog das Geschoß mit dem daran befestigten Seil über die Scharte, wurde aber vom Wind wieder zurückgeschleudert. Niedergeschlagen zogen die Schützen ab. Der Gipfel schien unersteiglich, wenn man auf Grund dieser Technik überhaupt von einer Besteigung sprechen könnte.
Aber schon im Frühjahr 1882 hörte man in der Südwestwand Gehämmer. Die Granitplatten wurden mit Eisenhaken und Leitern präpariert, und es dauerte nicht mehr lange, bis die Italiener Corradino, Alfonso und Gaudenzo Sella mit den Führern Daniele und Jean-Joseph Maquignaz den 4009 Meter hohen Nordgipfel (Pointe Sella) erreichten. Man schrieb den 29. Juli 1882. Kurz darauf, am 20. August, folgte der Engländer Graham mit den Führern Payot und Cupelin den Spuren der Erstbesteiger, ging dann aber weiter, hinüber zum Süd-(Haupt-)gipfel, 4013 Meter (Pointe Graham).
Karl Blodig im August 1899 nach seiner Besteigung: „Es war das erste Mal in meinem Leben, daß ich von der Erkletterung eines Berges unbefriedigt heimkam. Hatte ich doch das etwas niederdrückende Gefühl, nicht meiner Kraft und Geschicklichkeit, sondern vorwiegend dem Vorhandensein künstlicher Hilfsmittel die Erreichung des Gipfels danken zu müssen."
Coolidge lehnte eine Besteigung des Dent du Géant ab, weil er noch „nie besondere Vorliebe für das Turnen gehabt (habe), und Bergsteigen könne man das Erklettern der mit Eisen und Seilen gefesselten Felsnadel unmöglich nennen."
Dieser Meinung waren auch die Wiener Heinrich Pfannl, Thomas Maischberger und Franz Zimmer. Sie bestiegen am 20. Juli 1900 den Berg über seine Nordkante — ohne auch nur einen Haken zu schlagen. Ihr grandioser Sieg zählt zu den größten Taten führerloser Alpinisten um die Jahrhundertwende. Leider endete die erste Wiederholung am 27. Juli tragisch, denn beim Abstieg wurde der französische Führer Simond kurz vor dem „Frühstücksplatz" vom Blitz erschlagen.

Rochefortgrat 4001 m-4015 m

Die waagrechte Himmelsleiter

TOURISTISCHE ANGABEN

HÜTTEN

Leschaux-Hütte, 2431 m, CAF, 15 Schlafplätze; auf der Südseite der Aiguille de Talèfre; nicht bewartet. Von Montenvers, 1909 m (Bahn von Chamonix), 3½ bis 4 Stunden.

Périades-Biwak, 3460 m, CAF, 4 Schlafplätze; auf dem Périadeskamm zwischen Brèche des Périades und Pointe de Sisyphe. Von der Leschaux-Hütte etwa 4 Stunden.

Turiner Hütte und *Requin-Hütte* siehe Dent du Géant (Seite 180).

Jorasses-Hütte (siehe Grandes Jorasses (Seite 186).

TOURENMÖGLICHKEITEN

Aiguille-de-Rochefort-Westgrat (Rochefortgrat)

2—3 Stunden, bis 47 Grad.
Von der Turiner Hütte in 2½ Stunden zum „Frühstücksplatz" am Dent du Géant. Weiter unter der Süd- und Ostwand zum Beginn des Grates und auf ihm zu einem Felskopf. Nun 30 m absteigen und auf dem Grat — zwei Türme werden rechts (südlich) umgangen — zum 50 m hohen Gipfelaufbau, über den es auf die Aiguille geht.

Nordwand

1000 m, bis 60 Grad, 12—15 Stunden von der Leschaux-Hütte.
Die Route verläuft durch die zwischen Mont Mallet und Dôme de Rochefort eingebettete Eisflanke.

Extremkletterei in der Südwand des Dent du Géant; für Westalpenbegriffe eine ausgesprochene Übungskletterei.

Obwohl der Dôme de Rochefort mit seinen 4015 Metern den Kulminationspunkt des Rochefortgrates darstellt, wird er weitaus weniger besucht als die 4001 Meter hohe Aiguille de Rochefort. Letztere nämlich bildet einen topographisch wichtigen Gipfelpunkt, da von ihr drei bedeutende Grate ausgehen: Periadeskamm, Rochefortgrat und der lange Grat über den Dôme de Rochefort zu den Grandes Jorasses.
Die beiden Gipfel haben im Vergleich zu anderen Viertausendern wenig zu bieten, was Form und Aussehen betrifft. Es gibt schönere und höhere Gipfel im Schatten des Montblanc. Aber es gibt nur einen Rochefortgrat.
Bis zum 14. August 1873 rechtfertigten der Grat bzw. die Gipfel ihr Mauerblümchendasein im Reigen der anderen, wesentlich höheren Gipfel in der Runde. Doch an diesem Tag wurde die Aiguille de Rochefort vom Leschaux-Gletscher aus von dem Engländer J. Eccles und den Führern Alphonse und Michel Payot gebeugt. Diese Seilschaft holte sich acht Jahre später, am 12. August 1881, auch den Dôme de Rochefort. Von der italienischen Seite, aus dem Val Ferret, wurde der Gipfel am 14. September 1889 durch die Engländer M. Muir und D. Prement erobert.
Der Grat aber, jene faszinierende Firnschneide zwischen Dent du Géant und Aiguille bzw. Dôme de Rochefort, blieb weiterhin unberührt — bis Juli 1900: Eine italienische Seilschaft wagte den Gang ins Unbekannte und bezwang den Grat von der Aiguille de Rochefort bis zum Dent du Géant. Damit war der erste Schritt für eine gesamte Begehung des Rochefortgrates getan, die nicht mehr lange auf sich warten ließ. Und heute reiht sich an schönen Tagen und bei guten Verhältnissen eine Seilschaft an die andere und erlebt das herrliche Abenteuer einer Gratüberschreitung in fast durchwegs über 4000 Meter.
Es gibt natürlich auch noch andere Anstiege auf die Gipfel. Zum Beispiel die 1000 Meter hohe und bis zu 60 Grad geneigte Nordwestwand, durch die sich Hermann Bratschko, Karl Schreiner, Emil und Karl Rupilius am 25. Juli 1932 erstmals in 12 Stunden kämpften, oder die 1200 Meter hohe Südwand, in deren brüchigem Fels die Turiner Francesco Ravelli und Mario Debenedetti am 16. Juli 1935 eine Direktroute legten. Die Südwand des Dôme de Rochefort wurde vom 17. bis 19. September 1971 von den Italienern Angelo Piconi und Luciano Pasi erstmals durchstiegen. Diese Anstiege stehen jedoch im Schatten des Grates. Sie werden nur ganz selten einmal wiederholt, weil sie extrem schwierig oder nicht lohnend sind, und nur einen Abglanz dessen darstellen, was die Gipfel auf ihrem leichtesten Anstieg zu bieten haben. Doch wenn auch der Grat keine ausgesprochenen technischen Schwierigkeiten aufweist, so setzt seine Begehung die sichere Handhabung von Seil und Eispickel voraus, erfordert hundertprozentige Beherrschung der Steigeisen und das notwendige Quantum an Westalpenerfahrung.

Direkte Südwand

1200 m, IV, kombiniert, 8 Stunden vom Biwakplatz.

Dôme-de-Rochefort-Südwestgrat

2 Stunden von der Aiguille de Rochefort. Fortsetzung des Rochefortgrates. Von der Aiguille über den Firngrat — der Doigt de Rochefort wird links (nordwestlich) umgangen — zum Gipfelaufbau, der direkt erklettert wird.

Südostgrat

850 m, II—III, Kamin IV—, kombiniert, 7 Stunden.
Von der Jorasses-Hütte in 2½ Stunden zum Einstieg rechts des tiefsten Gratpunktes. Nun auf dem Grat weiter. Kurz unter dem Gipfel ein schwieriger Kamin (IV—). Schönster Aufstieg von der italienischen Seite.

Abstieg

Am günstigsten über den Rochefortgrat.

KARTEN/FÜHRER

Landeskarte der Schweiz 1:50 000 Blatt Courmayeur (292).
Königer/Schubert/Werner, Mont-Blanc-Gruppe.
CAF, La Chaine du Mont-Blanc, Band II.

ANSTIEGSSKIZZE:

Vom Dent du Géant zieht sich der Rochefortgrat (punktiert) über die Aiguille de Rochefort zum Dôme de Rochefort. Die Aiguille kann auch von der Requin-Hütte bestiegen werden. Außerdem kann man über den Mont-Mallet-Nordgrat von der Leschaux-Hütte den Rochefortgrat erreichen.

Der Rochefortgrat ist neben dem Biancograt einer der glanzvollsten Firngrate der Alpen.

Die gesamte Gratüberschreitung

Als am 1. August 1903 der Berliner Eduard Hahn mit dem Walliser Führer Franz Lochmatter, abgeschlagen von dem Versuch, den gesamten Rochefortgrat zu überschreiten, auf die Turiner Hütte zurückkam, nützten der Bregenzer Karl Blodig und sein Gefährte Max Horten aus Bonn schon am nächsten Tag ihre Chance, als erste den ganzen Grat zu bewältigen. Und obwohl der Versuch von Hahn und seinem Führer wegen schlechter Wetterverhältnisse gescheitert war, verließen Blodig und Horten bei ebenso unsicherem Wetter um 4.30 Uhr die Turiner Hütte. Gegen 7 Uhr machten sie am Beginn des Grates eine kurze Rast, legten die Steigeisen an und stürmten dann weiter, denn Blodig versuchte bei seinen Unternehmungen grundsätzlich schnelle Begehungszeiten herauszuholen. Der Viertausendersammler ist begeistert von dem Grat: „Der in seiner starken Verkürzung recht unscheinbar aussehende Grat gewinnt an Interesse, je weiter man denselben verfolgt; bald ist es eine schmale Firnschneide, deren Flanken nach beiden Seiten in schwindelnder Tiefe sich verlieren, über welche wir langsam und behutsam, natürlich in geschlagenen Stufen balancieren, bald heißt es eine zierliche Wächte abzuschlagen, um dann in den pulvrigen Schnee solide Tritte zu stampfen."
Den ersten Abstieg vom Grat bewältigten sie, indem der kräftige, 1,90 Meter große Horten Blodig hinuntersicherte, der schlug aufsteigend Stufen, um dann Horten zu sichern und selbst nachzusteigen. Nach der Querung des nächsten Felsturmes „rannten" die beiden „auf der schmalen Schneide wie besessen gegen den Fuß der Aiguille hin".
Wie sich herausstellte, ist der Weg von der Aiguille zum Dôme nicht mehr so schwierig wie der erste Teilabschnitt. Außerdem waren die Verhältnisse sehr gut, so daß Blodig und Horten um 11 Uhr den Fuß des Gipfelaufbaues ihres Endzieles erreichten. Und um 11.45 Uhr stiegen sie über die letzten Felsblöcke zum ersehnten Gipfel des Dôme de Rochefort an — dem Endpunkt ihres Weges.
Auf dem Rückweg erwischte sie ein schweres Hochgewitter. Sie beeilten sich noch mehr, gingen gleichzeitig ohne Sicherung, konnten nicht mehr auf die Wächten achten — und hatten das Glück der Tüchtigen.
Mit der Uhr in der Hand betrat Blodig die Turiner Hütte: „Entsetzlich großartig" stieß er hervor — und meinte damit seine Begehungszeit.

Grandes Jorasses 4208 m

Fünf Viertausender und schwierigste Wände

Pointe Walker 4208 m *Pointe Whymper 4148 m*
Pointe Michel Croz 4110 m *Pointe Elena 4045 m*
Pointe Margherita 4066 m *Pointe Young 3996 m*

Fünf Spitzen über der Viertausendmetergrenze und ein nur wenige Meter darunter liegender Gipfel krönen das stolze und mächtige Haupt der Grandes Jorasses, neben dem Montblanc und dem Massiv der Aiguille Verte ohne Zweifel der imposanteste Bergstock der ganzen Gruppe. Das gilt vor allem für die Ansicht von Norden. Durch diese bis zu 1200 Meter hohen Abstürze verlaufen nur äußerst schwierige Anstiege; der Normalanstieg führt von Süden (Italien) auf die Gipfel im französisch-italienischen Grenzverlauf, genauer gesagt auf die Pointe Walker, den höchsten Punkt des Berges. Sie hat ihren Namen von dem Engländer Horace Walker, der am 30. Juni 1868 mit den Führern Melchior Anderegg, Johann Jaun und J. Grange als Erster auf dem Gipfel stand.

Vier Jahre vorher (24. Juni 1864) war aber die Pointe Whymper gefallen; wie der Name schon sagt, durch den damals vierundzwanzigjährigen Edward Whymper. Der spätere Bezwinger des Matterhorns (1865) wurde von dem Chamoniarden Michel Croz — ihm wurde die Pointe Croz gewidmet — und den Schweizern Franz Biner und Christian Almer begleitet.

Beim Normalanstieg zur Pointe Walker hat man im Mittelteil die Wahl, entweder die Reposoir-Felsrippe zu bewältigen oder (bei guten Firnverhältnissen) den Eisweg zu begehen. Nach diesen Passagen, ab einer steilen Firnmulde, ist es auch möglich, linkshaltend den Gipfel der Pointe Margherita zu erreichen, deren Erstbesteigung in das Jahr 1898 (22. August) fiel und von dem Herzog der Abruzzen mit G. Petigax und weiteren drei Führern vollbracht wurde.

Als Krönung an den Grandes Jorasses — ausgenommen die Nordwände — gilt eine Überschreitung des Massivs und die damit verbundene Besteigung aller Gipfel. Kommt man von Frankreich, so steigt man am besten von der Leschaux-Hütte zum Col des Grandes Jorasses auf, wo sich seit 1962 wieder eine Biwakschachtel befindet; die alte wurde 1951 vom Sturm zerstört. Am Col beginnt dann die Überschreitung bis zur Pointe Walker.

Wesentlich schwieriger ist der sich aus dem Col des Hirondelles gleichmäßig aufschwingende Hirondelles-Grat. Auch mit seiner Begehung kann die vollständige Überschreitung der Grandes Jorasses verbunden werden. Im allgemeinen wird der Grat aber nur bis zur Pointe Walker begangen.

Tragisch gestaltete sich das Ringen um die Nordabstürze, bis dann vom 28. bis 29. Juni 1935 den Deutschen Rudolf Peters und Martin Meier der große Wurf gelang (bei einem Versuch stürzte Rudolf Haringer, mit Peters kletternd, tödlich ab). Der Mittelpfeiler, auf der Pointe Michel Croz endend, hatte am Ende der Saison 1968 etwa ein Dutzend Begehungen.

TOURISTISCHE ANGABEN

Hütten

Jorasses-Hütte, 2803 m, CAI, 30 Schlafplätze; auf einer Felsinsel des Planpansièr-Gletschers; von Mitte Juli bis Ende August bewartet. Winterraum (4—5 Plätze) immer offen. Von Planpansièr, 1579 m (Straße bzw. Bus von Entrèves) 4—4½ Stunden.

Frébouzie-Biwak, 2360 m, CAAI, 4 Schlafplätze; über dem nordöstlichen Ufer des Frébouzie-Gletschers. Von La Vachey, 1642 m, 3 Stunden.

Gervasutti-Hütte, 2835 m, CAI, 12 Schlafplätze; am unteren Ende der langgestreckten Felsinsel auf dem Weg vom Frébouzie-Biwak zum Col des Hirondelles; 1½ Stunden.

Jachia-Biwak, 3360 m, privat, 6 Schlafplätze; am Südostgrat zwischen Aiguille Tronchey und Aiguille de l'Evéque. Vom Frébouzie-Biwak 4—5 Stunden.

Canzio-Biwak, 3810 m, CAAI, 8 Schlafplätze; im Col des Grandes Jorasses. Von der Leschaux-Hütte 6—8 Stunden, vom Periades-Biwak (siehe Rochefortgrat, Seite 183) 3 bis 4 Stunden.

Leschaux-Hütte siehe Rochefortgrat (Seite 183).

Tourenmöglichkeiten

Südwestflanke (Normalanstieg)
1400 m, I—II, kombiniert, 6 bis 8 Stunden von der Jorasses-Hütte. Über den Planpansièr-Gletscher und westlich entlang des Felsriegels, der den Planpansièr-Gletscher vom

Die „Normalweg"(SW-)Flanke der Grandes Jorasses. Auch der leichteste Anstieg auf diesen Gipfel verlangt einen geübten und ausdauernden Kombinierer.

Pra-Sec-Gletscher trennt. Dann über die Reposoir-Felsen oder durch das Couloir rechts davon. Oben rechts über die „Whymperrippe“ und fast waagrecht hinüber zur Pointe Walker.

Westgrat
350 m, III—IV, kombiniert, 6 bis 8 Stunden.
Vom Canzio-Biwak über die Pointe Young, die Pointe Margherita, die Pointe Helena, die Pointe Croz und die Pointe Whymper zur Pointe Walker.

Nordostgrat (Hirondelles-Grat)
750 m, IV—V+, kombiniert, 6 bis 10 Stunden.
Von der Gervasutti-Hütte in 3 Stunden, von der Leschaux-Hütte in 4 bis 6 Stunden (schwieriger) zum Col des Hirondelles, 3456 m. Überwiegend auf dem Grat zur Pointe Walker.

Südostgrat (Troncheygrat)
850 m, III—IV, kombiniert, 6 bis 8 Stunden vom Jacchia-Biwak.

Walkerpfeiler
1200 m, V+ bis VI und A 1, kombiniert, 1½ Tage.

Whymperpfeiler (Bonatti-Vaucher)
1000 m, bis 60 Grad, V—VI, Zeit der Erstbegeher: 4 Tage.

Crozpfeiler (Mittelpfeiler)
1000 m, V—VI—, kombiniert, 13 bis 18 Stunden.

Abstieg
Durch die Südwestflanke 3 bis 4 Stunden zur Jorasses-Hütte; vom Col des Grandes Jorasses 3 bis 4 Stunden zur Leschaux-Hütte.

KARTEN/FÜHRER
Landeskarte der Schweiz 1: 50 000 Blatt Courmayeur (292).
Königer/Schubert/Werner, Mont-Blanc-Gruppe.
CAF, La Chaine du Mont-Blanc, Band II.

ANSTIEGSSKIZZE:
Die Grandes Jorasses von Südwesten mit der Normalführe (punktiert), dem Zugang zum Col des Grandes Jorasses (1), dem Verlauf der Überschreitung (2) und der Südwestwand (3).

Eines der großartigsten Alpenbilder: Grandes Jorasses von Norden.

Dann begann der Kampf mit dem Walkerpfeiler. Die fähigsten Alpinisten ihrer Zeit warben um den 1200 Meter hohen, überwiegend aus Fels bestehenden Pfeiler der Pointe Walker. Ricardo Cassin, Gino Esposito und Ugo Tizzoni, Italiener aus Lecco, waren dann die Glücklichen. Sie bezwangen den imposanten Pfeiler der Nordwand vom 4. bis 6. August 1938. Anläßlich der ersten Wiederholung durch die Franzosen Edouard Frendo und Gaston Rébuffat im Sommer 1945 wurde eine Einstiegsvariante links (östlich) der Originalroute eröffnet, die heute begangen wird. Bei der Ausstiegsvariante zur Scharte zwischen Pointe Walker und Pointe Whymper handelt es sich um einen „Verhauer“ der Viertbegeher Louis Lachenal und Linonel Terray.
Bis zur nächsten Neutour vergingen zwei Jahrzehnte: Jean Couzy und René Desmaison bezwangen vom 5. bis 6. August 1958 die Nordrippe der Pointe Margherita (noch keine Wiederholung bekannt).
Als dann am 14. August dieses Jahres die Italiener Andrea Mellano und E. Cavalieri noch den Nordpfeiler der Pointe Young im Aufstieg begingen — es war ihnen nicht bekannt, daß bereits im August 1935 die Deutschen Franz Königer, A. Münch, A. Schwabe und Ludwig Steinauer über den Pfeiler abgestiegen waren — schienen die Nordabstürze erschlossen zu sein. Das galt jedoch nicht für Walter Bonatti. Der in Courmayeur ansässige Führer kämpfte sich vom 6. bis 9. August 1964 mit dem Genfer Michel Vaucher zwischen Mittelpfeiler und Walkerpfeiler zum Gipfel der Pointe Whymper durch. Dieser nur in seinem oberen Teil ausgeprägte Pfeiler wies 1972 noch keine Wiederholung auf.
Vom 29. bis 30. Juli 1968 gelang den Polen Andrzej Heinrich, Henryk Furmanik und Krzystof Zdzitowiecki die vollständige Überkletterung des Pointe-Young-Nordpfeilers. Der Nordpfeiler der Pointe Helena wurde ebenfalls die Beute einer polnischen Seilschaft: E. Chrobak, W. Worz und J. Poreba bezwangen ihn vom 24. bis 25. Juli 1970.
Von all den Routen auf der Nordseite wird der Walkerpfeiler am meisten begangen und hatte zu Ende des Sommers 1976 schon fast 350 Begehungen. Er hat viel von seinem früheren Ruf verloren, denn es gibt inzwischen wesentlich schwierigere Anstiege in der Montblanc-Gruppe. Trotzdem wird er auch in Zukunft der große Wunsch jedes extremen, westalpinen Bergsteigers sein.

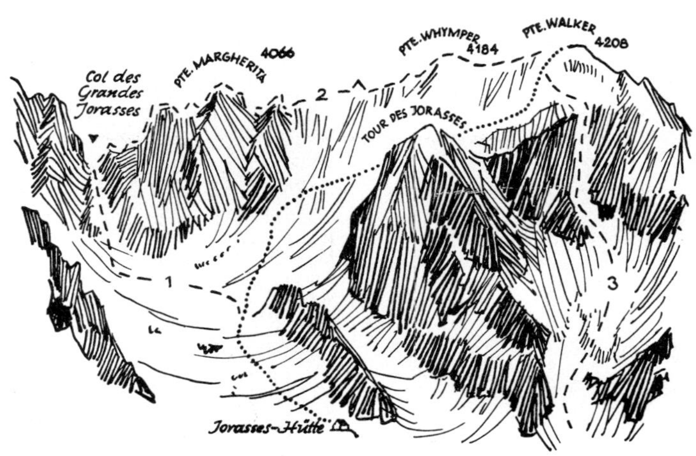

Mont Brouillard 4069 m

Dornröschengipfel des Montblanc

TOURISTISCHE ANGABEN

HÜTTEN

Quintino-Sella-Hütte, 3363 m, CAI, 15 Schlafplätze; am Rande eines schmalen Seitenarmes des Montblanc-Gletschers. Von Courmayeur, 1226 m, 9 Stunden.

Monzino-Hütte, 2663 m, privat, 60 Schlafplätze; zwischen Brouillard- und Freney-Gletscher; meist bewirtschaftet. Wenige Minuten nach der Monzino-Hütte steht die alte Gamba-Hütte, die aufgelassen wurde. Von der „Cantine de la Visaille" (Gasthaus, Straße und Bus von Courmayeur) 3—4 Stunden.

TOURENMÖGLICHKEITEN

Punta Baretti
Südgrat

700 m, II, 4—5 Stunden.
Von der Gamba-Hütte in 3 bis 4 Stunden zum Col du Brouillard, 3350 m. Auf dem Grat zum Gipfel.

Westwand

800 m, III, kombiniert, 6—8 Stunden.
Von der Sella-Hütte absteigend auf den Montblanc-Gletscher und zu dem markanten Pfeiler, der vom Gipfel der Punta Baretti herabzieht. Von links nach rechts um den Pfeiler und leicht rechtshaltend hinauf zum Südgrat, den man dann bis zum Gipfel weiterverfolgt.

Der Brouillardgrat (oberer Teil des linken Grates) zieht sich über den Picco Luigi Amedeo zum Montblanc de Courmayeur. An seiner Basis der Brouillardgletscher. Am rechten Bildrand der Innominatagrat, auf dessen sanftem Ausläufer die Gamba- bzw. Monzinohütte steht.

Es ist keine schwere Entscheidung, den Mont Brouillard und in diesem Zusammenhang die Punta Baretti vom riesigen Montblancstock abzutrennen. Denn wenn man die Lage dieser Berge genau betrachtet, muß man zu der Überzeugung kommen, daß es sich um einen selbständigen Bergstock handelt; deutlich trennt der Col Emile Rey den Mont Brouillard bzw. die Punta Baretti vom Picco Luigi Amedeo und damit vom Hauptmassiv.
Für den, der zum erstenmal an den Montblanc kommt, oder die schönsten Gipfel noch nicht kennt, wird sich eine Besteigung des Mont Brouillard nicht lohnen. Wer aber das Gebiet schon „abgegrast" hat und sich nach einem wilden, weltentlegenen Winkel sehnt, der ist dort am richtigen Platz. Aber selbst der Normalanstieg vom Montblanc- oder Brouillard-Gletscher aus verläuft jeweils durch eine 600 Meter hohe, bis zu 50 Grad geneigte steinschlagbedrohte Eisrinne, die im Col Emile Rey endet. In den Ostalpen wäre dieses Couloir schon eine Bergfahrt für sich. Wenn man dann aber im Col ist, bedeutet der Weiterweg zu den Gipfeln kein Problem mehr. In diesem Zusammenhang muß noch erwähnt werden, daß Begeher des Brouillardgrates, die von der Quintino-Sella-Hütte kommen, nicht direkt in die Scharte des Col Emile Rey anzusteigen brauchen. Sie können, die Rinne linkshaltend verlassend, den Grat auch etwa 100 Meter über dem Col erreichen.
Über die erste Besteigung der Gipfel herrschte lange Zeit Unklarheit. Karl Blodig nämlich zweifelte die Besteigung durch M. Baretti und Jean-Joseph Maquignaz (28. Juli 1880) an und billigt ihnen lediglich die Eroberung der Punta Baretti zu.
So wird also der „Nebelberg" wenigstens in dieser Hinsicht seinem Namen vollauf gerecht, denn er ist nicht mehr und nicht weniger von Wolken verdeckt als andere Gipfel.

Die ersten auf dem Mont Brouillard

Wie schon erwähnt, glaubte Karl Blodig nicht an die Erstbesteigung des Mont Brouillard durch den Italiener Baretti, sondern war vielmehr der Meinung, Baretti habe nur den nach ihm benannten Gipfel erreicht. Also schien der Mont Brouillard zu diesem Zeitpunkt, im Sommer 1906, der letzte noch unbestiegene Alpenviertausender zu sein.
In Courmayeur traf Blodig seinen bewährten Seilgefährten Oskar Eckenstein, der sich sofort für den Plan des Augenarztes begeisterte und auch mitzumachen bereit war. Der dritte im Bunde war der Träger Alessio Brocherel. Er hatte 1899 mit den Brüdern Gugliermina erstmals den Col Emile Rey betreten, kannte sich also in dem Gebiet sehr gut aus. Brocherel, von Beruf Maurer, schlug Blodig vor, den Berg vom Montblanc-Gletscher aus anzu-

gehen, weil von dort die Eisrinne zum Col weniger schwierig sei, wie er glaubte, als von der anderen Seite, vom Brouillard-Gletscher. Gesagt, getan. Als Stützpunkte diente die Sella-Hütte.

Am nächsten Tag erfolgte dann der endgültige Angriff. Aber es ist ein weiter Weg von der Hütte bis zum Auslauf der Eisrinne des Col Emile Rey, und dann warten noch 600 Höhenmeter bis man endlich im Sattel ist. So kam es, daß Blodig und seine Gefährten erst kurz vor 12 Uhr den Col erreichten. Nach einer kurzen Rast traten sie den Weiterweg an. Karl Blodig: „Da die Flanken an beiden Seiten des Grates steil abschießen, außerdem pulvriger Neuschnee sehr unzuverlässig auf den glatten Platten auflag, seilten wir uns an, und meine Wenigkeit an der Spitze ging's ziemlich flott hinan, zumeist auf luftiger Grathöhe, welche noch am schnellsten zum Ziel zu führen schien; des öfteren mußten wir auf schmalen Gesimsen bald zur Rechten, bald zur Linken des Grates uns vorwärts schieben; dann galt es wiederum auf der Brouillardseite aus ungünstiger Stellung heraus einige Eisstufen zu schlagen. Aber die Nähe des Zieles gab meinen Armen doppelte Kraft, und eine Viertelstunde nach Mittag betrat ich als Erster die höchste Spitze des Mont Brouillard. Schweigend, aber tief ergriffen schüttelten wir uns die Hände; war es doch nichts Alltägliches, den letzten unerstiegenen Viertausender der ganzen Alpen als erste zu erreichen.

Nicht das kleinste Anzeichen einer früheren Ersteigung war vorhanden; eine Menge der prächtigsten Platten lag auf einem Absatze gerade unter dem spitzen Gipfelblocke."

Es kann also mit Sicherheit angenommen werden, daß Blodig und seine Gefährten am 10. Juli 1906 die ersten Menschen auf dem Mont Brouillard waren. Ein Jahr später führte er dann auch noch eine Überschreitung des Berges durch. Dabei bestätigte sich seine Annahme aufs Neue, denn für den Grat Punta Baretti — Mont Brouillard benötigt man nicht, wie Baretti angab, 1/2 Stunde, sondern das doppelte an Zeit.

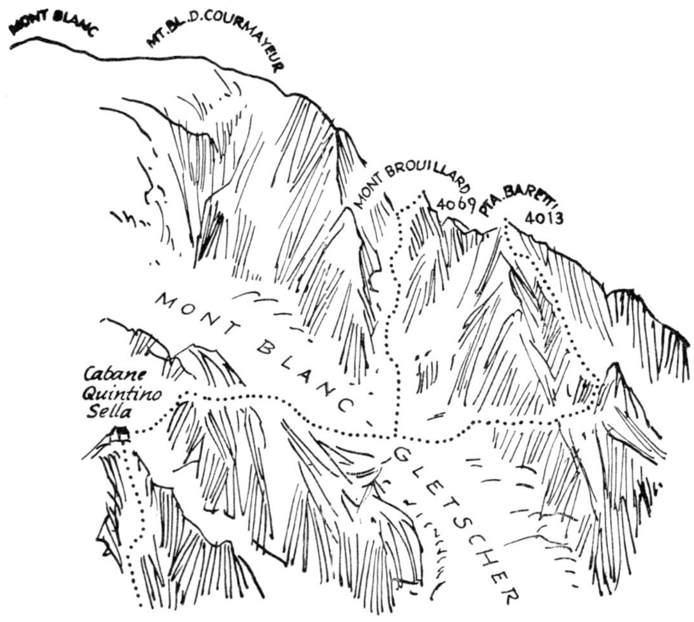

Südwestwand

1000 m, II, kombiniert, 8 Stunden; nicht empfehlenswert.

Mont Brouillard

Nordgrat

50 m, I+, 1/2 Stunde.
Von der Monzino-Hütte in 6 bis 8 Stunden, von der Sella-Hütte in 3 bis 4 Stunden auf den Col Emile Rey, 4012 m. Von hier weiter zum Gipfel.
Der Übergang von der Punta Baretti (I+) nimmt etwa 1 Stunde in Anspruch.

Ostwand

400 m, III, 5 Stunden; nicht lohnend.

Picco-Luigi-Amedeo-Südwestpfeiler

600 m, V, zwei Stellen V+, 3 m A1, die oberen 400 m kombiniert.

Abstieg

Vom Mont Brouillard über den Nordgrat und weiter vom Col Emile Rey entweder auf den Brouillard- oder Montblanc-Gletscher.

KARTEN/FÜHRER

Landeskarte der Schweiz 1:50 000 Blatt Courmayeur (292).
Königer/Schubert/Werner, Mont-Blanc-Gruppe.
CAF, La Chaine du Mont-Blanc, Band I.

ANSTIEGSSKIZZE:

Vom Montblanc-Gletscher führt die Normalroute über den Col Emile Rey zum Mont Brouillard; rechts die Westwand-Führe der Punta Baretti.

Aiguille de Bionnassay 4052 m

Firngipfel zum Mitnehmen

TOURISTISCHE ANGABEN

HÜTTEN

Durier-Hütte, 3349 m, CAF, 8 Schlafplätze; auf der Westseite des Col de Miage, 10 m unterhalb des Sattels; immer offen. Von Courmayeur, 1226 m, über den Miage-Gletscher in 8 bis 9 Stunden zur Hütte.

Dôme-Hütte, 3071 m, CAI, 50 Schlafplätze; am rechten Ufer des Dôme-Gletschers; im Juli und August bewartet. Etwa 10 m unterhalb steht die alte, immer offene Hütte. 5 Stunden von der „Cantine de la Visaille", 4 Stunden vom Combalsee.

Tête-Rousse-Hütte, 3167 m, CAF, 30 Schlafplätze; nordwestlich der Aiguille de Goûter; im Sommer bewirtschaftet. Mit der Seilbahn zum Hotel Bellevue, 1790 m, und weiter mit der Zahnradbahn bis auf 2372 m. Von hier 2½ Stunden.

TOURENMÖGLICHKEITEN

Südgrat (Normalanstieg)

700 m, Kammlänge 1,5 km, II bis III, kombiniert, 4 bis 5 Stunden. Von der Durier-Hütte hinauf zum Col de Miage, dann linkshaltend (nördlich) auf dem Grat weiter. Am Schluß durch eine steile Firnrinne zum Gipfel.

Wie die meisten großen Berge der Westalpen hat auch die Aiguille de Bionnassay zwei grundverschiedene Flanken: Die pralle, mehrere Kilometer breite Nordwand, eine der imposantesten Eiswände der Alpen überhaupt, die sich fast 1200 Meter aus dem französischen Bionnassay-Gletscher aufbäumt, und die weniger geschlossene Südseite. Sie begeistert durch ihre wilde Zerrissenheit, hervorgerufen durch den französischen Miage-Gletscher und den italienischen Bionnassay-Gletscher, zwischen denen sich der Südgrat aufschwingt. Man sieht dort mehr Fels. Das ist für den einen sehr reizvoll, für den anderen aber, der sich eher für weite Gletscher begeistert, wirkt dieses Felsland abschreckend. Faszinierend ist die Südseite aber, das kann man ihr nicht absprechen, wenn auch die meisten Besteigungen von Frankreich her erfolgen. Den deutlichsten Beweis dafür lieferten die Erstbesteiger, die durch die Nordwestflanke anstiegen, dann allerdings durch die Südwestseite wieder ins Tal gelangten. Das war 1865. Erst zwanzig Jahre später erfolgte eine Besteigung durch die Südostwand. Ihr folgten der Südgrat und der Ostgrat. Auf der Nordseite blieb es in den Jahren nach der Erstbesteigung ruhig. Bis 1912, als der Gipfel erstmals über den Tricotgrat bestiegen wurde. Damit war auch der Anfang der heute sehr oft durchgeführten Überschreitung vom Col de Tricot über die Aiguille de Bionnassay zum Montblanc (16 bis 18 Stunden) gemacht, obwohl die Erstbegeher des Grates nur bis zum Dôme du Goûter gingen.

Bedingt durch seine nach allen Seiten hin steil abfallenden Wände und Flanken wird der Gipfel häufiger im Rahmen einer Überschreitung betreten als nach einem selbständigen Anstieg. Es ist ein typischer Gipfel zum „Mitnehmen". Vornehmlich wenn man von Italien kommt und über den Col de Bionnassay in Richtung Montblanc aufsteigt.

In den Kreisen anspruchsvoller Eisgeher erfreut sich der Berg — wenn auch erst seit einigen Jahren — immer größerer Beliebtheit. Die Nordwestwand bietet nämlich einen vor objektiven Gefahren relativ sicheren Anstieg, den man als klassisch bezeichnen kann. Auf Männer mit starken Nerven und einem außergewöhnlichen Können wartet die Nordwand, denn die Route durch diese mit Hängegletschern bewehrte und objektiv sehr gefährliche Eismauer hatte zu Beginn des Sommers 1977 erst eine Wiederholung aufzuweisen.

Doch wie schon angedeutet, der leichteste Anstieg nimmt auf der italienischen Seite des Berges seinen Anfang: der Südgrat, dessen erste Überkletterung in das Jahr 1888 fällt und von der Engländerin K. Richardson in Begleitung der Führer Jean-Baptiste Bich und Emile Rey vollbracht wurde. Diese Gratführe kann nicht genug empfohlen werden, auch im Zusammenhang mit einer Überschreitung Aiguille de Bionnassay — Montblanc bzw. Dôme du Goûter mit Abstieg zur Tête-Rousse-Hütte.

1200 Meter Eis

Man zählt sie zu den fünf schwierigsten Eiswänden der Montblanc-Gruppe, die 1200 Meter hohe Nordwand der Aiguille de Bionnassay, die aus dem gleichnamigen Gletscher aufragt. Schon in den dreißiger Jahren hatten Führer aus Chamonix mit dieser Wand geliebäugelt, waren aber nicht eingestiegen, abgeschreckt von den drohenden Eisbalkonen im oberen Wandteil. Erst 1953 nahmen sich zwei Männer ein Herz: Bertrand Kempf und Claude Laurendau. Zwei Tage lang, vom 30. bis 31. August, kämpften die beiden Franzosen in der Wand, ehe sie auf den Grat ausstiegen. Die weniger steile Nordwestwand wurde schon viel früher erobert — 1865, also in jenem denkwürdigen Jahr, in dem Edward Whymper das Matterhorn beugte, und das als Beginn des Alpinismus bezeichnet wird. Die Engländer Buxton, Grove und Macdonald stiegen am 28. Juli 1865 mit den Führern Michel Payot und Jean-Pierre Cachat durch die vollkommen vergletscherte Flanke. Eine beachtliche Leistung, wenn man feststellt, daß die Schlüsselstelle immerhin 55 Grad steil ist. Erst 61 Jahre später, am 18. Juli 1926, erfolgte die zweite Durchsteigung der Flanke durch den Engländer R. W. Lloyd und die Schweizer Führer Adolf und Josef Pollinger. Sie erreichten den Gipfel in einer direkten Linienführung.
Den ersten Abstieg vollbrachten die Franzosen Léon Orset und Jean-Baptiste Raimbault im Sommer 1935. — Robert Simond, ein Führer aus Chamonix, durchstieg die Wand im Januar 1964 in 7 Stunden als Alleingänger.

Westgrat (Tricotgrat)
1900 m, II, kombiniert, 10 bis 12 Stunden.
Vom Hotel Bellevue in 2 Stunden zum Col de Tricot, 2120 m. Nun in $2^1/_4$ Stunden auf die Westliche Pointe de Tricot, 2830 m. Die Mittlere gewinnt man in weiteren $1^1/_2$ bis 2 Stunden, und in der gleichen Zeit die Östliche Pointe de Tricot. Bis zur Aiguille de Tricot sind es noch $3^1/_2$ Stunden und nach weiteren 2 Stunden wird die Aiguille de Bionnassay erreicht.

Ostgrat
160 m, I, 1—2 Stunden.
Von der Dôme-Hütte in $5^1/_2$ Stunden, von der Tête Rousse in $6^1/_2$ Stunden zum Col de Bionnassay, 3892 m. Hier beginnt der teilweise stark überwächtete, jedoch nur mäßig steile Firngrat.

Nordwestwand
1200 m, 45—55 Grad, 6—8 Stunden.
Von der Tête Rousse in $1^1/_2$ Stunden zum Einstieg. Man folgt dann dem Weg des geringsten Widerstandes zum Gipfel.

Direkte Nordwand
1200 m, 15—20 Stunden; eine der schwierigsten kombinierten Fahrten in der Montblanc-Gruppe.

Abstieg
Über die weniger schwierigen Aufstiegswege bzw. östlich zum Dôme du Goûter, 4304 m, und über die Goûter-Hütte zur Tête-Rousse-Hütte.

KARTEN/FÜHRER

Landeskarte der Schweiz 1:50 000 Blatt Courmayeur (292).
Königer/Schubert/Werner, Mont-Blanc-Gruppe.
CAF, La Chaine du Mont-Blanc, Band I.

ANSTIEGSSKIZZE:

Über den Südgrat (punktiert) erfolgen die meisten Besteigungen von der Durier-Hütte, also von der italienischen Seite;
1 = Tricotgrat, 2 = Südostwand.

Die über 1000 Meter hohe Nordwand der Aiguille de Bionnassay, die erst zweimal durchstiegen wurde. Vom Gipfel führt der Grat links in Richtung Dôme du Goûter bzw. Montblanc.

Aiguille Blanche de Peuterey 4112 m

Zwischenstation des großen Montblanc-Grates

Wenn ein Berg in Wirklichkeit gerade das Gegenteil ist, was sein Name verspricht, so gilt das ganz besonders für die Aiguille Blanche. Von einem „weißen" Gipfel kann lediglich die Rede sein, wenn man die Nordwand betrachtet. Ansonsten handelt es sich um eine düstere Felsgestalt, die von allen Seiten nur schwierig zu besteigen ist und lange Anmarschwege erfordert. Außer der schon erwähnten Nordwand — ihre Erstdurchsteigung fällt in die Epoche der großen Eiswände und wurde am 4. September 1933 von dem Italiener Renato Chabod und dem Franzosen Aimé Grivel vollbracht — werden nur selten andere Routen begangen. Schon gar nicht mehr die Führe der Erstbesteiger H. Seymour King, Emile Rey und Ambros Supersaxo, die am 31. Juli 1885 den Gipfel vom Col de Peuterey, also von Norden her, erreichten. Dieser Weg dient heute lediglich noch als Notabstieg, da mit einer Besteigung in den meisten Fällen der Weiterweg zum Montblanc verbunden ist. Und dieser Weiterweg heißt Peutereygrat — einer der ganz großen Grate im Alpenraum.

In der Regel beginnt dieser Gratanstieg bei der Biwakschachtel in der Brèche Nord des Dames Anglaises. Wenn man jedoch vom gesamten Peutereygrat spricht, denkt man an die Überschreitung einschließlich Aiguille-Noire-Südgrat. Sie gelang erstmals den Deutschen Richard Hechtel und G. Kittelmann (24.—26. 7. 1953), hatte 1970 erst etwa ein Dutzend Wiederholungen und ist das letzte große Winterproblem am Montblanc.

Auf diesem langen Weg ist die Aiguille Blanche lediglich ein großer Gratzacken, der allerdings drei Spitzen aufweist, die über der Viertausendergrenze liegen: den eine Firnhaube tragenden Südostgipfel oder Pointe Seymour King, 4107 Meter, als Kulminationspunkt den Mittelgipfel, Pointe Güßfeldt, 4112 Meter, und den ebenfalls felsigen Nordwestgipfel, die Pointe Jones, 4104 Meter. Damit wurden die Erstbegeher der verschiedenen Anstiege geehrt: Seymour King (Nordgrat), Owen Glynne Jones (Südwestwand) und Güßfeldt (Nordostwand).

Nur wenigen ist es bekannt, daß sich bereits im Sommer 1882 eine Seilschaft an der Aiguille Blanche versucht hatte: F. M. Balfour aus England und der Schweizer Führer J. Petrus. Dieser Versuch (vom Brenvagletscher her) endete tödlich.

Neben diesen Männern kommt aber den Italienern Aldo Bonacossa und C. Prochownik und dem Deutschen Paul Preuß der große Verdienst zu, eine Route über den Südostgrat aus der Breche Nord gefunden zu haben (28. August 1913). Damit bestand die Möglichkeit, den Peutereygrat als Grat zu begehen, denn Paul Güßfeldt, Emile Rey, Christian Klucker und César Ollier begannen bei der erstmaligen Überschreitung des Grates auf der Aiguille Blanche, deren Gipfel sie vom Brenvagletscher her gewonnen hatten.

TOURISTISCHE ANGABEN

Hütten

Craveri-Biwak, 3490 m, CAAI, 5 Schlafplätze; in der Brèche Nord des Dames Anglaises zwischen Aiguille Noire und Aiguille Blanche. Von der Gamba-Hütte entweder über den Freney-Gletscher oder über den Col de l' Innominata und zuletzt durch ein steiles, stark ausgeapertes und steinschlagbedrohtes Couloir 900 m hinauf zur linken Scharte; 5—7 Stunden. Heute wird allgemein der Anstieg über die sog. „Schneider-Rampe", etwa 300 m links davon bevorzugt. Vom Brenva-Biwak (nicht empfehlenswert) 4—5 Stunden.

Alberico-Borgna-Biwak, 3680 m, CAAI, 12 Schlafplätze; im Col de la Fourche; von der Turiner Hütte, 3323 m, 3—4 Stunden.

Ghiglioni-Biwak, 3679 m, CAI, 30 Schlafplätze, kleine Küche; im Col du Trident zwischen Tour Ronde und Col de la Fourche; von der Turiner Hütte $2^1/_2$ Stunden.

Brenva-Biwak, 3030 m, CAAI, 4 Schlafplätze; auf einer Felsinsel im Brenvagletscher, südwestlich der Tour Ronde; von Courmayeur, 1226 m, 6—7 Stunden.

Monzino-Hütte siehe Mont Brouillard (Seite 191).

Tourenmöglichkeiten

Südostgrat

650 m, III—IV, 4—6 Stunden.
Vom Craveri-Biwak über den Grat bzw. links oder rechts von ihm über den Südostgipfel zum Hauptgipfel.

Nordwestgrat

200 m, III+, kombiniert, 4 Stunden.

Von der Monzino-Hütte in 7 bis 9 Stunden zum Col de Peuterey, 3948 m, und von dort weiter zum Hauptgipfel; wird fast nie begangen.

Nordwand

700 m, 51 Grad Durchschnittsneigung, 8 Stunden.
Durch die Nordwand führen zwei Routen: Die Originalführe — sie verläuft links über den großen Eiswulst — und eine Direktroute, die rechts des Wulstes (objektiv gefährlicher) hochzieht.

Nordostflanke

800 m, I—II, 6—8 Stunden; selten begangen und schwierig zu finden.

Südostwand

700 m, IV+, 6—7 Stunden.

Pointe Gugliermina, 3888 m

Die Südwand dieses Turmes im Südostgrat der Aiguille Blanche birgt eine äußerst schwierige Felsfahrt, die jedoch nur sportlichen Wert hat; Wandhöhe: 600 m.

Abstieg

Entweder weiter zum Montblanc, oder in den Col de Peuterey und links (südwestlich) über die „Gruberrippe" auf den Freney-Gletscher.

KARTEN/FÜHRER

Landeskarte der Schweiz 1:50 000 Blatt Courmayeur (292).
Königer/Schubert/Werner, Mont-Blanc-Gruppe.
CAF, La Chaine du Mont Blanc, Band I.

ANSTIEGSSKIZZE:

Die Aiguille Blanche de Peuterey mit der Normalroute (punktiert) vom Brenva-Biwak, dem ersten Teil des Peutereygrates (1) vom Craveri-Biwak her, den beiden Nordwand-Führen (2 und 3) sowie dem Aufstieg (4) zum Col de Peuterey vom Col de la Fourche aus.

Hermann Buhl

Am 27. Juni 1957 stürzte der Innsbrucker Hermann Buhl an der Chogolisa (Karakorum) mit einer abbrechenden Wächte in den Tod. Aber noch heute ist sein Name so populär wie zu jener Zeit, da der Tiroler mit seinen waghalsigen Bravourstücken am Berg aufhorchen ließ. Hermann Buhl war ohne Zweifel einer der erfolgreichsten deutschsprachigen Bergsteiger aller Zeiten. Am 10. August 1949 gelang ihm mit dem Heidelberger Martin Schließler die zweite Durchsteigung der Aiguille-Blanche-Nordwand. Sie setzten anschließend den Weiterweg über den Peutereygrat auf den Montblanc fort. Der folgende (auszugsweise) Erlebnisbericht ist seinem Buch „Achttausend drüber und drunter" entnommen.
„Martin hat noch nicht das rechte Vertrauen zum Eis gefunden. Aber er folgt mir tapfer nach. Bald auf Schnee, bald auf Blankeis, wie es sich gerade ergibt, steigen wir steil nach oben. Wie ein Damoklesschwert hängt der Eisbalkon über unseren Köpfen. Aber der entzieht sich bald unseren Blicken, hüllt sich in Nebel ein. Rechts von uns in sicherer Entfernung fegen in ununterbrochener Folge Steinlawinen vom Col de Peuterey herab. Erst nach 800 Metern Fall kommen sie im Eis des Brenvagletschers zur Ruhe. Eine schwarze Sekundärrinne zeichnet ihren gefährlichen Weg.
Nach ungefähr 300 Metern stoßen wir auf Fels. Es ist der Sporn, der vom Eiswulst herabzieht. Wir halten uns jetzt nach links und steigen über die äußerst steile, zum Teil senkrechte Eiswand der Oberlippe eines Bergschrundes an. Feuchter Neuschnee liegt hier auf blankem Eis und erfordert größte Vorsicht. Der Schnee ballt sich dauernd unter unseren Steigeisen zusammen. Jede Seillänge muß hier mit Eishaken gesichert werden.
Aus der Flanke tritt bald ein immer schärfer werdender Eisgrat hervor, der gegen den Wulst hinaufzieht. Dieses Prachtstück von einem Eiswulst

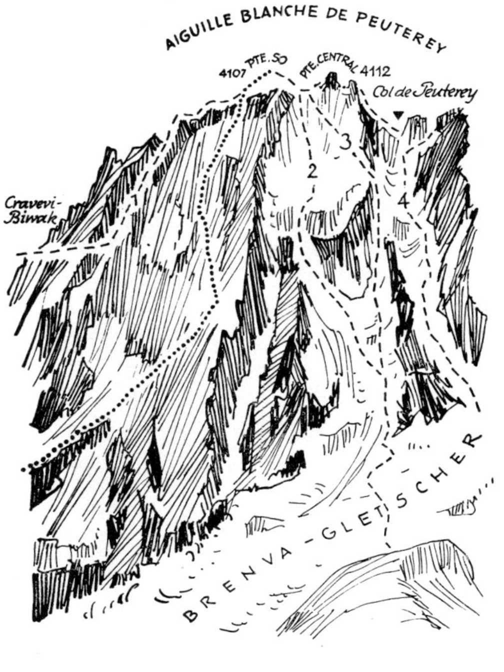

erweist sich, aus der Nähe betrachtet, an seiner rechten Seite ungefähr 100 Meter hoch und durchwegs überhängend. Hier brauchen wir gar nicht erst zu probieren. Links dagegen sieht die Sache schon etwas einladender aus, aber ein reines Vergnügen wird es auch nicht gerade sein. Eine kleine Einbuchtung, von einer 20 Meter hohen senkrechten Eiswand gesperrt, bietet die einzige Möglichkeit für ein Durchkommen.
An steiler Rampe quere ich zu dieser Einbuchtung hinüber. Ein feiner Spalt nimmt mich auf.
„Auf den habe ich gerade gewartet", grinse ich zu Martin und verschwinde im Eise wie eine Maus in ihrem Loch.
Unangenehm rinnt das Schmelzwasser herab und nimmt seinen Lauf direkt über mich hinweg. Aber als Sicherungsplatz ist dieser Spalt ideal. Den nimmt nun Martin ein, während ich mein Glück in der senkrechten Eiswand über mir versuche.
Das Eis ist sehr morsch. Unsere etwas zu kurzen Eishaken rutschen hinein wie Butter, aber ebenso leicht auch wieder heraus. So versuche ich es auf eine andere Art. In der einen Hand den Dorn des Pickels, in der anderen einen Eishaken, sorgfältig auf das Gleichgewicht achtend, schwindle ich mich Stück um Stück höher. Das geht eine Weile ganz gut, aber dann geben meine beiden Haltepunkte plötzlich nach — der Körper löst sich von der Wand, und ich lande einige Meter unter dem Kameraden im Seil. Aufgeben? — Nein! Wegen dieses Schrecks wollen wir uns nicht ins Bockshorn jagen lassen.
Ich versuche es von neuem, diesmal noch vorsichtiger. Zentimeterweise schiebe ich mich höher. Ich wage kaum zu atmen. Ich spüre schon, wie der Körper der Schwerkraft folgen will. Um die beiden Haltepunkte nicht allzu sehr zu belasten, darf ich sie nur in Brusthöhe verwenden. Mit den Steigeisen trippele ich vorsichtig nach. Ich wage kaum mehr, einen Schritt zu tun. Die nächste Bewegung kann mich schon wieder aus dem Gleichgewicht werfen. Angst will aufkommen, doch ich reiße mich zusammen, überwinde dieses beklemmende Gefühl.
Nach 20 Metern nimmt die Steilheit etwas ab. Ich kann mich wieder getrost auf die Beine verlassen. Die Beschaffenheit des Eises ist auch besser geworden und der Haken beißt sich darin fest, daß es eine Freude ist.
Wir sind dem Gipfel schon merklich näher gerückt, mein Freund schätzt die Entfernung auf drei bis vier Seillängen. Doch ich kenne diese Art Schätzungen und multipliziere mit vier, um der richtigen Lösung nahe zu kommen. Und ich habe recht! Um die Mittagszeit, es ist genau 12.30 Uhr, betreten wir den höchsten Punkt der Aiguille Blanche."

Die Nordwand der Aiguille Blanche de Peuterey. Eine Nordwandroute verläuft am rechten Rand, eine andere links davon über die Eisnase des Hängegletschers. Die Gipfelpunkte (von rechts): Pointe Jones, Pointe Güßfeldt, Hauptgipfel. Am rechten Bildrand der Col de Peuterey.

Montblanc du Tacul 4248 m

Rückfallkuppe mit bergsteigerischen Leckerbissen

Wie der Mont Maudit hat auch der Montblanc du Tacul für den nicht extremen Bergsteiger lediglich im Rahmen einer Überschreitung des Montblanc vom Col du Midi Bedeutung, denn bei dieser Tour kann der Hauptgipfel von der Westschulter aus in $^1/_4$ Stunde mitgenommen werden. Außerordentlich günstig für dieses Unternehmen erweist sich die Seilbahn auf die Aiguille du Midi, denn ihre Bergstation liegt auf 3842 Meter.

Die Ost- und Nordostabstürze bilden lohnende Ziele in den oberen Schwierigkeitsbereichen. In erster Linie ist es der am 28. August 1936 von Fräulein Nina Pietrasante und Gabriele Boccalatte eröffnete Anstieg über den ONO-Pfeiler. Eine extrem schwierige Route in fast durchwegs gutem Fels. Der „Gervasuttipfeiler" wurde 1951 von der Seilschaft Fornelli-Mauro eröffnet. Sie fanden dabei den Eispickel von Gervasutti, der den Pfeiler 1946 versucht hatte und tödlich abgestürzt war.

Weitere Anstiege, die allerdings weniger bekannt sind und auch ganz selten wiederholt werden, obwohl es sich zum Teil um recht interessante Felsrouten handelt, sind die 1959 und 1963 eröffneten Führen des Italieners Cavalieri durch die Ostnordostabstürze und der herrliche Kletterweg über den Ostnordostpfeiler zum P 3855. Seine Erstbegeher (vom 25. bis 26. Juli 1964) heißen André Parat und Yannick Seigneur, zwei Franzosen. Sie zähmten den 400 Meter hohen Pfeiler mit 100 Haken.

Das Gegenstück dieser Felsrouten im Eis findet man im Nordostcouloir, dem sogenannten „Gervasutti-Couloir", einem eisschlagbedrohten Trichter, der von P. Filippi, Piero Ghiglioni und Francesco Ravelli erstmals durchstiegen wurde. Giusto Gervasutti fand dann am 13. August 1934 mit Renato Chabod einen direkten Ausstieg, denn Ghiglionis Route endet auf dem Hochfirn rechts (nördlich) des Gipfels.

Günstig, was den Zugang betrifft, ist die Route von André Contamine und Pierre Mazeaud (21. Juli 1963) durch die Nordostwand, da der Einstieg vom Col du Midi in einer Stunde erreicht werden kann.

Bekannt und als hochalpines Unternehmen sehr geschätzt ist der Teufelsgrat, mit dessen Überschreitung im allgemeinen im Col du Diable begonnen wird, da sich der Umweg über die südöstlich davon aufragenden Aiguilettes du Tacul nicht lohnt.

Dieser Grat gehört zu den großartigsten Anstiegen der gesamten Montblanc-Gruppe. Es darf aber nicht vergessen werden, daß sich die Kletterei durchwegs in über 4000 Meter Höhe bewegt und Schwierigkeiten im IV. und V. Grad bewältigt werden müssen. Sechs über 4000 Meter hohe Erhebungen werden bei dieser Überschreitung berührt: Corne du Diable, 4064 Meter, Pointe Chaubert, 4074 Meter, Pointe Médiane, 4097 Meter, Pointe Carmen, 4109 Meter, L'Isolée, 4114 Meter, und der Ostgipfel, 4247 Meter, wenige Minuten vom Hauptgipfel entfernt.

TOURISTISCHE ANGABEN

Hütten

Turiner Hütte und *Requin-Hütte* siehe Dent du Géant (Seite 180).
Grands Mulets siehe Montblanc (Seite 209).

Col-du-Midi-Hütte, 3593 m, privat, 15 Schlafplätze; beim Col du Midi (Notunterkunft). Von der Seilbahnstation $^1/_2$ Stunde Abstieg.

Tourenmöglichkeiten

Nordwestflanke (Normalanstieg)

800 m, I, 3—4 Stunden.
Vom Col du Midi, 3593 m, in einer leichten Diagonale von links unten nach rechts oben zur „Schulter" der Nordwestflanke. Von hier links zum Gipfel.

Südostgrat (Teufelsgrat)

700 m, IV—V, kombiniert, 8 bis 10 Stunden.
Von der Turiner Hütte in den obersten Gletscherkessel des Géant-Gletschers und rechtshaltend ansteigen zum Col du Diable; 2 bis 4 Stunden. Über den Grat zum Ostgipfel und weiter zum höchsten Punkt.

Ostnordostpfeiler (Boccalatte)

800 m, V—VI, 10—14 Stunden.
Von der Turiner Hütte in 2 bis 3 Stunden, von der Requin-Hütte in 4 Stunden, vom Col du Midi in 1—2 Stunden zum Einstieg. Die Hauptschwierigkeiten konzentrieren sich auf die ersten 500 m.

„Gervasuttipfeiler" (ONO)

900 m, V und V+, eine Stelle VI, 14—16 Stunden.

Montblanc du Tacul mit Teufelsgrat (links). Links auch die Grand-Capucin-Ostwand. Durch die wildzerrissene Nordostseite führen einige extreme Routen.

Gerät man in Zeitnot, wird die Isolée links (südlich) liegengelassen. Höhepunkt für jeden Granitkletterer ist die fast 100 Meter hohe Ostverschneidung der Pointe Médiane, das Nonplusultra im Fels.

Die erstmalige Überkletterung des Teufelsgrates am 4. August 1928 durch die Engländerin M. O'Brien mit L. M. Underhill sowie den Führern Armand Charlet und Georges Cachat war eine alpine Sensation, denn es wurde kein einziger Haken geschlagen, was in unserer Zeit sogar schon angezweifelt wurde.

Zum Montblanc-du-Tacul-Massiv gehört auch der Grand Capucin, mit seinen 3838 Metern höhenmäßig gesehen ein unwichtiger Gipfel. In den Kreisen extremer Felsgeher ist er allerdings seit 1951 ein Begriff, denn vom 20. bis 23. Juli dieses Jahres kämpften sich die Italiener Walter Bonatti und Luciano Ghigo erstmals durch die mit Dächern bewehrte Ostwand. Und im Sommer 1968 legten Aldo Anghileri, Carlo Mauro, Pino Negri und Gefährten eine sogenannte „Direttissima" durch diese abweisende Plattenmauer der „Großen Kapuze".

Der Montblanc du Tacul ist ein einsamer Gipfel. Vorläufig noch. Es liegen nämlich schon die ausgearbeiteten Pläne einer Seilbahn von der Aiguille du Midi zum Taculgipfel in den Schreibtischen geschäftstüchtiger „Alpenerschließer". Wollen wir hoffen, daß sie dort noch recht lange bleiben!

Der gefährliche Trichter

Das Nordostcouloir des Montblanc du Tacul ist der wildeste und abschreckendste Winkel des Berges. Nur höchst selten wagt sich eine Seilschaft in den 800 Meter hohen Trichter, über dem absturzbereite Eistürme drohen. Es gibt keinen Ausweg, wenn der Eisschlag durch die Rinne kracht — man ist ihm schutzlos preisgegeben. Daran ändert auch die von Lionel Terray und Louis Lachenal im Mai 1948 eröffnete Ausstiegsvariante nichts, die rechts der Séracs die Hochfläche erreicht. Es gibt nur ein Mittel, diesen Gefahren auszuweichen: noch vor Mittag die Wand verlassen.

Von diesem Grundsatz gehen die Österreicher Paul Aschenbrenner, Wastl Mariner und Theo Plattner aus, als sie am 18. Juli 1938 um 2.30 Uhr den Bergschrund überklettern, um die zweite Begehung des Direktanstieges zum Gipfel durchzuführen.

Im unteren Wanddrittel kommen sie sehr schnell vorwärts, da immer zwei Mann der Seilschaft klettern, während der Mittlere sichert. Obwohl diese Technik den Grundregeln des Bergsteigens in keiner Weise entspricht, riskieren sie lieber die zweifelhafte Sicherung, als ein langsames Höherkommen. Und sie haben Glück. Das Glück des Tüchtigen, kann man in diesem Fall sagen, denn jeder von ihnen ist ein perfekter Techniker im Eis. Sie führen abwechslungsweise.

Über den letzten Abschnitt dieser Tour schreibt Wastl Mariner in der Österreichischen Alpenzeitung vom Juli 1939 (Seite 179 bis 182): „An drei schlechtsitzenden Haken gesichert, hackt sich Theo empor, Stufe um Stufe. Langsam geht's, aber wir können's leicht erwarten, denn frei ist der Weg zum Gipfel. Mit einem Schrei der Erlösung fällt die ungeheure Spannung der letzten Stunden von uns. Weit blicken wir hinaus über gleißende Gipfel, wir sind über sie emporgewachsen, an steiler Eiswand. In der Ferne erstrahlen die Eisriesen des Wallis im Osten. Unbesorgt verfolgen wir das Laufen

Nordostcouloir (Gervasutti-Couloir)
800 m, bis 55 Grad, 8—10 Stunden; objektiv gefährlich.

Ostnordostwand
800 m, eine Stelle IV, bis 50 Grad, 7—9 Stunden.

Teufelspfeiler
800 m, V, kombiniert, 14—16 Stunden. Die Route endet auf dem Pilier du Diable, etwa 200 m östlich des Hauptgipfels.

Pilastro a 3 Punte
Auf diesen 3855 m hohen Punkt in der Ostnordostwand führen zwei Routen, die äußerst schwierig sind, jedoch nur sportlichen Wert haben im Vergleich zu den anderen, fast durchwegs großzügigen Anstiegen am Montblanc du Tacul.

Nordwestgrat
500 m, IV—V, kombiniert, 7 bis 9 Stunden.

Südwand
550 m, III—IV, kombiniert, 5 bis 6 Stunden.

Von den Grands Mulets
1200 m, I, 6—8 Stunden.

Abstieg
Entweder über die Nordostflanke in 2 Stunden zum Col du Midi oder (weniger günstig) in 3 Stunden zu den Grands Mulets. Zum Montblancgipfel sind es noch 5 bis 6 Stunden.

KARTEN/FÜHRER

Landeskarte der Schweiz 1:50 000 Blatt Courmayeur (292).
Königer/Schubert/Werner, Mont-Blanc-Gruppe.
CAF, La Chaine du Mont Blanc, Band I.

Im Hintergrund (rechts) ein Teil des Teufelsgrates zum Montblanc du Tacul. Davor der Riesenfinger des Grand Capucin mit seiner bekannten 380 Meter hohen, mit Dächern bewehrten Ostwand.

des Seiles, denn volles Vertrauen haben wir zum Freund über uns. Noch einige Seillängen an steiler Eiskante klimmen wir in der Führung wechselnd empor, dann legt sich die Wand zurück. Einen tiefen Graben wühlen wir uns durch den letzten, langen Hang zum Gipfel.
Knapp vor Mittag stehen wir auf dem höchsten Punkt. Ein scharfer Wind, aufziehender Föhnsturm scheint es zu sein, mahnt uns zum raschen Abstieg."
Vom Col du Midi werfen die drei einen letzten Blick in den gefährlichen Trichter: „Voll Ehrfurcht und Dankbarkeit blicken wir zum Gipfel. Wir fühlen es und geben es zu: Es war ein Geschenk der Natur, daß uns dieser große Weg geglückt ist. Was nützt Mut und Können, wenn die Natur nicht will —? Wie schwach wären wir Menschen diesen Bergriesen gegenüber, hätten wir nicht immer einen glücklichen Stern als Begleiter —!"

Über dem Géant-Gletscher erheben sich Montblanc du Tacul (rechts) und Tour Ronde (links).

Mont Maudit 4465 m

Eisbalkon unter dem Dach der Alpen

TOURISTISCHE ANGABEN

HÜTTEN

Turiner Hütte siehe Dent du Géant (Seite 180).

Alberico-Borgna-Biwak und *Ghiglioni-Biwak* siehe Aiguille Blanche de Peuterey (Seite 196).

Grands Mulets siehe Montblanc (Seite 209).

TOURENMÖGLICHKEITEN

Nordwestgrat
100 m, I+, 3/4 Stunden.
Vom Col du Midi in 6—7 Stunden zum Col du Mont Maudit, 4354 m. Von hier westlich zum Gipfel.

Südflanke
200 m, I, 3/4 Stunden.
Von den Grands Mulets in 8 Stungen zum Col de la Brenva, 4303 m. Nun links des Grates zum Gipfel.

Nordwand
200 m, II, 1 1/2 Stunden.
Vom Weg Col du Midi — Col Mont Maudit, vor dem Sattel, durch die Firnflanke gerade hinauf.

Nordostgrat
450 m, II, kombiniert, 3 1/2 Stunden.
Von den Grands Mulets in 4 1/2 Stunden, von der Turiner Hütte (schwieriger und gefährlich) in 5 Stunden zum Col Maudit, 4035 m. Über die „Epaule", 4336 m, zum Gipfelaufbau, der rechts umgangen wird, um auf dem Nordwestgrat den höchsten Punkt zu erreichen.

Südostgrat
800 m, III—IV, kombiniert, 8 bis 10 Stunden.
Vom Biwak am Col de la Fourche über den anfangs weniger schwierigen Grat zu einem Aufschwung, der entweder direkt erklettert oder

Ebenso wie der Montblanc du Tacul ist auch der Mont Maudit weniger ein selbständiges Tourenziel, sondern wird in der Hauptsache im Rahmen einer Montblanc-Längsüberschreitung vom Col du Midi aus bestiegen. Das geschieht in der Regel durch die Nordwand oder über den Nordwestgrat, während die Südostflanke — durch sie erfolgte am 12. September 1878 die Erstbesteigung durch W. E. Davidson und Seymour Hoare mit den Führern Johann Jaun und Johann von Bergen — von Skibesteigern benützt wird. Diese Aufstiege sind von jedem höhengewohnten Durchschnittsbergsteiger bei gutem Wetter begehbar.

Wer sich jedoch den Mont Maudit allein zum Ziel erkoren hat, kann den Nordwestgrat der Pointe Mieulet, 4287 Meter, als Aufstieg nehmen. Steigt er dann zum Col du Maudit ab und neuerlich zum Mont Maudit an, hat er zwei Viertausender in der Tasche. Die Pointe Mieulet kann allerdings auch vom Col du Mont Maudit — wenn man bei einer Überschreitung noch genügend Zeit (1 Stunde Aufstieg) zur Verfügung hat — mitgenommen werden. Allerdings sollte man sich bei einer Längsüberschreitung im Klaren sein, daß es vom Col de la Brenva noch 500 Höhenmeter zu überwinden gilt, ehe man den höchsten Alpengipfel betritt.

Sehen wir uns aber auch einmal die Ostabstürze an, denn durch sie verlaufen mehrere selbständige Routen.

Da wäre einmal der großartige Südostgrat zu nennen, den Moritz von Kuffner in Begleitung der Führer Alexander Burgener und Josef Furrer vom 2. bis 4. Juli 1887 bewältigte, und der bis 1930 erst fünf Begehungen hatte. Es ist die lohnendste Kletterei am Mont Maudit, von der leider nur wenige etwas wissen.

Sehr abwechslungsreich ist auch die Crétier-Führe (Renato Chabod mit Amilcare Crétier und L. Binel im Sommer 1932) durch die Südostwand, vor allem seit der Originalanstieg durch den Genfer René Dittert und Gefährten bei der zweiten Begehung (28. Juli 1937) begradigt worden ist. Das gleiche gilt auch für die Kagami-Route, zu der die polnische Seilschaft Sadus-Zawadzki im August 1963 einen Direkteinstieg fand.

Die von Walter Bonatti, Roberti Gallieni und Andrea Oggioni vom 6. bis 7. August 1959 eröffnete Führe beginnt wohl in der Gipfelfallinie, weicht aber dem zentralen Wandteil rechts aus. Er wurde erst im August 1971 von dem Franzosen Jean-Pierre Bougerol und dem in Paris lebenden Polen Andrzej Mroz bezwungen. Wenig Bedeutung hat die Bonatti-Ferrario-Oggioni-Führe (20. 8. 1959) durch die Ostwand der Südostschulter. Den am wenig schwierigsten Zugang vom Géant-Gletscher (Turiner Hütte) bildet die Ostwand des Nordostgrates, der noch unterhalb der „Epaule" betreten wird. Doch das nur der Vollständigkeit halber, denn die meisten besteigen den Mont Maudit über die Normalwege.

Links der Mont Maudit mit seiner Südostwand. Etwa in Gipfelfalllinie verläuft die direkte Führe (Bonatti). Rechts vom Gipfel der Südostgrat. Im linken Mittelgrund der Col de la Fourche. Rechts im Bild der Montblanc du Tacul. Zwischen den beiden Gipfeln der Col Maudit.

Vom Col du Midi zum Gipfel

Karl Blodig

Am 12. August 1903 brachen wir bei leicht bedecktem Himmel erst ein Viertel vor vier Uhr auf, da uns das föhnige Wetter gar zu aussichtslos geschienen hatte. Rasch ging es auf dem wohlvorbereiteten Wege nach dem Montblanc du Tacul hinauf, aber kaum waren wir unterhalb des Gipfels auf seiner Schulter angelangt, als sich die bis dahin sichtbaren Häupter des Montblanc und Mont Maudit hinter den schnell von Südwesten heranziehenden Wolken verbargen. Um halb sieben Uhr waren wir am Rande jenes weiten Hochfirns angekommen, der sich westlich zum Montblanc du Tacul ausbreitet. Obgleich uns dichter Nebel umgab, marschierten wir doch frohen Muts weiter, da über die einzuschlagende Richtung kein Zweifel herrschte und auch ab und zu über uns ein Stück blauen Himmels zum Vorschein kam. Aber immer seltener wurden uns solche Lichtblicke zuteil, immer tiefer wurde der seit der Nacht des 9. gefallene Neuschnee. Als wir gegen halb acht Uhr am Fuße des Mont Maudit angekommen sein mußten, worauf wir allerdings nur nach der plötzlich zunehmenden Neigung des Firns schlossen, denn zu sehen war rein gar nichts, wurden Stimmen laut, die zur Umkehr mahnten. Ich hatte mich bis hierher aus kluger Berechnung ganz untätig im Hintertreffen gehalten, denn mir ahnte, daß ich noch alle meine Kräfte würde zusammenfassen müssen, um an jenem Tage bei so widerhaarigen Umständen mein vorläufiges Ziel, den Mont Maudit, zu erreichen. So trat ich denn jetzt an die Spitze unserer tapferen Schar und erklärte zugleich, daß ich im Notfalle ganz allein wenigstens bis zum Mont Maudit vordringen würde.

rechts durch ein Couloir umgangen wird. Weiter auf dem Grat über die Pointe de l'Androsace zum Nordostgrat, der noch vor der „Epaule" erreicht wird. Über den Grat in 1 Stunde zum Gipfel.

Ostwand

500 m, V+ und VI, kombiniert, 8—10 Stunden.
Von der Turiner Hütte in $2^1/_4$ Stunden zum Einstieg links der Fallinie des Col Maudit auf dem Géant-Gletscher. Vom Bergschrund linkshaltend hinauf zum Nordostgrat, der unterhalb der „Epaule" erreicht wird.

Südostwand (Bonatti)

800 m, IV—V, kombiniert; Zeit der Erstbegeher: $16^1/_2$ Stunden.

Direkte Südostwand

800 m, VI, kombiniert; Zeit der Erstbegeher: 22 Stunden.
Außerdem gibt es in der Wand noch zwei Anstiege (IV), die aber weniger ideal sind.

Südostschulter-Ostwand

700 m, V, kombiniert; Zeit der Erstbegeher: 10 Stunden.

Abstieg

In 4—5 Stunden zu den Grands Mulets bzw. in 3—4 Stunden zum Col du Midi. Zum Montblancgipfel sind es noch 2—3 Stunden.

KARTEN/FÜHRER

Landeskarte der Schweiz 1:50 000 Blatt Courmayeur (292).
Franz Königer, Montblanc-Gruppe.
CAF, La Chaine du Mont Blanc, Band I.

ANSTIEGSSKIZZE:
Meistens wird der Mont Maudit von den Grands Mulets aus bestiegen. Aber auch die Überschreitung vom Col du Midi her wird häufig durchgeführt.

Montblanc 4807 m

Der höchste Gipfel der Alpen

TOURISTISCHE ANGABEN

HÜTTEN

Goûter-Hütte, 3817 m, CAF, 80 Schlafplätze; nördlich der Aiguille du Goûter; in den Sommermonaten bewartet. Schlafraum mit 16 Lagern und Kochraum immer offen. Von der Tête-Rousse-Hütte, 3167 m (2 1/2 Stunden von der Bergstation der Zahnradbahn) 3 Stunden.

Vallot-Hütte, 4362 m, CAF, 25 Schlafplätze; etwa 1/2 Stunde oberhalb (südöstlich) des Col du Dôme; ständig offen, schlechter Zustand. Von der Goûter-Hütte 4 1/4 Stunden, von der Mittelstation der Aiguille-du-Midi-Seilbahn 10 Stunden.

Grands Mulets, 3051 m, 70 Schlafplätze. Von der Mittelstation der Seilbahn 5 Stunden; bewartet in den Sommermonaten und im Frühjahr.

Lampugnani-Biwak, 3850 m, CAAI, 4 Schlafplätze; 200 m unter dem Pic d'Eccles. Von der Monzino-Hütte 7—10 Stunden.

Monzino-Hütte und *Quintino-Sella-Hütte* siehe Mont Brouillard (Seite 191).

Craveri-Biwak, Alberico-Borgna-Biwak, Ghiglioni-Biwak und *Brenva-Biwak* siehe Aiguille Blanche (Seite 196).

Col-du-Midi-Hütte siehe Montblanc du Tacul (Seite 200).

Höchster Alpengipfel! Schon davon geht eine unsagbare Faszination aus. Soviel, daß es kaum einen Bergsteiger gibt, in dem nicht schon einmal der Wunsch aufgekommen ist, diesen Berg zu besteigen.

Man nennt ihn auch „Monarchen“, den Titanenkörper des Montblanc. Und das mit Recht, denn seine riesigen, alles überragenden Flanken und Gipfel strömen eine wilde, überlegene Gelassenheit aus. Ein Berg, an dem die ungeheure Masse begeistert.

Die erste Besteigung, ein wichtiger Tag in der Geschichte des Alpinismus, erfolgte am 8. August 1786 durch den Arzt Michel Paccard und Jacques Balmat, einem Bauernburschen aus Chamonix. Der von ihnen eingeschlagene Weg durch die sogenannte „Ancien Passage“, einem Hängegletscher neben den Roger Rouges über dem Grand Plateau, wird infolge seiner Gefährlichkeit nicht mehr begangen und ist lediglich noch von historischem Interesse.

Trotzdem die Hütte auf den Grands Mulets wieder in einem guten Zustand ist, erfolgen die Sommerbesteigungen überwiegend von der Goûter-Hütte aus im oberen Teil über den „Bosses-Grat“. Dieser Anstieg gelang aber erst 1847 dem Führer Marie Couttet. „Moutelet“ (Das Wiesel), wie der damals schon vierundachtzigjährige kleine, schwächlich gebaute Chamoniarde genannt wurde, entdeckte damit den sichersten Weg zum Montblancgipfel.

Skibergsteiger beginnen mit ihrem Aufstieg oft auch im Col du Midi (wenn sie sich nicht, wie es heute oft gemacht wird, vom Hubschrauber zur Vallot-Hütte befördern lassen) und führen die Längsüberschreitung des Montblanc durch.

Nicht so zahlreich sind die Seilschaften, die sich dem Gipfel von der Dôme-Hütte aus nähern, und noch seltener wird die lange Überschreitung (16 bis 18 Stunden) vom Col Miage oder vom Col de Tricot über die Aiguille de Bionnassay unternommen.

Keine dieser Routen bietet technische Schwierigkeiten. Trotzdem sind es ernstzunehmende Touren über zum Teil ausgedehnte Gletscher, die bei Nebel und schlechter Sicht außerordentlich gefährlich werden können. Dazu kommt noch der für alpine Begriffe mangelnde Sauerstoff in der Luft. Das alles darf nicht vergessen werden, wenn man sich zum Gipfel des „Monarchen“ aufmacht.

Seit der Eröffnung des Montblanc-Tunnels am 16. Juli 1965 (Pläne dafür wurden schon 1875 entworfen) werden auch häufiger vollständige Überschreitungen des ganzen Massivs, sowohl von französischer als auch von italienischer Seite, vollbracht.

Wenn auch in unserer Zeit immer mehr von Seilbahnen als Aufstiegshilfen Gebrauch gemacht wird, bleibt der Montblanc trotzdem der große „Weiße Berg“. Treiben Stürme in wildem Spiel an den Graten die Schneefahnen und zwingen dem Bergsteiger eine gebückte Haltung auf, verwandeln extreme

Vallot-Hütte vom Bosses-Grat auf
den Montblanc.

Temperaturstürze den Berg in eine eisige Hölle, und toben Wetterstürze um die Gipfel, dann ist der „Monarch“ in seinem Element — in einem vernichtenden Element.

Montblanc

Oskar Erich Meyer

Mondnacht über den Gletschern. Hang um Hang und Hügel um Hügel, wie sanfte Wellen aus silbernem Firn, steigen die Flanken des Berges auf, hinein in die weiße Unendlichkeit. Und über die weißen Hänge steigt meine kleine, rasch vom Wind überrieselte Spur, schwankt das kleine, warme Leuchten meiner Laterne, höher, immer höher auf die silbernen Hügel hinauf, hinein in die weiße Unendlichkeit.

Sonne. Blendendes Licht auf tausendfach blitzendem Schnee. Sturm pfeift um die Arête des Bosses. Hände voll stechender Eiskristalle wirft er mir johlend in Hals und Gesicht, reißt im Fluge die Schollen fort, die mein Pickel aus kleinen Kerben kratzt.

Täler und Wälder und Gletscher und Gipfel versinken zu meinen Füßen. Nur eine Mauer aus reinem Weiß steigt durch lauter leuchtendes Blau höher und höher hinauf.

Allein auf der breiten Gipfelwölbung des Weißen Berges. Hier wohnt nur die Stimme des Windes, der Schneeschauer über mich jagt. Menschen und Liebe ließ ich im Tale.

Rieselnde Körner verschütten die Spuren, die mein Fuß in die reine Decke des Gipfels prägte. Noch ehe die Sonne sinkt, weht der Wind von neuem über die unberührte weiße Unendlichkeit. Und Jahre werden kommen wie kühler Schnee, meiner Erinnerung Spuren zu löschen. Ein stiller Jubel nur, eine stille Traurigkeit raunen leise das alte: Woher? — Wohin? . . .

Tourenmöglichkeiten

Nordwestgrat
1000 m, I, 5—7 Stunden.

Von den Grands Mulets
1750 m, I, 7—9 Stunden.

Skiaufstieg
Grands Mulets — Grand Plateau — Petit Plateau — Vallot-Hütte (Skidepot) — Bosses-Grat — Gipfel.

Vom Col du Midi (Längsüberschreitung)
1200 m, I, 8—10 Stunden.

Von der Dôme-Hütte
1750 m, I—II, kombiniert, 8 bis 10 Stunden.
Obwohl schwieriger als die Routen von der französischen Seite, ist es der leichteste Anstieg von Italien her; teilweise versichert.

Abstiege: Dabei rechnet man etwa die Hälfte der Aufstiegszeit.

Karten/Führer

Landeskarte der Schweiz 1:50 000 Blatt Courmayeur (292).
Königer/Schubert/Werner, Mont-Blanc-Gruppe.
CAF, La Chaine du Mont-Blanc, Band I.

Anstiegsskizze:

Normalanstiege auf den Montblanc vom Col du Midi (links), von den Grands Mulets und von der Goûter-Hütte über die Vallot-Hütte.

TOURISTISCHE ANGABEN

HÜTTEN

Brenva-Biwak, Ghiglioni-Biwak und *Alberico-Borgna-Biwak* siehe Aiguille Blanche de Peuterey (Seite 196).

TOURENMÖGLICHKEITEN

Brenvasporn

1300 m, II—III, bis 50 Grad, kombiniert, 7 bis 10 Stunden vom Col de la Fourche.
Von den Biwakschachteln im Col del la Fourche bzw. Col du Trident in 1 Stunde zum Col Moore. Nun rechtshaltend auf den Grat und über ihn und durch die Flanke zum Col de la Brenva, 4303 m. Von hier in 3/4 bis 1 1/2 Stunden zum Gipfel.

Cordier-Route

1300 m, stellenweise senkrechtes Eis, kombiniert, 12—14 Stunden; objektiv gefährlich (deswegen vermutlich Erstbegehung im Winter!).

Sentinelle Rouge

1300 m, 47 Grad Durchschnittsneigung, kombiniert, 10—14 Stunden.
Einstieg am Col Moore. Nach zwei Stunden guter Biwakplatz bei der „Roten Schildwache".

Major-Route

1300 m, bis 57 Grad, stellenweise V, 12—16 Stunden.
Die Route verläuft bis unter die „Rote Schildwache" gemeinsam mit der Sentinelle Rouge und zweigt dann nach links ab.

Poire

1300 m, bis 60 Grad, III—IV, 12—16 Stunden.
Vom Col Moore linkshaltend über die „Birne" und weiter gerade hinauf zum Montblanc de Courmayeur.

ANSTIEGSSKIZZE:

Die Brenvaflanke des Montblanc mit „Poire" (1), Major-Route (2), Sentinelle Rouge (3) und Brenvasporn (4).

Brenva-Flanke

Wenn man vom Gipfel der Tour Ronde hineinschaut in den erregend wildschönen Wandabbruch der Brenvaflanke des Montblanc, vermeint man den eisigen Atem zu spüren, der aus dieser Riesenmauer strömt. Die Ostwand ist der mächtigste Absturz des „Weißen Berges". Eine Titanenwand aus Eis und Fels, die sich bis zu 1300 Meter aus dem Brenvagletscher aufbäumt.
Die Gebrüder Frank und Horace Walker raubten der Flanke ihre Unberührtheit, am 15. Juli 1865 mit A. W. Moore und G. S. Mathews in Begleitung der Führer Jakob und Melchior Anderegg. Ihre Route über den Brenvasporn ist heute der am meisten begangene und leichteste Anstieg.
Schwieriger und auch objektiv gefährlich, der direkteste Weg zum Gipfel, ist die Sentinelle Rouge, deren Erstbegehung (1. bis 2. September 1927) den Briten T. Graham Brown und Frank Smythe zufiel.
Diese Seilschaft eröffnet ein Jahr später, vom 6. bis 7. August 1928, auch die Major-Route. Und auch bei der nächsten Neutour, einer Route über die „Poire" (Birne), war Brown beteiligt. Geführt wurde er von Alexander Graven und Alfred Aufdenblatten. Es ist der schwierigste Anstieg durch die Brenvaflanke und endet direkt auf dem Gipfel des Montblanc de Courmayeur. Allerdings kann man sich im obersten Teil auch rechts halten, um den Col Major zu gewinnen, von dem es nicht mehr weit auf den Montblanc ist. Aus jüngerer Zeit (17. 1. 1971) ist der Anstieg des Franzosen Cordier und des Polen Mroz zu nennen, der über den drohenden Hängegletscher zwischen Sentinella Rouge und Brenvasporn verläuft. Diese Routen — es gibt zu ihnen noch verschiedene Varianten — sind mit Ausnahme des Brenvasporns durchwegs sehr schwierig und zum Teil außerordentlich gefährlich. Aber auch der „Sporn" verlangt eine gute Kondition und die Fähigkeit, bis zu 50 Grad geneigte Eispassagen bewältigen zu können.

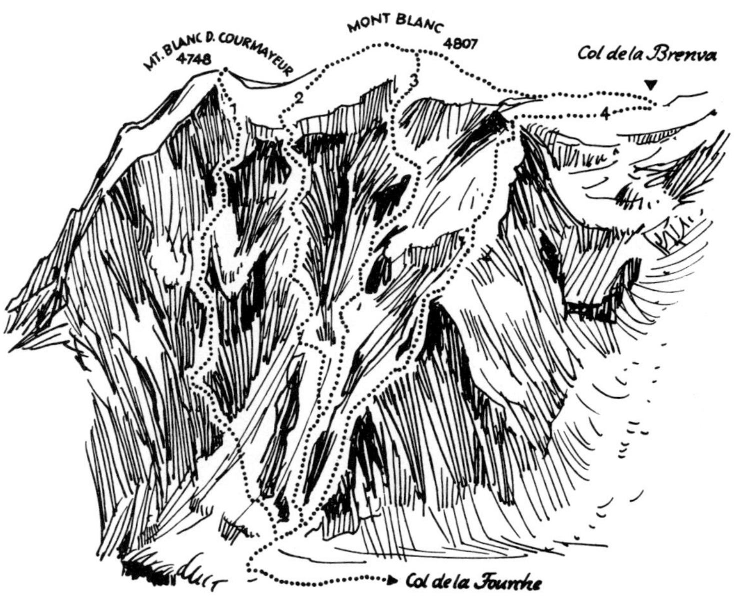

TOURISTISCHE ANGABEN

HÜTTEN

Quintino-Sella-Hütte und *Monzino-Hütte* siehe Mont Brouillard (Seite 191).

Craveri-Biwak und *Brenva-Biwak* siehe Aiguille Blanche de Peuterey (Seite 196).

Lampugnani-Biwak siehe Montblanc (Seite 209).

TOURENMÖGLICHKEITEN

Peutereygrat

1300 m, III—IV, kombiniert, 12 bis 21 Stunden.
Vom Craveri-Biwak, 3490 m, in 4—6 Stunden zum Südostgipfel der Aiguille Blanche de Peuterey, 4112 m. Abstieg (2—6 Stunden) in den Col de Peuterey, 3948 m, Aufstieg zum Grand Pilier d'Angle, 4244 m (2—4 Stunden) und weiter in 4—5 Stunden über den Montblanc de Courmayeur, 4769 m, zum höchsten Punkt.

Innominatagrat

800 m, III—IV, bis 54 Grad, kombiniert, 9 bis 12 Stunden.
Von der Monzino-Hütte in 7 bis 10 Stunden zum Lampugnani-Biwak am Pic d'Eccles. Von hier zuerst gerade, dann linkshaltend und wieder leicht rechtshaltend zum Brouillardgrat.

Brouillardgrat

800 m, III, bis 50 Grad, kombiniert, 6 bis 10 Stunden.
Von der Sella-Hütte in 3—4 Stunden zum Col Emile Rey, 4012 m, und in der gleichen Zeit auf den Picco Luigi Amedeo, 4469 m. Abstieg in eine Scharte und über den Grat zum Montblanc de Courmayeur. Er kann auch in seiner Westflanke umgangen werden, worauf der Hauptgipfel bald gewonnen wird.

ANSTIEGSSKIZZE:

Routenverlauf des Brouillardgrates auf den Montblanc.

Die Brenvaflanke mit ihren gefahrdrohenden Hängegletschern. In der Mitte der Montblanc, links ein Teil des Montblanc de Courmayeur.

Die drei großen Grate

Drei große Grate führen von Italien, aus dem wunderschönen Val Veni, auf den Gipfel des Montblanc: Innominatagrat, Brouillardgrat, Peutereygrat.
Als am wenigsten schwierig gilt der Brouillardgrat, obwohl auch er beachtenswerte Anforderungen an das bergsteigerische Können stellt, zumal schon der Aufstieg zum Col Emile Rey — dort beginnt der Grat — durch eine 600 Meter hohe, 50 Grad steile Eisrinne führt. Daran schließt sich die Besteigung des 4469 Meter hohen Picco Luigi Amedeo an. Er wird verschiedentlich als selbständiger Viertausender betrachtet, aber fast ausschließlich nur bei Überschreitung des Brouillardgrates berührt. Genau genommen endet der Grat auf dem Montblanc de Courmayeur. Doch ist das Endziel aller drei Grate der Hauptgipfel des Montblanc.
Als letzter fiel der Innominatagrat: vom 19. bis 20. August 1919 durch S. L. Courtauld, E. G. Oliver, Adolf Aufdenblatten sowie Adolphe und Henry Rey. Er ist nur im unteren Teil als Grat ausgeprägt, der allerdings in der Regel nicht begangen wird. Ab dem Col Eccles verläuft die Route durch eine kombinierte Wand in einer weiten Links-Rechts-Schleife und endet auf dem Brouillardgrat. Wenn der Montblanc über den Innominatagrat von der Monzino-Hütte auch schon in einem Tag bestiegen wurde, so teilt man den Aufstieg am besten in zwei Etappen und nächtigt im Lampugnani-Biwak, um dann am nächsten Tag den Gipfel zu gewinnen und wieder abzusteigen.
Der bekannteste und auch der am häufigsten begangene ist der Peutereygrat, auf den bei der Aiguille Blanche ausführlich eingegangen wird.

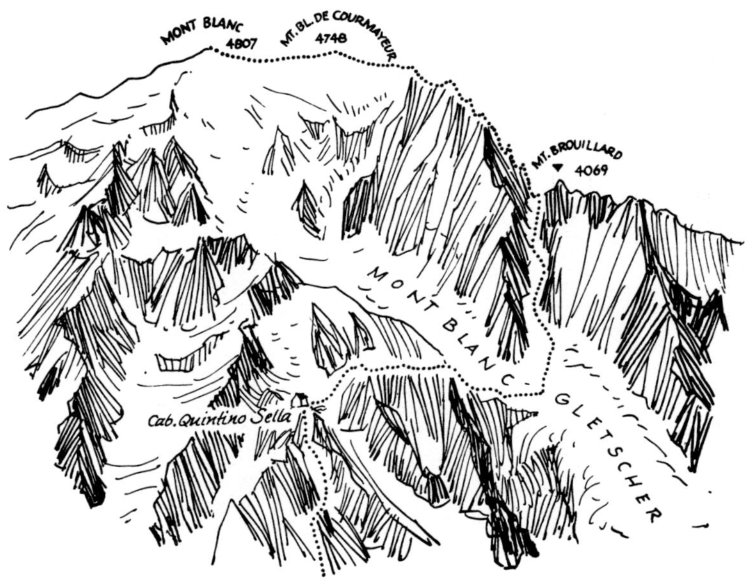

Weibliches vom Montblanc

Man hört und liest viel von den tollkühnen Abenteuern verwegener Männer am Montblanc; von Tragödien und ähnlichen furchtbaren Ereignissen an diesem großen Berg. Ende Juli 1968 wurde sogar eine Rekordbesteigung des Montblanc gemeldet: Jean-Marie Bourgeois und René Secretan bestiegen den Gipfel von Chamonix aus in 5 Stunden und 55 Minuten. Insgesamt benötigten sie für Auf- und Abstieg 8 Stunden und 48 Minuten.

Aber nur selten erfährt man etwas von den kleinen, dem Anschein nach unwichtigen Begebenheiten und den allzu menschlichen Vorkommnissen. Sie gehören jedoch ebenso zum Alpinismus, wie die spektakulären, heroischen Erstbegehungen, weil sie das Bergsteigen abrunden und es erst zu einem Ganzen machen.

Denken wir in diesem Zusammenhang nur an Henriette d'Angeville, die „Montblancbraut", wie sie später genannt wurde. Nachdem sie im Sommer 1838 ihr Testament gemacht hatte, ging sie in Begleitung von sechs Führern und ebenso vielen Trägern den höchsten Alpengipfel an. Vorher hatte sie noch mit aller Sorgfalt den Proviant zusammengestellt: 2 Hammelkeulen, 2 Ochsenzungen, 24 Hühner, 6 Laib Brot zu je 3—4 Pfund, 18 Flaschen Bordeaux, 1 Flasche Kognak, 1 Flasche Sirup, 1 Fäßchen gewöhnlichen Wein, 12 Zitronen, 3 Pfund Zucker, 3 Pfund Schokolade, 3 Pfund gedörrte Pflaumen, 13 Puddings, 13 Kürbisflaschen voll Limonade, ebensoviel Orangeade und 13 Töpfe mit Hühnerbouillon. Dazu kamen noch Seile, Zelte und die übrigen „Notwendigkeiten". So erreichte die erste Touristin den Montblancgipfel.

Auch Miß Isabella Straton ist aus der Geschichte des Berges nicht mehr wegzudenken. Nicht nur deswegen, weil ihr am 31. Januar 1876 die erste Winterbesteigung gelang, sondern weil sie nach ihrer Rückkehr ins Tal von Chamonix sofort ihren Führer J. E. Charlet heiratete. Die Ehe soll aber nicht lange gedauert haben.

Ganz in Vergessenheit geraten ist das Bauernmädchen Marie Paradis aus Chamonix. Sie war die erste Frau auf dem Montblanc — dreiundzwanzigjährig, im Sommer 1809.

Diese Tat war aber nicht ihrer eigenen Initiative entsprungen. Das Mädchen wurde vielmehr von Jacques Balmat und seinen beiden Söhnen dazu überredet:

„Die Führer sagten mir eines Tages, sie gehen da hinauf, komm' mit uns, die Fremden werden dich dann sehen wollen und dir Geld geben!"

Die etwas einfältige Marie sagte dann auch zu. Aber es ging ihr schlecht während des Aufstieges, sehr schlecht sogar: „Ich schnaufte, wie es die Hühner tun, wenn sie es sehr heiß haben. Man faßte mich zu beiden Seiten unter den Armen und zog mich hinauf."

Vom vielgepriesenen Gipfelglück bekam das Mädchen ihren Angaben nach nicht viel mit: „Ich wurde gepackt, gezogen, gestoßen, und dann kamen wir oben an. Ich konnte nicht sehen, nicht atmen, nicht sprechen; sie sagten, daß es ein Jammer sei mich anzusehen." Aber auch noch heute soll es Mädchen geben, die man nach einer schwierigen Tour auf dem Gipfel „nicht ansehen kann". Das soll jedoch keine Verallgemeinerung sein. Auf alle Fälle hätte sich die Urmutter des Damenbergsteigens ihrer elendigen Verfassung nicht zu schämen brauchen.

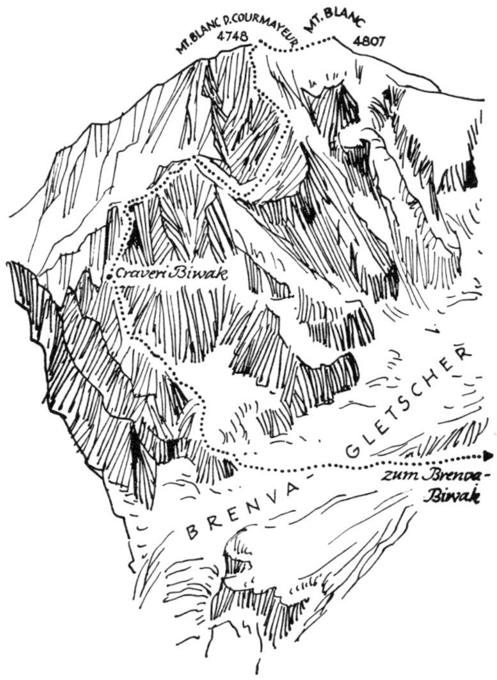

ANSTIEGSSKIZZE:
Montblanc-Peutereygrat. Bester Zugang: Von der Monzino-Hütte (gegenüberliegende Seite).

ANSTIEGSSKIZZE:
Innominatagrat

TOURISTISCHE ANGABEN

HÜTTEN

Monzino-Hütte siehe Mont Brouillard (Seite 191).

Lampugnani-Biwak siehe Montblanc (Seite 209).

Brenva-Biwak, Ghiglioni-Biwak und *Alberico-Borgna-Biwak* siehe Aiguille Blanche de Peuterey (Seite 196).

TOURENMÖGLICHKEITEN

Wandführe (Gervasutti)

700 m, IV—V, mit zwei Stellen VI, kombiniert, 10—12 Stunden vom Lampugnani-Biwak.

Zentralpfeiler

800 m, VI, kombiniert, 1—2 Tage.

Linker Pfeiler

650 m, VI und A 2—A 3, Zeit der Erstbegeher: 2 Tage. Eine Wiederholung (1972).

Direkte Südwand

750 m, IV, kombiniert, Zeit der Erstbegeher: 2 Tage.

Die Freney-Seite

Der oberste Kessel des Freney-Gletschers gehört mit zu den wildesten und abgelegensten Winkeln der Montblanc-Gruppe, denn schon allein der Zugang von der Monzino-Hütte oder vom Col de la Fourche nimmt (bei guten Verhältnissen) etwa 10 Stunden in Anspruch. Über diesem urweltähnlichen Kessel bäumen sich die bis zu 800 Meter hohen Südostabstürze des Montblanc de Courmayeur auf, bekannt geworden unter dem Namen Freney-Pfeiler, obwohl die Pfeiler nur einen Teil dieses Abbruches ausmachen.

Auf die Abgelegenheit und die schon erwähnten langen Zugangswege ist es auch zurückzuführen, daß dort erst 1940 die Hammerschläge einer Seilschaft zu hören waren: Giusto Gervasutti legte am 13. August dieses Jahres mit Bollini della Predosa eine Route über den rechten der drei Pfeiler, die heute noch keine 10 Wiederholungen hat.

Dann vergingen zwanzig Jahre, bis die Granitmauer wieder ins Gespräch kam. Mehrere Seilschaften versuchten sich in kurzen Zeitabständen am Zentralpfeiler, und 1961 starben bei einem dieser Versuche vier Bergsteiger (Antoine Vieille, Pierre Kohlmann, Robert Guillaume, Andrea Oggioni) an Erschöpfung beim Rückzug. Der endgültige Sieg glückte einer „Europäischen Seilschaft" vom 27. bis 29. August 1961: René Desmaison, Pierre Julien, Ives Pollet-Villard (Frankreich), Chris Bonington, Ian Clough, Don Whillans (England), Ignazio Piussi (Italien) und Jan Dlugosz (Polen).

Erst 1963 fiel das letzte Problem, nämlich der „Linke Pfeiler". John Harlin, dem mit Tom Frost vom 1. bis 2. August dieser Wurf gelang, nannte ihn den schwierigsten Felsanstieg in der Montblanc-Gruppe.

Zur Freney-Seite gehört aber auch noch die Südwand des Montblanc de Courmayeur, durch die Walter Bonatti und Cosimo Zappelli vom 21. bis 22. September 1961 eine schöne Direktroute legten.

ANSTIEGSSKIZZE:

Die Freney-Seite des Montblanc: 1 = Linker Pfeiler, 2 = Zentralpfeiler, 3 = Gervasutti-Führe, 4 = Direkte Südwand.

Grand Pilier d'Angle

Der 4244 Meter hohe Grand Pilier d'Angle, eigentlich nur eine unbedeutende Erhebung im Peutereygrat (2 bis 4 Stunden vom Col de Peuterey), ist seit den Tagen vom 1. bis 3. August 1957, als die Italiener Walter Bonatti und Toni Gobbi in seiner 700 Meter hohen Nordostwand kämpften, zu einem Begriff geworden. Diese überwiegend aus Fels bestehende Wand verlangte noch von den zweiten Durchsteigern 17½ Stunden Kletterzeit.
Auch die Nordwand ist mit dem Namen Walter Bonatti verbunden: Vom 22. bis 23. Juni 1962 durchstieg sie der große Bergsteiger aus Monza mit seinem Landsmann Cosimo Zappelli in über zwanzigstündiger Kletterzeit. Und im darauffolgenden Jahr, vom 11. bis 15. Oktober 1963, gelang dieser leistungsfähigen Seilschaft die 800 Meter hohe Südostwand — in 48 Stunden Kletterzeit. Inzwischen ist der Grand Pilier d'Angle schon fast übererschlossen: Links der Bonatti-Ostwandroute (siehe Anstiegsskizze) kletterte 1969 (15.—20. 7.) eine polnische Seilschaft (Chrobak, Laukajtys, Mroz) mit Hilfe von 250 Haken zum Gipfel; rechts der Bonatti-Führe erzwangen sich die Franzosen Walter Cecchinel und Georges Nominé vom 16. bis 17. September 1971 einen Aufstieg durch stellenweise 70 Grad steiles Eis. Dazwischen erkämpfte sich eine tschechoslowakische Seilschaft vom 1. bis 6. März 1976 eine weitere Route.
Wer sich mit der Wiederholung einer dieser Routen beschäftigt, sollte nicht vergessen, daß es vom „Großen Pfeiler" auf dem Peutereygrat zum Montblancgipfel immerhin noch 4 bis 5 Stunden sind.

☆

Mit dem Montblanc hat sich der Kreis der höchsten Alpengipfel geschlossen. Sind damit die hochtouristischen Möglichkeiten im Alpenraum ausgeschöpft? Eine Frage, die nur ein Laie stellen kann, denn jedem Bergsteiger wird es bekannt sein — es wurde auch schon in der Einleitung zu diesem Buch erwähnt —, daß nicht alleine die Viertausender und die damit verbundenen Anstiege den Mittelpunkt alpinistischer Bemühungen bilden. Wenn auch ihre, für die Alpen magischen Höhenkoten in sehr vielen Fällen dazu beitragen, mehr beachtet zu werden als die unter der Viertausendmetergrenze liegenden Gipfel, so schließt dieser Umstand keinesfalls aus, daß auch letztere ihrem Besteiger Erlebnisse vermitteln können, die denen an wesentlich höheren Bergen in keiner Weise nachstehen. Ausschlaggebend ist immer das persönliche Empfinden, das man einem Berg entgegenbringt, und in diesem Zusammenhang spielen die Schwierigkeiten der Anstiege und die Höhe der Gipfel nur eine zweitrangige Rolle. Trotzdem werden aber die Viertausender der Alpen auch bei zukünftigen Bergsteigergenerationen immer ein bevorzugtes Betätigungsfeld bleiben; nicht nur weil an vielen noch immer alpines Neuland zu finden ist, sondern vor allem, weil es im Wesen des Menschen liegt, sich stets an die Grenzen des ihm leistungsmäßig Möglichen heranzutasten, das für ihn, in diesem Fall, auch geographisch erreichbar ist. Und das ist gut so!

☆

TOURISTISCHE ANGABEN

HÜTTEN

Siehe Aiguille Blanche de Peuterey (Seite 196).

TOURENMÖGLICHKEITEN

Nordostwand

700 m, V+, A1—A2, kombiniert. Zeit der Drittbegeher: 15 Stunden.

Nordwand

900 m, bis 60 Grad, kombiniert, Zeit der Erstbegeher: 21¼ Stunden, objektiv sehr gefährlich.

Südostwand

800 m, VI, Zeit der Erstbegeher: 48 Stunden.

ANSTIEGSSKIZZE:

Die beiden von Walter Bonatti eröffneten Routen durch die Nordwand (2) und die Nordostwand (1) des Grand Pilier d'Angle.

Sachregister

E

F

G

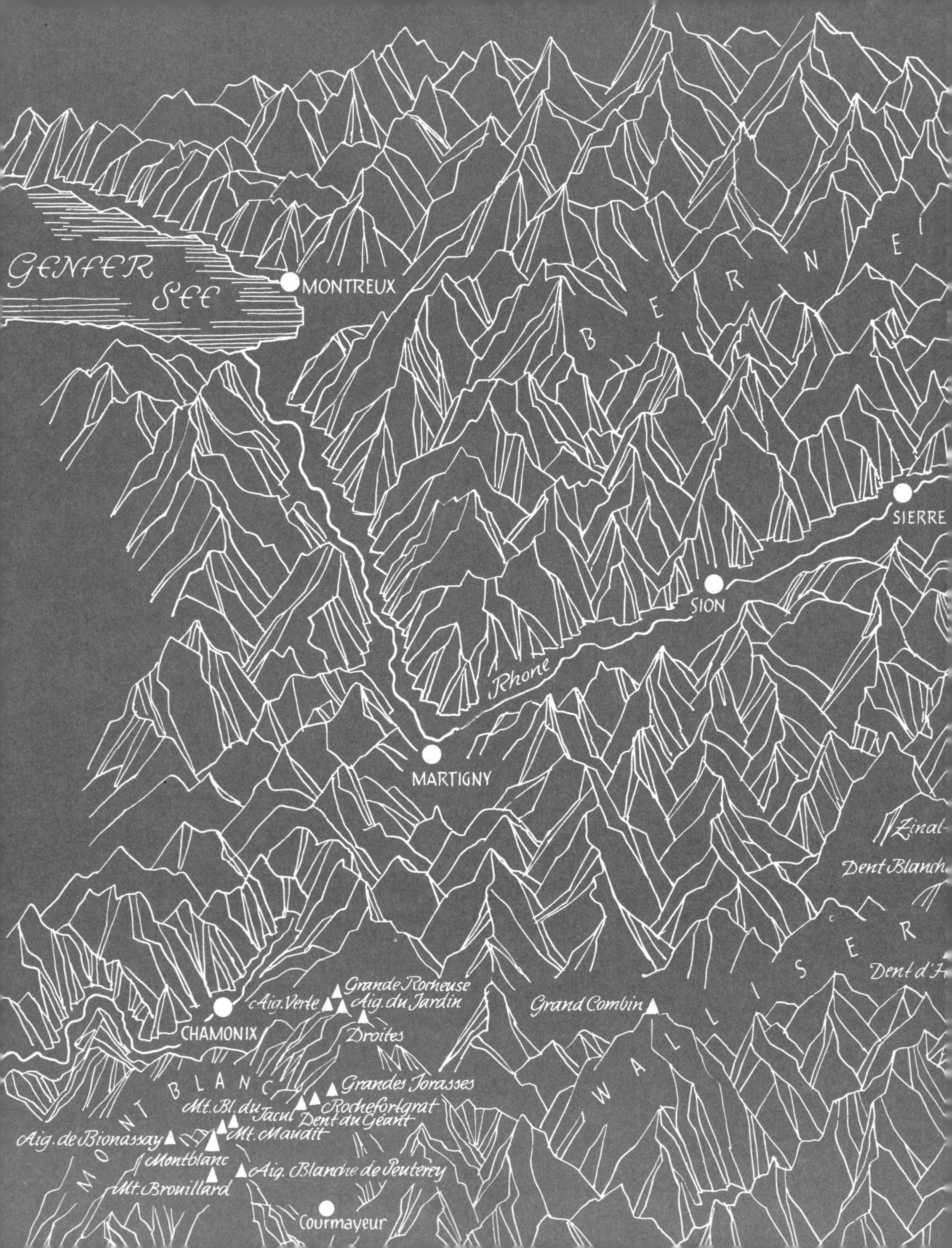
GENFER SEE
MONTREUX
B E R N E
SIERRE
SION
Rhone
MARTIGNY
Zinal
Dent Blanch
Dent d'H
Grande Rocheuse
Aig. Verte
Aig. du Jardin
Grand Combin
CHAMONIX
Droites
W A L L I S E R
M O N T B L A N C
Grandes Jorasses
Mt. Bl. du Tacul
Rochefortgrat
Dent du Géant
Aig. de Bionassay
Mt. Maudit
Montblanc
Aig. Blanche de Peuterey
Mt. Brouillard
Courmayeur